【凤凰宝地古渔湾】
SHI GANG

石港

编著

苏州大学出版社
Soochow University Press

图书在版编目（CIP）数据

石港 / 沈志冲编著. — 苏州 ：苏州大学出版社，2017.7
（江海文化丛书 / 姜光斗主编）
ISBN 978-7-5672-1958-8

Ⅰ. ①石… Ⅱ. ①沈… Ⅲ. ①乡镇—概况—南通 Ⅳ. ①K925.35

中国版本图书馆CIP数据核字（2017）第 101800 号

书　　名	石港
编　　著	沈志冲
责任编辑	薛华强
出版发行	苏州大学出版社
	（苏州市十梓街1号　215006）
印　　刷	南通超力彩色印刷有限公司
开　　本	890×1240　1/32
印　　张	10
字　　数	260千
版　　次	2017年7月第1版
	2017年7月第1次印刷
书　　号	ISBN 978-7-5672-1958-8
定　　价	32.00元

苏州大学版图书若有印装错误，本社负责调换
苏州大学出版社营销部 电话：0512-65225020
苏州大学出版社网址 http://www.sudapress.com

"江海文化丛书"编辑委员会

主　任：季金虎
委　员：李明勋　姜光斗　李　炎　施景铃
　　　　沈启鹏　周建忠　徐仁祥　黄振平
　　　　顾　华　陈　亮　吴声和　陈冬梅
　　　　黄鹤群　尤世玮　王建明　陈鸿庆
　　　　沈玉成

主　　　编：姜光斗
执行副主编：尤世玮　沈玉成

"江海文化丛书"总序

李 炎

由南通市江海文化研究会编纂的"江海文化丛书"(以下简称"丛书"),从2007年启动,2010年开始分批出版,兀兀穷年,终有所获。思前想后,感慨良多。

我想,作为公开出版物,这套"丛书"面向的不仅是南通的读者,必然还会有国内其他地区甚至国外的读者。因此,简要地介绍南通市及江海文化的情况,显得十分必要,这样便于了解南通的市情及其江海文化形成的自然环境、社会条件和历史过程;同时,出版这套"丛书"的指导思想、选题原则和编写体例,一定也是广大读者所关心的,因此,介绍有关背景情况,将有助于阅读和使用这套"丛书"。

南通市位于江苏省中东部,濒江(长江)临海(黄海),三面环水,形同半岛;背靠苏北腹地,隔江与上海、苏州相望。南通以其独特的区位优势及人文特点,被列为我国最早对外开放的14个沿海港口城市之一。

南通市所处的这块冲积平原,是由于泥沙的沉积和潮汐的推动而由西北向东南逐步形成的,俗称江海平原,是一片古老而又年轻的土地。境内的海安县沙岗乡青墩新石器文化遗址告诉我们,距今5600年左右,就有先民在此生息繁衍；而境内启东市的成陆历史仅300多年，设县治不过80余年。在漫长的历史过程中，这里有沧海桑田的变化，有八方移民的杂处；有四季分明、雨水充沛的"天时"，有产盐、植棉的"地利"，更有一代代先民和谐共存、自强不息的"人和"。19世纪末20世纪初，这里成为我国实现早期现代化的重要城市。晚清状元张謇办实业、办教育、办慈善，以先进的理念规划、建设、经营城市，南通走出了一条与我国近代商埠城市和曾被列强所占据的城市迥然不同的发展道路，被誉为"中国近代第一城"。

南通于五代后周显德五年（958）筑城设州治，名通州。北宋时一度（1023—1033）改称崇州，又称崇川。辛亥革命后废州立县，称南通县。1949年2月，改县为市，市、县分治。1983年，南通地区与南通市合并，实行市管县新体制至今。目前，南通市下辖海安、如东二县，如皋、海门、启东三市，崇川、港闸、通州三区和国家级经济技术开发区；占地8 001平方公里，常住人口约770万，流动人口约100万。据国家权威部门统计，南通目前的总体实力在全国大中城市（不含台、港、澳地区）中排第26位，在全国地级市中排第8位。多年来，由于各级党委、政府的领导及全市人民的努力，南通获得了"全国文明城市"、"国家历史文化名城"、"全国综合治理先进城市"、"国家卫生城市"、"国家环保模范城市"、"国家园林城市"等称号，并有"纺织之乡"、"建筑之乡"、"教育之乡"、"体育之乡"、"长寿之乡"、"文博之乡"等美誉。

江海文化是南通市独具特色的地域文化，上下五千年，南北交融，东西结合，具有丰富的历史内涵和深邃的人文精神。同其他地域文化一样，江海文化的形成，不外乎两种主要因素，一是自然环境，二是社会结构。但她与其他地域文化不尽相同之处是：由于南通地区的成陆经过漫长的岁月和不同阶段，因此移民的构成呈现多元性和长期性；客观上又反映了文化来源的多样性以及相互交融的复杂性，因而使得江海文化成为一种动态的存在，是"变"与"不变"的复合体。"变"的表征是时间的流逝，"不变"的表征是空间的凝固；"变"是组成江海文化的各种文化"基因"融合后的发展，"不变"是原有文化"基因"的长期共存和特立独行。对这些特征，这些传统，需要全面认识，因势利导，也需要充分研究和择优继承，从而系统科学地架构起这一地域文化的体系。

正因为江海文化依存于独特的地理、自然环境，蕴含着自身的历史人文内涵，因而她总会通过一定的"载体"体现出来。按照联合国教科文组织的分类，"文化遗产"可分为四类：即自然遗产、文化遗产、自然与文化遗产、非物质文化遗产。而历史文化人物、历史文化事件、历史文化遗址、历史文化艺术等，又是这四类中常见的例证。譬如，我们说南通历代人文荟萃、名贤辈出，可以随口道出骆宾王、范仲淹、王安石、文天祥、郑板桥等历代名人在南通留下的不朽篇章和轶闻逸事；可以随即数出三国名臣吕岱，宋代大儒胡瑗，明代名医陈实功、文学大家冒襄、戏剧泰斗李渔、曲艺祖师柳敬亭，清代扬州八怪之一的李方膺等南通先贤的生平业绩；进入近代，大家对张謇、范伯子、白雅雨、韩紫石等一大批南通优秀儿女更是耳熟能详；至于说现当代的南通籍革命家、科学家、文学家、艺术家以及各行各业的优秀人才，也是不胜枚举。在他们身上，都承载着江海文化的优秀传统和人文精神。同样，对历史文化的其他类型也都是认识南通和江海文化的亮点与切入口。

本着"文化为现实服务，而我们的现实是一个长久的现实，因此不能急功近利"的原则，南通市江海文化研究会在成立之初，就将"丛书"的编纂作为自身的一项重要任务。

我们试图通过对江海文化的深入研究，将其中一部分能反映江海文化特征，反映其优秀传统及人文精神的内容和成果，系统整理、编纂出版"江海文化丛书"。这套"丛书"将为南通市政治、经济、社会全面和谐发展提供有力的文化支撑，为将南通建成文化大市和强市夯实基础，同时也为"让南通走向世界，让世界了解南通"做出贡献。

"丛书"的编纂正按照纵向和横向两个方向逐步展开。

纵向——即将不同时代南通江海文化发展史上的重要遗址（迹）、重大事件、重要团体、重要人物、重要成果经过精选，确定选题，每一种写一方面具体内容，编纂成册；

横向——即从江海文化中提取物质文化或非物质文化的精华，如"地理变迁"、"自然风貌"、"特色物产"、"历代移民"、"民俗风情"、"方言俚语"、"文物名胜"、"民居建筑"、"文学艺术"等，分门别类，进行归纳，每一种写一方面的内容，形成系列。

我们力求使这套"丛书"的体例结构基本统一，行文风格大体一致，每册字数基本相当，做到图文并茂，兼有史料性、学术性和可读性。先拿出一个框架设想，通过广泛征求意见，确定选题，再通过自我推荐或选题招标，明确作者和写作要求，不刻意强调总体同时完成，而是成熟一批出版一批，经过若干年努力，基本完成"丛书"的编纂出版计划。有条件时，还可不断补充新的选题。在此基础上，最终完成《南通江海文化通史》《南通江海文化学》等系列著作。

通过编纂"丛书"，我有四点较深的体会：

一是有系统深入的研究基础。我们从这套"丛书"，看到了每一单项内容研究的最新成果，作者都是具有学术素养的资料收集者和研究者；以学术成果支撑"丛书"的编纂，增强了它的科学性和可信度。

二是关键在广大会员的参与。选题的确定，不能光靠研究会领导，发动会员广泛参与、双向互动至关重要。这样不仅能体现选题的多样性,而且由于作者大多出自会员,他们最清楚自己的研究成果及写作能力,充分调动其积极性,可以提高作品的质量及成书的效率。

三是离不开各个方面的支持。这包括出版经费的筹措和出版机构的运作。由于事先我们主动向上级领导汇报,向有关部门宣传,使出版"丛书"的重要性及迫切性得到认可,基本经费得到保证;与此同时,"丛书"的出版得到苏州大学出版社的支持,出版社从领导到编辑,高度重视和大力配合;印刷单位全力以赴,不厌其烦。这大大提高了出版的质量,缩短了出版周期。在此,由衷地向他们表示谢意和敬意!

四是有利于提升研究会的水平。正如有的同志所说,编纂出版"丛书",虽然有难度,很辛苦,但我们这代人不去做,再过10年、20年,就更没有人去做,就更难做了。我们活在世上,总要做些虽然难但应该做的事,总要为后人留下些有益的精神财富。在这种精神的支撑下,我深信研究会定能不辱使命,把"丛书"的编纂以及其他各项工作做得更好。

研究会的同仁嘱我在"丛书"出版之际写几句话。有感而发,写了以上想法,作为序言。

2010年9月

(作者系南通市江海文化研究会会长,"江海文化丛书"编委会主任)

目 录

历史风物 …………………………………… 1

地域风景 …………………………………… 49

文苑风情 …………………………………… 74

名人风采 …………………………………… 129

武林风云 …………………………………… 182

街市风貌 …………………………………… 199

民间风俗 …………………………………… 240

特产风味 …………………………………… 267

红色风暴 …………………………………… 283

后　记 …………………………………… 301

历史风物

凤凰宝地

  石港古名樵珊浦、石渚、渔湾，是一座千年古镇，一块凤凰宝地。它位于南通市通州区的北部，与如东县毗邻。

  相传很早以前，这儿的海边长出一棵珊瑚树，与一般的树模样差不多，只是没有树叶。枝枝丫丫，红光闪闪。一个打柴人误以为是枯树，便将枝杈砍下。结果珊瑚树真的死了，樵珊浦的名称就这样留下来了。据说南唐时，有位隐士徐复曾隐居在此，在珊瑚树边建了一座"樵珊亭"以示纪念，清嘉庆年间，李耀曾在《樵珊亭怀古》诗中说"闻说徐隐居，潜踪此依附"，"空望采樵径，恸哭珊瑚树"。

  石渚，是石港的另一名称。渚，水中之小陆地。石港西首北大河一段，是汉代的古横江遗迹。石渚这一地名，常为文人所用。周景昌、陈邦才、周冲等先后被称为"石渚词人"。李兆星《谒文丞相词》中有"昔时题咏江心碧，此日瞻依石渚丹"的诗句。

  南北朝初期（502—530），胡逗洲开始淤积。石港即位于胡逗洲东北一角。约在唐末前后，胡逗洲北与扶海洲（今如东）南和南布洲、东布洲先后淤涨连接。当扶海洲廖角咀与扬泰古沙咀逐步涨近时，在扶海洲之南的长江口喇叭状的水域里一些暗沙陆续浮出水面，成为大小不等的沙洲群。石港北侧至蒲西一线低洼地带为古横江遗址，也即长江北支泓故道。

唐代，胡逗洲涨扩成颇具规模的大沙洲，东西约80里，南北30多里。横江随着胡逗洲的淤涨和廖角咀的外扩，不断缩狭。唐天宝年间（742—756），横江逐渐淤浅。五代的后周世宗年间（954—958），胡逗洲与廖角咀淤连，古横江最终消失。但横江入海口即今石港以东便成为一个马蹄形海湾，称为"卖鱼湾"。宋德佑二年（1276），南宋丞相文天祥兵败扬州，欲从石港卖鱼湾渡海南归。宿石港二日，作有《石港》《卖鱼湾》《即事》诗三首。人们为纪念这位民族英雄，又以"卖鱼湾"为石港地名的别称，简称"渔湾"。

唐代初年，海岸东移，先人在此开河挖港，冲洗盐碱，开垦良田。至唐代中期卖鱼湾已成为一处较为繁荣的滨海渔村。传说有人在开河拓荒时，从泥沙中挖出碑石一块，上面刻有"凤凰所栖，乃是宝地，石港新开，幸福万代"的字样，因此，人们将该地取名石港。这便是樵珊浦、石渚、鱼湾、石港名称的来历。

唐贞观年间（627—648），"石港是凤凰宝地"这一消息让唐太宗李世民心动，欲亲临宝地巡视。于是征调工匠、民夫，特派大将尉迟宝林监工，在石港兴建行宫，以便驻跸用。另外还盖了座"都土地祠"表明这里是皇家之地。这座行宫规模宏大，气势雄伟。前面有宽阔高大的影壁。除正门外，还有东西两道角门。门后大院有10亩左右，砌砖铺地，中间有四尺多宽的石板走道。大院两厢有雨道，前通角门，后通大殿。大殿宽深都约十丈，高五丈有余；前面飞檐斗拱，屋顶用绿色玻璃瓦，屋脊高峙，巍峨壮观。大殿西侧还有一所别致幽深的院落，曲径回廊，连接亭轩厅堂。院中辟有花圃,花木以桂树为多。每当秋风送爽,金桂飘香,令人赏心悦目。当地人称这个院子为"桂花厅"。所有这些建筑,都与皇宫相似。为建这座行宫,不知耗费了多少钱财。

一应齐备,只等御驾来临。后来不知什么缘故,李世民没有到石港。但是"皇上要来看宝地"的喜讯早已轰动四乡八镇,不少人为了见见世面而移居石港,一下子使这个小镇的渔村成为繁荣的集镇。至咸通六年(865),这座行宫改建为佛寺,称"广惠寺",当地人称为"大寺"。它与扬州的大明寺、如皋的定慧寺共称"苏北三大寺"。寺中佛像高大,殿堂轩敞。彩塑的十八罗汉,出自唐代著名雕刻家杨惠之门人之手,远近闻名。大雄宝殿前东侧壁上嵌有一块石碑,碑文记载了行宫改建为佛寺的经过。先前的行宫由"尉迟宝林监工",这行字特别引人注目。

五代南唐初(935—942),李昇在狼山北设"静海都镇制置院",统辖石港、狼山、余庆、蔡港、西寨五寨。

唐代,石港盐场逐年形成,隶属于海陵监(治海陵,今泰州市)。南唐至宋初(937—960)建场,隶属于通州利丰监(治通州),为所属八场之一。至元十四年(1277)隶两淮都转运盐使司(治泰州)。明洪武初年至洪武十六年(1368—1383)曾设石港巡检司。明太祖命信国公汤和布筑石港寨土城,立四门,城外开挖围城河,驻重兵,称"石港营",建有"营桥"。

原石港镇建制历史悠久,镇内古迹颇多,有七十二个半古庙,二十四座古桥,十二座古牌坊,二座古衙门,一个接官亭,古城古墙古城河,古街古树古民居(明清建筑),以及许多美丽的民间传说,均是千年历史文化的积淀。京剧、书法、盆景、武术四大特色文化享誉南通。荣获全国创建文明村镇先进集体,连续两届荣获全国文明村镇称号,还先后获得全国科普工作先进集体、全国小城镇综合发展水平千强镇、中国民间艺术之乡、中国文化艺术之乡、江苏省文明村镇、江苏省卫生镇、江苏省新型示范小城镇等荣誉称号。

（宋建人　钟文）

分司衙门

两淮运盐司衙门设扬州，清代两淮运盐司的官制是管理两淮盐政的，下设三个分司署，即泰州分司署设泰州城内，海州分司署设板浦，通州分司署设石港。

明洪武初年，通州分司署（俗称分司衙门）坐落在石港东街广慧寺西首，衙门朝南，门前有八字墙，朝南大门高大壮观，衙门占地有旧制四千步田，折合市亩近12亩。共建房屋57楹，东侧东司巷，西侧西司巷，南临东街，北接北河边。进大门就是仪门，经过大天井就是大堂。大堂三楹，建筑高大，画栋雕梁，中间大堂为审讯设置，两边竖"肃静""回避"的诰牌，威风凛凛。大堂背后为二堂，有三楹，亦为审讯案件的地方。二堂后面为堂屋，堂屋后面为客住，客住后面为一般住所，这是衙门的生活用房。石港凡70岁以上的人，都知道石港分司衙门是一进七堂。衙门内有东西厢屋，二堂背后西侧是寿柏斋。里面有假山，还有一棵古老的大柏树。

通州分司略等于通州的州官衙门。通州分司的官阶和通州直隶州知州的官阶相等。分司衙门平日公务不忙，大事

详州，小事批场，但收入颇丰。分司署设坐堂问案，处理有关事件。问案时讲的是官话，乡下人听不懂，有站堂吏为之解说，类似翻译。如问"下跪何人，姓甚名谁"，这时，站堂吏就问来人"老爷问你是做什么的、姓什么、叫什么"。类似解说问案必备。分司衙门每夜有更夫敲更、放炮，天亮为止，旧时一般人家没有钟表，听打更放炮测算夜间时辰。分司衙门每逢初一、月半至应去的寺庙行香，并设仪仗，鸣锣开道。逢期邀请地方上的业余昆曲爱好者（良友班）至花厅清唱昆曲、演奏十番（丝竹器乐），图热闹和娱乐消闲。与会者一律便装，拱手作揖为礼，并有招待，有扬州带来的厨师称扬派，石港的厨师为海派。每逢皇家忌日，分司署衙门口用案桌挡道，系一道桌帷，称忌辰，停止公务。皇帝皇后生日，逢年过节向万岁牌位行礼，称拜牌。

当年国民政府征收田赋，稽征所也设在场官衙门。抗日战争爆发后，石港成为敌我斗争的地方，分司衙门里的近百间房屋陆陆续续被日伪拆除，到了抗战胜利的时候仅剩大门和大堂，一片荒芜。

（张国华 徐祥禧 孙鹏飞）

场官衙门

石港场官衙门是直属通州分司衙门管辖的。场官衙门坐落在石港米市桥东首苏家巷南边场官巷内（此巷由此而得名），衙门朝南，一进三堂，内设大堂、二堂、后堂屋及两厢房，加上其他用房共二十余间，行政官员为场官，官衔七品。

石港场官衙门，说的是在同治年间，有一位皇亲国戚来当场官，而特设衙门鼓吹。原来这位皇亲是位年轻人，在宫里伴皇帝读书，在玩耍之间犯了欺君之罪，被罚到遥远的海边来充军。他项下挂着金项链、金锁儿代表刑具。家中随来管家、书童、教书先生、丫鬟、仆妇伺候他。据说与他同行的乳母是满族人，不缠脚。她说陪太太进宫时这双脚是跨过金槛的，意是"可不缠足"吧。这位皇亲在衙门并不管事，一段时间以后，仍旧回了京城。分司署另有一员小官称"把总"，负责地方治安，住在法华庵。镇上人家有婚丧喜庆之事，他派人去送礼。主家照例一概不收，原封退回，重赏来使，其即请把总大人前来赴宴。民间流传俗语"把总老爷拜生，又吃又拿"。

辛亥革命后场官衙门的内部设施已经改造，不再像衙门式了。北洋政府时代设钱粮稽征处专管征收田赋的任务，北伐以后直到抗战之前一直沿用这个名称。其管理人是石港知名人士陈缙绅老先生。1941年新四军东进，一度驻石港。次年丁冲同志任区长经常住该处。抗日战争后期，石港成为拉锯式的市集。原场官衙门的房屋陆续为日伪拆除建了据点，到新中国成立初期已是房无一间的空地。

（张国华　徐祥禧　孙鹏飞）

文正书院

明朝中后期，书院兴盛。史载，明朝嘉靖年间（1522—1566）各地书院勃兴，据《宋元明清书院概况》统计，明朝书院共计1239所，其中嘉靖年间最多，约占总数的37.13%。在那个大兴书院的年代，通州榜上有名。《南通县志》（1996年版）第11页载：明嘉靖二十七年（1548），巡抚御史陈其学于石港"文文山祠"西侧建"忠孝书院"，清康熙初改称"文正书院"。

石港的文山，因文天祥曾在此留下足迹而得名（爱国诗人文天祥号文山），又名东山、土山，原为海边的避潮墩，广可十余亩，高约20米，积土而成。文山位于石港镇东北部

（现石港小学和医疗机械厂的结合部,明代的"忠孝书院"就建在这山上),山上建有"文文山祠"。

早先,这山上有座观音庙。明嘉靖十三年(1534),巡抚御史(相当于省一级地方长官)陈巽峰视察石港场,认为南宋丞相文天祥曾在此渡海南归,并曾登临东山留下诗文,当地应有所纪念,于是下令撤掉庙中的观音像,改为供奉文信国公(文天祥的封号)的神位,定祠名为"文文山祠",并举行了一次祭奠。数年后,地方上扩建了东山上的原祠宇并栽种诸多树木,一时林木葱郁,鸟语花香。至明嘉靖二十七年(1548),御史陈其学于石港"文文山祠"西侧建"忠孝书院"。

明朝中后期大兴书院,然而书院发展命运多舛,曾遭当权者多次禁毁。但是官方越禁,民间越办。石港的"忠孝书院"大概也是与时沉浮吧,故其百年后,即清朝康熙三年(1664),通州运盐通判官杨鹤年重修"忠孝书院",并改称"文正书院"。

石港开办书院较早,除有联结范仲淹(北宋时曾主持修捍海堰,即范公堤)、文天祥的文气因素外,还有地方经济发育较早的原因。在通州,由于石港处古代淮南十大盐场中心位置,开埠较早,市井繁荣,而且,在明清三四百年间,石港一直作为两淮运盐使司通州分司的驻地(自明朝正德十四年即1519年始,至清末古镇的盐业式微),故石港开办书院较早,地区的文化教育氛围也较浓。

石港的书院对促进地方教化,形成崇学之风有侵染、熏陶之功。据记载,清道光年间(1821—1850),石港曾出过两位进士(皇帝殿试中的优秀者),一名叫陈仕曾(曾任兰州府知府),另一名叫沙思祖(曾任安徽庐州府学正堂)。此后近两百年里,虽经几多战乱,然石港古镇地方依然劝学风气较盛,书声缭绕,弦歌不断。由于崇学,古镇的人才也是摩肩接踵，熙熙攘攘，就是到了现代，在中国科学院和工程院院士中，石港籍的占了三席（航天专家蔡金涛、化工专家吴慰祖和路桥专家黄卫）。

对石港的古代书院，诗集《渔湾竹枝词》中有诸多描述。《渔湾竹枝词》为清道光四年（1824）编撰，当时有通州、如皋和石港本地的多位文人会聚于石港，围绕古镇的风土人情、人文景点即兴吟咏，经人收集编辑成书，先前介绍的道光年间石港进士沙思祖就曾为此诗集作序。

《渔湾竹枝词》中收录了128首诗作，这里选取几首与"文山书院"相关的诗做一简单介绍。

高高书院建山巅，上得山巅谒二贤；
祠宇巍峨碑不朽，每逢甄别爱留连。（周应雷）

水波澹荡卖鱼湾，日日渔翁自往还；
更有祠堂近书院，瓣香长祀宋文山。（曾葆淳）

丈余高土一文山，多少巍科出此间；
寂寂讲堂牢掌管，白头门斗整年闲。（姜灵煦）

书院巍峨枕水涯，山巅频谒二忠祠；
春红晚白留残磉，愁说文山入海时。（冯大本）

文山高据九场中，士习文风震海东；
灶籍虽裁司考废，又添书院课生童。（黄金魁）

这些诗中点出了"文正书院"所在的位置，即在靠近水波荡漾的卖鱼湾，书院建在文山上，书院旁边还有祠堂，祠堂里供奉着范仲淹和文天祥两位先贤。诗中抒发了作者们崇敬先贤、陶醉于书院及周围浓浓文化教育氛围的心情。

诗中"每逢甄别爱留连"，是讲文人学子每年在这里参加应试,对这里充满着感情。"多少巍科出此间"是称赞这里的书院在科举考试中出了许多人才。"文山高据九场中,士习文风震海东",是称赞当时"文正书院"在江海平原的地位和影响。"灶籍虽裁司考废,又添书院课生童"是讲随着沧海桑田般变迁,古镇石港以盐业为支柱的地位虽有所下降,然而书院等的教育功能、地位却在增强,那迎面而来的文化教习之风正在古镇石港上空吹拂升腾。

民国初年,在文山西侧创办了"南通县第六高等小学校",新校就是由文正书院和盐义仓改建而成。在20世纪二三十年代,石港小学教师中人才济济,其中有后来担任中国台湾蒋经国时代"教育部长"的朱汇森。在新的时期,石港小学的特色"写字教育"更是享誉中外,这些似乎也透射着当年书院飘逸出来的翰墨书香。

这所具有四百多年历史的书院古迹,后几经战乱。特别是1943年春,日军在"清乡"前侵占了石港,利用文山这一全镇制高点作为巢穴,构筑工事,挖掘坑道,山上所有纪念性设施,被其破坏殆尽。到新中国成立初期,文山只成了一处荒丘,后来逐步被夷为平地。

(陆子森)

严家洋楼

现今石港中学所在地,御葬坟的北岸,民国初年建起了一座前所未有的钢筋混凝土的三层小楼,主楼后边建有一座七间砖木结构的中式两层楼,东首建有大门,大门两侧是传达室和车库。环河有筑在石驳上的院墙,占地约3000平方米,耗资8万银元,由宁波人承建。

这座别墅式的庄园,主人是严春阳。严在民国初年投效军阀孙传芳,受到赏识。孙传芳当上了五省联军总司令,即任命严春阳为淞沪警察厅长兼上海戒严司令。严请通师首届毕业生石港绅士凌质人建一座私宅，以作老年回乡享用。于是严春阳出资，凌质人代为选址，于1924年破土动工，历时三年，于1926年秋建成了这座四面环水、风景优美，空旷宁静的别墅。当时石港出现了这座混凝土的楼房，是件稀罕的事，所以被老百姓称为"洋楼"。

1927年春天，北伐军占领上海，孙传芳势力倒台，严春阳也避居租界，始终没有回过家乡，因而这座别墅长期空置。抗战开始，当地教育界名宿朱凯三倡办红十字会（相当于今红十字会），会址设在洋楼内，楼顶高悬红十字会旗，收容大批战争难民。可是日本侵略者却违反国际规定，于1939年春天在镇近郊向洋楼连发数炮，其中一炮穿入三楼爆炸，有十余难民死亡，数十人受伤。解放战争时期国民党反动派占领了洋楼，设"核心工事"，筑有坚固的防御工事，号称"永不倒的万年桩（庄）"。他们居高临下，射杀革命武装和人民。在解放石港的战役中，解放军隔河猛攻，老百姓蜂拥帮助，终于攻下了这根"万年桩"，结束了反动派的统治，迎来了石港的新生。

（张国华　徐祥禧　张茂华）

城门城墙

明洪武十六年（1383），石港筑土城防倭寇，四周有护城河，东西南北设城门，城内设东西二川门。

六门名称及原址：

迎晖门　（东门）　　拱极门　（北门）
广润门　（西门）　　大有门　（东二川门）
来熏门　（南门）　　豫丰门　（西二川门）

历史上，石港与狼山一样，是重要的海防要塞之一，筑有土城。元明时期，石港土城进一步形成，据说在石港以东的老坝头还筑有炮兵阵地。清人曾葆淳诗曰："古寨曾屯百万兵，不时倭寇备元明，至今欹侧辕门在，故老频频说土城。"

当年的石港四周有护城河，河向里是土城墙（1958年有居民到石港四门城墙下挖砖头，亲眼见到了石港土城的部分残基）。石港土城的城墙距护城河20~30米，墙高5米左右，东西南北各设一城门，东门原为长坝，后挖断建东石桥，北门为石砌的广济桥，南门为营桥（木板桥，可吊起），西门原为渡口，后建成猪行桥。古时，石港叫石渚，水位高。为了防止陷裂，城墙基础筑至地下2米多深。四个城门全由30厘米长、10厘米宽、8厘米厚的青砖砌到顶，砖基础在地下有4~5米深。石港土城的东门、西门均筑有二道门。清人姜灵煦诗曰："东门长坝西门渡，南门烟墩总不遥。"诗中所说的烟墩一般指军队前哨人员报信的狼烟墩。从石港土城二道门的设置、烟墩位置和长江、古横江之遥望港水道（倭寇来路）位置看，石港土城的主要防御方向为东南，而以南面为主，在南门设有军营，驻有重兵，营桥由此而得名。

护城河

明洪武十六年（1383），石港筑土城防御倭寇，四周开挖了护城河，东西南北设城门，城内设东、西二川门。遗留至今的护城河全长3694米，保存完好。

（刘志华　徐祥禧　孙鹏飞）

接官亭

石港场设有七品至五品官员。官场中，上下级来往，官员上任卸任，及平常进出石港，在清朝都有一定的礼节和官场形式。为了官员的活动和迎送礼节的需要，必定要有一个场所，所以特筑接官亭。

接官亭设在石港西河边，几间房呈朝南朝西的丁字门面，约有三个平方丈。门前平地，北边和东边与民房相连。接官亭为什么设在石港西街西河边？因为通州城和石港相距六十里，陆路上途经李观音堂、阚家庵、四安到石港场，都是小路车路，很不方便，水路分两路：一是东河，和上述的地方相同到城里，二是西河，往城北经过唐闸、刘桥到石港。两条河道相比，西河比东河远二十里，西河的河面比东河的河面宽大，路比东河方便，故此不管军民人等来往城里，都是坐船的居多数。

清朝的官员显有官相，坐的都是六角门枪（枪，是木制的类似红缨枪，在船舱左右各竖插三根）船，到达石港时前呼后拥，官轿来往，威风十足，迎送人员就在接官亭等候。光绪初年梁分司上任到石港，迎接的场面热烈，礼节隆重，鸣锣开道，官轿经接官亭到分司衙门，街道两旁挤满人群。

光绪二十年（甲午）（1894）张謇中状元，2月2日由二甲至石港来拜老师陈寿老先生，他坐的六角门枪船，在接官亭上岸。张状元一身便服，方面大耳，白面书生，四十岁上下。因张謇的高祖在清乾隆时期曾居住石港，后迁往金沙场东理庙河南头总，这次张謇到石港着一身便装带有重回故乡的含意。到接官亭观看张状元的人，街道两旁站得满满的，十分欣赏张状元的风采。

1911年辛亥革命成功，宣统退位，石港通州分司陶思澄离任回家乡，石港街上到接官亭送别的人很多。陶分司留下一只靴，挂在接官亭内，以示留念。

民国以后，接官亭成为石港的货场和旅客来往石港的上卸码头。直至新中国成立后，开了九圩港，石港的水运码头迁至九圩港大桥南岸西首。

（张国华 孙鹏飞）

渡海亭

"臣心一片磁针石,不指南方不肯休。"这是宋末民族英雄文天祥淹留通州期间,以他那忠心不二、百折不回的坚贞凝成的诗句,也是他的诗集《指南录》命名的由来。

文天祥,字宋瑞,又字履善,号文山,南宋江西吉州庐陵(今吉安县)人。生于宋理宗端平三年(1236),于元世祖至元十九年(1283)十二月初九日在元京大都(今北京)菜市口南向就义,年四十七岁。他是南宋末年的民族英雄、爱国诗人。他那忠诚为国、英勇斗争、至死不渝的精神,一直为后世所称颂。

南宋德祐二年(1276)正月,元军包围了南宋京城临安(今杭州),文天祥忍辱负重,以资政殿学士的身份出使元营,慷慨陈词,只同意议和而不同意投降,结果被扣留。元军统帅伯颜强迫他与投降分子组成的"祈请使"前往燕京朝觐。二月底行至京口(今镇江),文天祥及其随从乘元军夜间看守松懈,逃出虎口。谁知南宋扬州制置司李庭芝误听流言,以为文天祥已经降元,于是发出文书,命令部下一经抓获,便加诛戮。在这种走投无路的情况下,文天祥所想的仍然是"归江南,见二王,伸报国之志"。他改名换姓,自称是"清江刘洙",决计取道高邮、泰州,至通州渡海南归。

文天祥在通州得到知州杨师亮的帮助,雇到一只从定海来的船只,又有曹大监等的三只船为伴,乃于闰三月十七日自通州乘船出发,十八日宿石港,写有《石港》《卖鱼湾》《即事》三首诗。

闰三月二十日,文天祥等于卖鱼湾扬帆出海,为了避过扬子江中渚沙和江边浒浦的元军,船行路线取道北洋,然后再折向南。在渡海中,文天祥曾写下《泛海怀通州》诗多首。

为了纪念这位民族英雄，文天祥当初出海的那条港被称作"遥望港"，提示后人：文天祥曾在这里遥望南方，心怀故国。至于卖鱼湾，则因此成为通州的一处名迹。明代葛增有《秋日卖鱼湾寻文丞相渡海处》诗：

> 中原天地战争间，十二龙车去莫攀。
> 万里楼船同想象，孤臣戎马独间关。
> 乌号一堕乾坤仄，赤手难扶日月还。
> 尺地可堪双涕泪，至今秋色满人间。

刘嗣季有《卖鱼湾话文丞相渡海事》：

> 浮天浴日势迷漫，闻道征兵涉远澜。
> 魂断故乡埋碧血，迹留穷海忆黄冠。
> 千湾雪浪由来阔，一点赤忱未冒寒。
> 太息西台曾恸哭，那知无愧已心安。

清乾隆间，石港人周学彭始于卖鱼湾建渡海亭。江片石作《渡海亭怀古》：

> 卖鱼湾口倚空舱，闻说文山自昔经。
> 万古天难前事问，一隅地借此公灵。
> 鲸波依旧环堤白，鬼火宵寒出竹青。
> 谁道疏烟零星外，更含惆怅对孤亭。

稍后，李琪有《渡海亭》诗：

> 海风吹不倒孤亭，海水连山空复青。
> 天地苍茫余正气，日夜往来有英灵。
> 暂时间道追燕使，终日寒潮送越船。
> 总为至尊忧社稷，庭芝亦不愧藩屏。

从以上两首诗所反映的内容来看，当时的建筑物就只一座亭子，而卖鱼湾仍处在海滨，"鲸波依旧"，海风劲吹。由于风雨侵蚀，这座孤亭不久就倒坍，因此，《光绪通州直隶州志》上只提了一下"后人建渡海亭"，实际上当时渡海亭已不存在。直至民国四年，张謇因偶然的机会，才在杨家

张謇题写的亭碑

环附近重建了一座渡海亭。亭中石碑正面为"宋文文山渡海处"七个大字，背面刻有张謇的《渡海亭记》（附后）。当时，还将近旁的一所初小改名为"渡海亭初级小学"。需说明的是：杨家环远在范堤之内，距石港不足十里，方向在石港东北，并非昔日文天祥渡海之处。张謇在此建亭，是利用了两户为田产纠纷而献出的地皮。其事见《江苏纵横谈》。降低要求来说，总算有了一座渡海亭，有了一处纪念文天祥渡海的建筑物，补足了南通县古迹中的一处空白。可惜这样一座渡海亭在抗日战争中为强台风所毁。现存残碑一截，藏县文化馆。

　　1983年为纪念文天祥殉难700周年，县人民政府拨款1.7万元，于五总重建渡海亭，恢复历史名迹。新建之渡海亭位于通金掘干线西侧与将改道之五平支线北侧，便于来往旅客瞻仰。整个纪念性设施包括主体建筑渡海亭，以及陈列历史资料的三间陈列室，俾对后世进行爱国主义传统教育。时人有诗云：

文山正气炳千秋，黄海滩头足迹留。
一片丹心悲雪窖，三月雪浪觅神州。
狼峰尚解英雄恨，义马犹知故主忧。
伟烈孤忠殊可敬，新亭屹立颂中流。

(枚文)

附：重建渡海亭碑文

重建宋文忠烈公渡海亭记

民国·张謇

史言宋德祐间，天祥被元兵拘至镇江，与其客夜亡真州有所图。制置司李庭芝讹言天祥来说降，戒备严急，所至拒不纳。乃潜逸高邮，由通泛海道温赴福益王召。通卖鱼湾者，昔滨海沮洳斥卤地也，距石港场东十五里，意公尝旅泊于此。后人因其处建渡海亭。岁久亭圮，而里祀宋范文正与公为二贤，故虽里父老能举公名。民国二年，宜兴储南强来知县事，求其址而新焉。里人复建小学校于旁，连属以永之。懿哉，我通官吏士人之重此亭也。宋覆于元，二王逃窜无所，其一二不贰心之臣，乃至出万死一生，奔迸流离屈辱，以求保其一线仅存之屠主。甚且蒙无辩之谤，蹈不测之危，藏伏出没于荒菹穷海之间，辗转以趋于必死。彼其时，宁暇于斯须假息之地，希后世

杳渺不可知之名。及事过论定，而匹夫之所捐躯蹈刃而争者，乃与一代倏兴倏废之帝王，并落于吊古列唏嘘者之口而独加敬焉。彼帝王宁贵于匹夫者，元主中夏不百年，至于今更阅两姓矣。回溯公旅泊是湾时，日月淹忽，五六百年犹旦暮耳。四海至大，若是湾者不胜数。元兵锋之盛强，振古罕伦焉，尚有怀思气颜惕氏而敬慕之者乎而敬慕公者，更千年而未有已，可决也。鹜功利至帝王而极，而后如彼；较穷厄至匹夫而极，而后如此。人果是非之心未泯，其奚择而从也？虑其不知择，而皦然以示之的，使匹夫也而自重，则重建是亭与设校者之志也！夫亭与校并成于四年八月，襄其事者，里人于忱、顾鸿阁、宋焕、陈培，输地以供建筑者顾宝森、宝枝，为之记者张謇。

二贤亭

古时，地处海边的石港有一避潮墩，高约5丈，俗称土山。宋代土山上有一小庙，供观音像，文天祥渡海南归前曾登临其上。明嘉靖十三年（1534），乡人改观音庙为"文山祠"，土墩因名"文山"。此后，两淮运盐使司通州分司拨银扩建文山祠殿宇，并植银杏树多株。清乾隆元年（1736）加祀范仲淹，更祠名为"范文二贤祠"。数百年中，此处向为人们景仰游观之所。1942年后，文山数次被日军占为据点，几经兵燹，夷为平地。石港小学筹资在"二贤祠"原址新建"二贤亭"，对后代进行爱国主义教育，可谓用心良深。

宋丞相文天祥在通州留下的名胜古迹，另有专文介绍，这里不再赘述。关于范仲淹因何入祠奉祀，却另有渊源。

当您从金沙驱车到五总、石港，途经骑岸时，会看到一座高13.75米、气势雄伟的雕塑，这就是那个"先天下之忧而忧，后天下之乐而乐"的北宋著名政治家、一代名相范仲淹的塑像。宋天圣初年，范仲淹监西溪（今属东台市）盐仓，悯卤潮夺民稼，得上司批准后，征用民夫4万筑堤至如东栟茶（此时范母去世，范回乡居丧3年以后调任他职）。从此外盐内稼，民蒙其利，称"范公堤"。宋代庆历年间，通州知州狄遵礼以范仲淹为模，主持修堤，北起石港迤南经沙家坝、西亭、金沙场西南老岸头到余西，史称"狄堤"。宋至和年间，海门知县沈起主持，将堤自余西向东加修到吕四，史称"沈堤"。以后石港以东马蹄形浅海湾下退成陆，明代先后分两次在新的海岸线修成石港新堤和包公堤。南头连接沈堤，北头到彭家缺口，接上从栟茶延伸过来的范公堤。通州境内宋代所修堤岸成为内线，以后逐步平为良田。因范仲淹首倡修筑捍海堰，功高位重，人们念范功绩，对沿海所筑海堤统称为"范公堤"。"堤内桑麻堤外草，灶丁都颂范西溪。"牧童在堤上往来放牧耕牛，每当夕阳西下，村歌牧笛之声飘扬于范堤内外，形成富有诗情画意、有声有色的"农家乐"，此景即为"古沙八景"之一的"范堤牧笛"。新中国成立后修筑的通掘公路十八总至五总一段、金三线中十八总至东社以东一段，即以"范公堤"改修而成。尽管范仲淹没到通州做过官,尽管通州境内的海堤也不是范仲淹所筑,但只要是心中想着人民、为人民做过好事的人,就会永远受到人民的崇敬和缅怀。几百年前石港人在文山上设"范文二贤祠",1996年10月,骑岸镇政府建范仲淹塑像,就是追念名贤的例证。

全国公安系统二级英模、革命烈士、省新长征突击手王建锋1984年毕业于石港小学,在他牺牲后,母校为长留英雄形象,永远铭记英雄业绩,师生自发捐资建成王建锋塑像。塑像连底座高2.6米,为半身戎装像。烈士的精神天天激励着师生们奋发向上;您如有机会来浏览"二贤亭",在怀古的同时,还会受到一次烈士精神的熏陶,因为塑像就在"二贤亭"和"樵珊廊"的南侧。

(高志华)

御葬坟

水环古墓城环水,吹落西风水咽愁。
静夜不闻仙驭返,渔灯点破获花洲。

这是清人居瑾咏石港御葬坟的诗句。作为一处古墓，御葬坟的选址着实有一番匠心。墓地在千年古镇石港的东南隅，旧时的土城以内。四面环水，水面开阔，非舟不通。水流北通"魁星楼洗笔池"，河西岸自北而南，旧时有节孝总坊、文昌宫、准提庵等，楼台亭榭，垂柳摇曳，倒影河中，更添诗情画意。河东岸则为畦畦菜田，蔬鲜不断，随风飘香。墓地既在镇内，又具有半村半郭的韵味，周围景物配合十分得体。

墓地突出于水面，占地约二亩。旧时上面曾有建筑物，清中叶"断础犹存"。墓地四角有井，井栏上有字，然年深日久，字迹斑驳，已难以辨认，周围近水处，芦苇丛生。每当深秋，芦花飞白，加上岸边的几株丹枫，一片萧瑟景象。若是在朦胧的月夜，一叶渔舟张网于古墓之旁，停泊在芦花之下，一豆灯光渲染着静谧的夜色，那就构成了发人遐想的画面。"渔灯点破荻花洲"这一诗句，堪称神来之笔。

对这处古墓，前人曾描述它是"旱不增高，涝必逗起"。其实，由于这里的水面已辟为鱼池，旱年也不致断流；至于水涝，当在夏秋，因墓地四周芦苇成片，远远高出水面，掩盖着古墓，再大的水势也不会使芦苇没顶。前人与附近居民的这种说法，不过是为古墓添上一层神奇的色彩罢了。

"何年残椁委苍葭，不是王孙恐世家。尚有灵兮今日水，可曾问到故园花？"古墓中安葬着谁，历来有两种说法：一说"扬吴主巡行海上，有妃从道卒，葬于石港，故呼为御葬坟"。吴主，指元末群雄割据中自立为吴王的张士诚。张于元至正十三年（1353）攻陷通州。此后十多年，与朱元璋所部争夺这块地方，交战于狼山一带，并未到过石港。再说戎马倥偬，即使死者是爱妃，他也无心如此营建墓地。另一说为"宋静海开国伯印应雷葬处"。持此说者较多，也比较可信。一者印应雷是南宋时通州人。南通城内东大街旧时有"锦绣坊",为印应雷立。再者通州为印的封地,印任和州知府为抗金兵,后出任两淮安抚制置使,兼扬州知府,因功加一级,封中奉大夫、兵部侍郎、兵马都总管、静海县开国伯,食邑七百户,死后赐御葬。静海县,即通州本土,在封地内修墓,这是封建时代的传统做法。更重要的是:石港镇上有几户印氏后裔。民国初年,住在御葬坟附近的凌某盗掘古墓,引起轩然大波,为印氏族人告发。其事《申报》有所报道。

南宋末年是国家多难之秋,出现了不少爱国志士与民族英雄,印应雷即其中之一。他忠心耿耿,保卫疆土,为此而积劳成疾,遽然病逝。由于当时社稷尚算安稳,他才得以享受生前授给封地、死后钦赐御葬的特殊待遇。南宋覆灭以后,这御葬坟也就长期无人问津,荒草年年倚斜阳,渐渐地,连坟内为何人也忘却了。

历经战乱,石港众多古迹已荡然无存,唯有这座古墓深处一方水域,得以保留至今。这真是"故冢分流景依旧,任人凭吊颂先贤"。

(宋建人)

水龙局

"门虽设而常关,事有备则无患",这是东水龙局大门楹联。旧时,石港镇区初具规模,街道纵横交错,房屋鳞次栉比,寺庙星罗棋布,为防镇内火灾,求保居民安康,水龙局便应运而生。(下图为当年水龙局人员防火配戴的钢盔照片,钢盔徽标上印有"南通石港市救火会"。现作为文物被市有关部门收藏。)

水龙局
东水龙局　　　（玉皇殿对门）
西水龙局　　　（十字街西）
南水龙局　　　（草市桥北）
北水龙局　　　（十字街北）
中水龙局　　　（银锭桥南）
水仓　　　　　（米市桥东）
石港市消防局　（水仓西隔壁）

（徐祥禧）

文 山

"文山"，为石港的东山，又名成山，俗称土山。该山积土而成，广可十亩，高约四丈。原先为海边的避潮墩，又称"救命墩"。后黄海东移，人们不断添土加固，并砌石维护，在山巅西边盖起一座小庙，供奉观音神像。

德祐二年（1276），南宋丞相文天祥渡海南归，曾登临其上留下诗文。明嘉靖十三年（1534），巡抚御史陈巽峰视察石港场，认为文天祥这位民族英雄曾逗留于此，当地应有所纪念。于是，下令撤去庙中的观音像，改为供奉文信国公的神位，并举行了一次祭奠。五年后，通州盐运分司韩守彝，在山巅东侧新建了土山庙和魁星楼门楼，扩建了山上的原祠宇。祠内增设了"瓣香"和"翠云"二楼，祠前种了两棵银杏及多种树木。定祠名为"文文山祠"。嘉靖二十二年（1548）夏，御史陈其学于文山祠西侧建有"忠孝书院"。至清康熙三年（1664），通州盐运分司判官杨鹤年重修书院，始改称"文正书院"。东侧的土山庙改为"文殊禅院"。清乾隆元年（1736），石港场盐课使王之正在文文山祠内加祀范文正公（仲淹），改祠名为"范文二贤祠"。俗称的土山也因此被称为"文山"。清代诗人姜长卿在《崇川竹枝词》中吟道："盐花晚白卖渔湾，极目天涯何处还；海角荒凉一墩土，风流千古属文山。"数百年来，石港文山是人们景仰游观之所，"文山烟雨"为"渔湾十景"之一。

民国十八年（1929），国民党南通县骑石区区公所占用了原先书院的屋宇，文山上的幽静气氛受到破坏。1943年春，日军在"清乡"前侵占了石港，利用文山这一全镇的制高点作为巢穴，构筑工事，挖掘坑道，山上所有纪念性设施，被其破坏殆尽。

解放战争中，国民党军队也曾以文山为据点，残害人民。几经战乱，这所有着四百多年历史的重要古迹已成为一处荒丘，后来被夷为平地。文山旧址在今石港小学东北侧。

十二座牌坊

牌坊，又名牌楼。一种门洞式的用木或砖石建成的纪念性建筑物。旧时多用于庙宇、陵墓、祠堂、衙署前或园林、街道、路口，以宣扬封建礼教，标榜功德。如贞节牌坊、功德牌坊等。石港著名的牌坊有为清故处士刘云里之妻吴氏守节40年而建的节孝坊，四柱三门，石柱刻有楹联"青年矢节同松柏，白首完贞对雪霜"。此外，石港庙多，牌坊也多，有烈女坊、节孝坊等。有三柱两门、两柱一门等多种造型，大多为明清建筑，古朴典雅，庄重大方。

牌坊名称及原址

代号	名称	原址
1	节孝坊	广慧寺西
2	节孝坊	元帅堂西
3	节孝总坊	文昌宫东
4	节孝坊	十字街西
5	烈女坊	三元宫南
6	祠堂表门	邹家祠
7	节孝坊	丁牌楼巷
8	坟墓表门	华表口
9	过街牌楼一对	文　庙
10	下马牌一对	文　庙
11	下马牌一对	文昌宫东
12	下马牌一对	南武庙

（徐祥禧　孙鹏飞）

二十四桥

"二十四桥明月夜，玉人何处教吹箫。"扬州二十四桥由此闻名。无独有偶，石港也有二十四桥，分为吊桥、高桥、拱桥、板桥等，多为砖石结构或砖木结构，成为古镇的一道风景线。明洪武十六年（1383），随着护城河的开挖，镇区开有多条市河，河多桥也多，共计24座，成为古镇的一道风景线。

二十四桥简介

编号	桥名	又名	走向	结构
1	米市桥		南北	石
2	通济桥	东石桥	东西	石拱
3	猪行桥	龙王桥	东西	砖石
4	文凤桥	西北高桥	东西	木
5	营桥		南北	砖木
6	草市桥		南北	石
7	圣桥		南北	砖石
8	三塔桥		南北	砖石
9	木行桥		南北	砖木
10	崔家桥		南北	砖木
11	龟儿桥		南北	石
12	东龙凤桥		南北	砖木石
13	西龙凤桥		东西	砖石木
14	泮桥		东西	砖石

续表

15	周家木桥		东西	木
16	路不拾遗桥		南北	石
17	银锭桥		南北	砖石
18	水关桥		南北	木
19	广济桥		南北	石拱
20	东虹桥		东西	砖木
21	西虹桥		东西	砖木
22	两仪桥		南北	砖
23	安乐桥		东西	木架
24	彩虹桥	西南高桥	东西	木

米市桥

位于现石港镇十字街。石港农村盛产水稻，农民收获的粮食，除留足口粮、种子和饲料外，多余的粮食，就作为商品入市出售。农忙过后，西北一带农村的农民，都习惯用小船载粮到粮行出售，同时购回些日用品。小船一般都靠在西河边接官亭、猪行桥一带和北街广济桥东面。石港的粮行，在抗战前有近80家，规模有大有小，营业额有多有少。粮行把收来的稻子碾成米，有的自运到南通城出售，有的被粮贩转手外运到其他市镇，石港的粮市是通北有名的大市场，是大家公认的。

草市桥

位于现石港镇十字街北。石港的西北农村乃至岔河以南一带，荡田很多，成片的大面积荡田一眼望不到头。荡田里长的茅草、荡草，农民们除留作火草、盖屋草外，多余的都及时入市出售，成为农家一项常年收入。石港的草行，西街有刘家草行，范丙草行，宋照、周二草行；北街有宋六、宋存一两家草行；东街有耿采芹、张六、曹寿岩等草行；南街有草商刘全、宋四等户。这些草行都是代客买卖，解决居民的炊事柴草以及点心店、茶食店需要的柴草。也有草贩子用大船收购柴草运往南通、金沙、二甲及海门、启东等地。

在石港的南街，距西河边300米处有个地方称为草市桥。用"草市"冠地名，可见昔时石港的草市有一定规模和名气。石港东北一带农村，如石东乡、石北乡、沙坝乡等，以良田种植庄稼为主，荡田很少，所以农民即使有草入市，也仅是肩担步行，数量远远不能同西北农村相比。

猪行桥

位于石港西大街西首。石港的猪市有名，苗猪市场更是闻名江北，因为石港的农村是"鱼米之乡"，粮食富足，有了粮食，就为养猪提供了有利条件，石港西北农村直至岔河以南的通如边区，农村中的一项主要副业是饲养苗猪。

每月初一、月半、二十五，为石港的苗猪期，还加上正月十三（阴历，下同）上灯节、正月十八落灯节、清明节、三月二十八元帅庙会、五月十八都天庙会、六月十九观音庙会、重阳节、冬至、腊月初八等，全年有近50个苗猪期。逢到苗猪期，西街猪行桥南北，一河两岸人山人海，猪叫声不绝于耳。石港的苗猪市场常集中在猪行桥南北河两边。猪行桥河西有凌聚茂猪行、徐余猪行，河东有凌六、姜复茂、徐涛等猪行。其中凌聚茂猪行营业额最大，历时最久。据了解，该猪行有200多年的历史，行主叫凌蛇，经营苗猪生意，南到海启，北达栟茶、浒零，有营业用房三十多间，猪栏数十只，屋后有块接近整亩的空场。每逢猪期，河下停满船只，他家里里外外前前后后都是买卖客人，该行长期聘用账房先生达人山，还雇用职工顾泰、佘扣等数人。

可以从凌聚茂猪行在观音会期的营业情况，推测石港苗猪市场概况。六月十七下午，就有海、启一带的买客到达该行，在后面空场上搭起三台板厂，为六月十九做生意做好准备。六月十八清晨，就有苗猪和母猪来行待售，六月十九整天代客买卖。老板凌蛇兄弟三人和固定职工四五人，加上临时聘用的工人共有十多人参加营业，记账的就有三人。从六月十八起到六月二十止三天猪期，能获毛利400多元，除掉各项开支，一个会期能获净利润200多元。在20年代前后，200多元利润收入是十分可观的，因为200多元就是十担皮棉的代价。依此推算，全镇五家猪行，全年近50个猪期，大约可知石港苗猪市场的盛况了。所以石港的苗猪市场，在江北是有名的。

石港的许多行商和各种商店及小本叫卖者之间，都有互相联系和依存的关系。因此石港市场淡季不淡，旺季更旺。

营桥

地址位于石港镇南首，现石港中学西，护城河上。

为了保护石港盐场的人民生命和财产不受东南沿海倭寇侵犯，明太祖洪武年间（1368—1398）于通州置料哨军寨4处。其中一屯在石港场营桥，有军士1000名，管寨千户1员（正五品）。

顺治十八年（1661），通州境内置本标中、左、右3营，中营分防固城、东关及石港场等,每营设游击1员,守备1员,千总2员,把总4员,兵1000名。历代此多兵备驻扎石港南方,营桥也因此而得名。

圣 桥

当年石港小四牌楼北侧,有一条东西市河,河上有一座砖石构造的桥,名"圣桥"。此桥并非皇帝圣封,而是清顺治四年(1847)一圣姓人建造。

传说圣家有一相公名叫圣端,初春赴省城应试(举人)并带一书童投宿旅店。数日未接报单,闲下无事,独自一人,终日外出游玩。一日书童接报,即日应试,相公不归,书童代替主人应试。次日圣端回旅店,知已误试。回家后闷闷不乐,整天睡觉,邻居见圣端应试后精神不振,在石港即流传一首歇后语"圣端中举,睏梦不想"。

再说书童替考,书童拿考卷后根本无法应试,无奈就在答题处写了些平日跟随采办购物的名称。收卷后,有一阅卷官看了圣端这一考卷感到特别有趣,哈哈大笑,另一阅卷官见此前来争夺相看,结果将考卷撕坏。二人大惊,知必得大罪(过去"错卷""废卷"应治考生之罪,而阅卷官们将卷撕破,必有大罪)。所以二官只顾眼前交差,合作了一篇文章。

数日后榜上题名,圣端中举,喜报随即到达,锣声震天,人声嘈杂。圣端从睡梦中惊醒,十分愕然,恍如梦境,乡试中举使他莫名其妙。想实言推却,又怕犯欺君之罪,当即就应了此事。故而圣端一是心愧,二是为了以助公德,见住宅南首市河时干时水,来往行人翻越市河不便,就建造了一座单孔砖石桥,以便行人通行,久而久之,人们就称之为"圣桥"。

(孙鹏飞)

七十二个半庙

　　石港地处黄海之滨，长江之畔，历代以打鱼、煮盐为业，集市贸易繁荣发达，宗教文化也随之发展。唐咸通元年（860）建造了佑圣观（又名玉皇殿），咸通六年将唐太宗李世民的行宫改建成广慧寺。宋朝至清朝建造了诸多寺庙、道观和尼庵。据统计，石港有独立寺庙35座，附设37座殿宇，连同依墙作屋的半间小将军庙在内共计七十二个半。当年，在石港近郊，也建有不少寺庙。但多属于家庙，内设祠堂，供奉祖先，诸如朱观音堂、吴观音堂、丁观音堂、崔家庙及睹史院（唐代建造）等，均不在七十二个半庙内。真可谓是"石港七十二个庙，千年古镇烟雨中"。

代号	寺庙名	又名	主要设施	附设	建筑时间	管理者
1	广慧寺	大寺	大雄宝殿 释迦牟尼	张仙殿 火神殿 五圣殿	唐咸通六年	僧
2	北极阁 真武庙	上真殿	真武大帝殿	禄神祠	宋政和年间	僧
3	大慈阁	观音阁	南海观音		明天顺年间	僧
4	文昌宫		文昌帝君	吕祖祠 魁星楼、台		僧
5	南武庙	关帝庙 关岳庙 关岳庙	关圣帝君 岳武穆飞	三佛殿 痘神殿		僧
6	文殊禅院	土山庙	文殊菩萨	魁星楼		僧
7	二贤祠		范、文二贤			僧
8	龙王庙		四海龙王			僧
9	地藏殿		地藏王			僧
10	华严庵		佛殿	三义阁 刘、关、张		僧

续表

11	准提庵		准提菩萨			僧
12	都天庙	张睢阳祠	张巡		明崇祯年间	道
13	城隍庙	郡庙	郡城隍	太太楼 太尉院 痘神殿 关帝楼十殿 阎王殿	宋孝宗 乾道年间	道
14	三元宫		天地水三官	雷祖殿 药王殿 痘神殿 张仙殿 躺神殿		道

广慧禅寺

古镇石港,以寺庙众多著名。在"七十二个半"庙中,以"广慧寺"最负盛名,有"小灵隐"之称。

广慧寺位于石港土山之下,东大街路北。其左侧原为"积谷仓",后改建为石港高等小学。全寺占地近二十亩,始建于唐初贞观年间（640），原为太宗李世民东巡而准备的行宫，监工为尉迟宝林，旧时有碑文载明此事。咸通六年（865）改行宫为佛寺，称"广慧禅寺"。但藏经楼之西的桂花厅，仍保留了原先风格，回廊曲折，厅宇轩敞，厅前遍植桂树。当金风送爽之际，丹桂飘香，沁人心脾。

佛寺山门为一大间，山门、角门均与回廊相通，可以直抵大殿。这样的门廊安排是一般佛寺所没有的，而与行宫的构造有关。山门当街而设，对面为高大的影壁，广约五丈，与山门、角门相应，中间嵌有"阿弥陀佛"四方金色阳文，衬着橘黄色的影壁，颇为庄严肃穆。

进山门之后为"弥勒殿"。殿宇高呈四方形，殿中"弥勒佛"的座像袒腹趺坐，一手持念珠，一手置膝上，姿态自然，笑容可掬。"弥勒佛"像后北向者，为一金盔金甲神像，这就是神话传说中的"护法天尊韦驮"。神像直立，双掌合十，两臂之上搁着所谓"金刚杵"，威风凛凛，神色庄严。金刚殿两边彩塑的"魔家四将"巍然屹立于殿之两边，这就是人们常说的"四大金刚"。塑像高达二丈，盔甲鲜明，手中各执有护世"法宝"，脚下各踩着"妖魔鬼怪"，面目狰狞，动人心魄。

"金刚殿"北为宽敞的庭院，广可十亩，俱为砖地，中间有石板走道，宽约四尺。庭中有铁鼎，高于人齐。庭院两侧为回廊，南通角门，北通大殿边门。在大殿东边门壁上，嵌有石碑，记载了修建寺庙的经过，"尉迟宝林监工"等字赫然入目。后人据此确定该寺原为唐初建筑，至咸通时改为佛寺。

大殿为佛寺的中心建筑，广十丈左右，高五丈余。屋顶用绿色琉璃瓦，屋脊高峙，中央的铜瓶中排列三戟，熠熠闪光。两边飞檐前伸，其下悬有风铎，遇风即"叮当"作响。前面重檐斗拱之间，有一珠底金字横匾，上书"大雄宝殿"四字，遒劲有力。整座建筑，气势巍峨，颇为壮观。大殿由四根圆木作支撑，每根须两人合抱，外表用朱红油漆，光可鉴人。正中，如来盘膝端坐于莲台之上，下有五尺高的台座，而塑像则高达三丈，其头部就高过一人，仰视时也觉吃力。如来两边，一老一少两佛像合掌侍立，态度恭谨。这就是"阿难"和"迦叶"两尊者。稍前侧，两边各有台座，左边为"文殊"，跨青狮；右边为"普贤"，骑白象。两尊塑像高约二丈，与如来、迦叶共为一组，除青狮、白象为彩塑外，佛像金碧辉煌，构制宏伟。加之"长明灯"高悬于前，灯火荧然，气氛庄严。殿之两边，为"十八尊罗汉"塑像，近乎常人高度，姿态各异，栩栩如生。据说，别处寺庙多金塑，而这里的却是彩塑，而且出自唐代雕塑名家杨惠之门人之手，工艺精巧，虽时过千年，数经维修，仍保持唐代彩塑特色。大殿壁后，为"观音大士"塑像，跣足，手执净瓶、柳枝，面容慈祥。观音塑像的身上，旧时常被披上白布大氅，是祈祷者敬献之物。观音背后的壁上，为云海翻腾的浮雕，云端中散布着诸天神祇塑像，组成一组组神话故事，如"唐僧取经""哪吒闹海""目莲救母"等，形象生动，引人入胜。观音两边，为"善才""龙女"，塑像较大。这壁上错落有致的彩塑与十八罗汉塑像一样，曾受到参观者一致赞赏，艺术价值很高。

　　大殿东南角钟亭上有口大钟，钟高约两米，重约数吨。每天晨课，钟声洪亮，四乡可闻。因此，"广慧晨钟"成为旧时"渔湾十景"之一。

　　大殿之后为"藏经楼"。楼虽两层，但不及大殿之高。楼下，一边为"方丈"，另一边为"客堂"，陈设雅致。楼上，旧时曾藏有珍本佛经，因此吸引了不少佛教界人士前来参观，著名的印光法师、江艺园居士等均曾到过这里。楼西即桂花厅。楼后有花园，可通土山（即文山），"文山烟雨"，亦为旧时渔湾一景。广慧寺与文山毗邻，可见当时选址的周到。

　　桂花厅后有伙房以及僧寮多间。近后门处有"火神殿"。各个建筑物的安排井然有序。

广慧寺建筑宏伟,旧时又称"大寺",它与通州城内的光孝寺(宋淳祐间改称"天宁寺")、如皋定惠寺俱为唐代建筑,往昔称"通州三大寺"。可惜,1930年前后,国民党区公所占大寺为保卫团团部,清净的"佛门圣地",成为拷打、监禁革命者的场所。1938年10月,日军侵入石港镇,将这座千年古刹付之一炬。"金刚殿"由于孤立于庭院之中,得以免遭浩劫,孑然独存,但在新中国成立前已被拆毁。偌大之唐代建筑、名胜古迹,至此荡然无存,令人叹息。

1996年,石港镇人民政府,选址在石港镇西首,占地近10000平方米,重建了"广慧禅寺"。

北极阁真武庙

又名上真殿,建于宋政和年间。坐落在广济桥北堍下,大门南向,隔广济桥与拱极门相对。

该庙大殿建在土山上(此土山约为东土山的四分之一),供奉真武大帝,神像敞头披发,北方壬癸水是为水神。禄神祠附设在山下右边。

大慈阁

又名观音阁,明天顺年间建。坐落于广济桥北堍东北方,据说是刘氏家庙。大殿建筑精致壮观,供奉观音大士神像。前有修竹长廊,四面环水。山门刻有"门藏玉带、海现金铙"金字楹联,上联引用的是苏东坡去金山寺与佛印大师谈禅,留下玉带镇山门的故事,下联讲的是该阁神像的来历。每年农历六月十九日为庙会之期,香火旺盛,集市贸易兴隆,并以其独特的歌会闻名遐迩。

文昌宫

原系官宦人家住宅,后改建为庙宇。坐落在洗笔池西北角,庙门东向,南边有望云楼,北边偏东有节孝总坊。庙前有下马牌一对。朝东门楼为魁星楼,大殿对面为魁星台,台上魁星朝北,曾为红十字会所在地。

关帝庙

又名南武庙、关岳庙。清康熙初建（一说建于明代）。坐落于营桥北逸,来薰门左边,山门南向,面朝营桥河。大殿上关壮缪羽字云长、岳武穆飞字鹏举同坐,两旁各有四将侍立。神龛上横挂一柄青龙偃月大刀,每年农历五月十三日是关王爷神诞,又是乡班老郎会开始之日,门楼万年台上敬演关王戏,十分热闹、隆重。

文殊禅院

又名土山庙,坐落在东山东半部。门楼即魁星楼,楼上供奉一尊魁星神像,面目狰狞,足踏鳌鱼,一手持斗,一手握笔。其魁星楼墙基上嵌有一块长方形横石,上刻有清康熙年间沧浪郑宗同书写的文天祥《石港》《卖鱼湾》《即事》三首诗,勒石时间为康熙二十四年夏季。每逢春秋祭祀,其规模仅次于祭孔和祭关圣。庙由僧人住持兼管碧霞宫。庙之朝东后门有整齐的石级而下,到达土山河之南岸。

二贤祠

二贤祠

祠建在土山顶西半边，为祭祀民族英雄文天祥而设，原称"文文山祠"。清乾隆元年（1736），石港场盐课使王文正在文文山祠内加祀范文正公（仲淹），改祠名为"范文二贤祠"。祠内有塑像四尊，上首是范文正公（仲淹），右边同坐文信国公（天祥），便装彩色。另有二神像东西相向，一是杜架阁（浒），另一是金都监（应），殿前楹柱上为道光年间两淮盐运判官赵祖玉撰的一副对联，分别赞颂了范文二公："齐韩、富、欧为名臣，先忧后乐；秉天、地、人之正气，取义成仁。"

每逢祭祀，其规模同文殊禅院，仅次于祭孔和祭关圣。20世纪30年代"二贤祠"不幸毁于战火。

都天庙

又名张睢阳祠，坐落在东大街大有门（二川门）东侧，庙门朝南。

庙内有灯蓬，每逢正月十三至十七日神像升堂供会，设有盆景清供，有灯展，灯具框架精工细作，样式各异，其中纱灯、绢灯上有花卉、人物、小品等。两厢屋纱窗门，画的是二十四孝图。

庙内供奉的是都天王爷张巡，神像塑工十分精巧，面孔贴金,初看庄严肃穆,细看笑容可掬。庙内匾额有"淮海干城""淮海英灵"字样。书载:"巡长七尺余,须髯若神,怒则须髯辄张。读书不过三遍终身不忘。为文章,操纸笔立书,未尝起草。"

每逢农历五月十八日为庙会日,其规模为其他各庙会之冠。届时,万人空巷,人声鼎沸,热闹异常,参加老郎会的艺人也一展身手,大演会戏。这些另有专文详述。

该庙香火旺盛,其中一个重要的原因,就是求仙方的人特别多。此仙方并非香灰,而是清道光年间当地名医朱鹿潭等编订的中药偏方、验方,共109个汤头。汤头的配制和剂量分别刻制在十一块木板上(每块木板约为50厘米×20厘米),用黄表纸印成"仙方簿",信男善女无不烧香还愿,磕头求签,道士则按竹签号码对仙方簿。这些"仙方"有病治病,无病防病,方剂即使不对症,一般亦无大碍。

城隍庙

又名郡庙,宋孝宗乾道年间(1163—1189)建。坐落在十字街北,山门偏西。庙门前有影壁墙,墙内有两株高大庙桅。大门两旁耸立着一对石狮子,东底座刻有"乾隆□□年"字样,西底座刻着"陈国泰敬送"。匾额为"渔湾福地"。门楼万年台供演戏之用,旧时常有演出。大殿前有灯篷,两厢屋供奉十殿阎君。东院为痘神殿,院内银杏树现尚存。西院为太尉司,也名太尉院、灵应侯右堂。每逢会期,与城隍神像同时升堂、出会。

庙内大殿后有一幢转楼,建筑高大壮观。楼下供奉城隍行身神像和少爷像。楼上供奉城隍太太和小姐像。楼前通道两侧各有一块花圃,花圃周围石栏的柱顶上各有一只小石狮子,雕刻精美,神态各异,栩栩如生,约有二三十只。

在郡庙的内院里,有宽敞的大厅,名凝华阆院,前有青松山石,置大型盆景,原备作地方官员到此憩息之处。民国初年,地方自治,曾为石港市议会会址。

郡庙的庙会期为农历清明节、七月半和十月初一日。会日,城隍、太尉升堂,排仪仗出会,至东祭祀坛、南祭祀坛赈孤,回衙点卯,是旧时衙门格式,并不诵经拜佛。农历五月十五日,城隍神生日升堂,里下河乡班艺人在万年台演会戏。六月廿三日城隍太太生日,进香者多为妇女。

三元宫

坐落在豫丰门(西二川门)西边向北的三元宫巷口,庙门朝东。庙内各有朝南、朝东大门一座。塑像系高大金身,甚为庄严可观。三元宫高壁上有诸天神祇浮雕一百多尊,组成一部神话故事,如"哪吒闹海""姜子牙火烧琵琶精"等,造型生动,栩栩如生,加上海浪、山峦、云层的点缀,颇有艺术价值。后殿为转楼,与广慧寺、郡庙格式相同,楼上有万岁牌。

雷祖殿,每逢农历六月廿三日由粮业界供奉雷祖尊神,较准斗斛,办神会酒,粮业同行共聚。

张仙殿,每逢农历七月廿三日会期,各户寄名舍身的孩子由父母带领上会,进香布施。

三元宫后门口,有一座砖砌灵塔。

三元宫为何庙门朝东,且与普通的门相似?原来根据道教的"五行说",南方为丙丁火,而三元宫所在地与火相克,也不宜大张门庭,故选定向阳的东方开门。这种怪诞的解说,竟使许多人信以为真。

东岳庙

建于唐咸通中(860—873),坐落在土山前,山门遥对圣桥。

山门门楼即万年台。该庙五福都天楼上原供奉有都天王爷神像,后移至都天庙作主神,故每年农历五月十八日,都天神像都被抬来庙中看乡班的演出,文武昆乱,十分精彩。

大门两侧塑有千里眼、顺风耳神像。大殿供奉东岳大帝神像，匾额为"冥中主宰"。大殿前有灯篷，匾额题"合鱼行公建"。元宵节这里陈设有盆景，布置灯彩、清供。

两厢屋为十二司，供奉十殿阎君（一说供奉历代清正廉明的名臣）。每年农历三月廿八日为会期。因东岳大帝龙辇在一次火灾中焚毁，故会期由昭武院温、赵二元帅神像出会。民国时期改为民众教育馆。

佑圣观

又名玉皇殿，坐落在东大街大有门（二川门）内，与东水龙局对门，其西有东岳庙，东有都天庙。

该庙第一殿为过堂，有哼哈二将两尊神像。院之东为药王殿，所祀神像赤身披树叶。院之西为财神堂，后来为商会所在地。

第二殿为真武殿，旁侍雷神、闪母、风婆、雨师，案桌上有龟、蛇二将。院之东的里大门朝西，门匾上题有"佑圣观唐咸通元年建"金色大字，有甬道通达正殿。

佑圣观

第三殿为紫微殿，正殿供奉玉皇大帝，匾额为"咫尺天颜"四字。东厢屋为魁星楼，朝西，西厢屋为斗姥宫。每年农历九月初九重阳节为其庙会期。

昭武院

又名元帅堂，坐落在东大街东岳庙西侧，庙门朝南。大门两侧有朝北厢房各一间，朝南正屋供奉三尊元帅神像，为木身。中为马元帅，左为温元帅，右为赵元帅。温元帅青脸着蓝袍，赵元帅（武财神赵公明，一说是东岳大帝外甥）着红袍。该庙由北关帝庙兼管。

元帅堂大门边有一座节孝牌坊。

每逢农历三月廿八日出会。北伐战争前，每年都要举行迎神赛会；北伐后，北洋政府禁止迎神赛会，就没有神像抬上街行会了，然会期商贾活动依旧。

文庙

又名孔庙、圣庙。清顺治四年由沙一驹改黄公书院而成。

文庙坐落在米市桥东，东至泮水河，隔河便是启圣祠。西至文庙巷，北至东大街，东北角筑有钓鱼台。南临庙前大道、文庙河。隔河影壁墙与庙门相对。庙前大道上有过街牌楼一对，东首名龙翔，西首名凤翥。两座牌楼外边市河上有砖石结构的单孔桥一对。名东西龙凤桥。文庙大门三开，中间为棂星门，在春秋祭祀时方打开，平时由东西两边门行走。大门外有下马牌一对，上书"文武百官，军民人等，至此下马"。

文庙供奉格局与一般寺庙不同，没有塑像，全部供奉的是牌位。正殿名曰大成殿，悬挂的匾额为"万世师表""德配天地""圣协时中""生民未有"等。主牌位为"至圣先师孔子之位"，东西两侧神龛共六龛，首二龛四配，为复圣颜子、述圣曾子、衍圣子思子、亚圣孟子。次二龛为十哲、子路子等。再次二龛为二程子，为程颐、程颢。大殿两侧厢屋为东西两庑,内供奉七十二贤人。两旁耳房上悬有历科考中秀才的人员名单。大殿前院两侧为乡贤祠和名宦祠。前面仪门东侧置有大鼓。大殿廊下有宽大的月台,天井内古柏参天。东庑后墙外,长有元宝树。

  文庙为石港唯一的儒教庙宇。没有僧道主持,平时也无香火。每年农历二、八月逢丁日祭祀。清朝时由地方官主祭,秀才陪祭。新中国成立前,有一次按古礼祭祀,主祭的是尚健在的几位秀才,陪祭的是地方知名人士。当时祭孔有专用的祭器、帷幕、礼帽、礼服、爵杯、香炉、烛台等。祭祀时,首先是鸣鼓三通,司鼓者是参祭人员,尔后鸣炮奏乐,奏乐者为职业吹鼓手,听从大赞指挥,有一定的乐章。另外有乐舞生,由道教人员当差,他们的服装为仿古样式,手持古乐器站班,设而不作。大赞引赞都是参祭人员,服务由职业傧相当差。接下来是行跪拜礼、读祝文、焚帛、礼成结束。到了后来,祭祀仪式简单,由学校老师率领学生祭之,仅行鞠躬礼、唱祭孔歌而已。

  星移斗转,沧海桑田,特别是几经战乱,石港的寺庙几乎毁之殆尽。新中国成立初期又数度改建,所存无几。现尚存的仅有佑圣观山门、窦天庙二层的厢房、西来庵房屋和四棵蔚然苍郁的古庙银杏。

  寺庙多必然古树多,石港镇内现存古银杏四棵。一在米市桥北路,广济桥南街道中心,为城隍庙内遗留,栽于明永乐六年(1408)。一在东新桥下铸管厂内,为碧霞宫遗留。还有两颗在东大街医疗器械厂内,分别为佑圣观和都天庙遗留。

  尚存的银杏树蔚然苍郁,是石港悠久历史的佐证,先后有不少文人墨客被这些古老而高大耸立的银杏树所触动,激情吟诗作画。先贤张海楼先生遗著《渔湾竹枝词》新篇中道:"渔湾七十二个庙,多少楼台劫后空;待欲从头评故事,但凭银杏指西东。"这正是石港寺庙厄运和银杏幸存的生动写照，充分表现出银杏树兀然耸立的壮观姿态和坚韧、顽强、与大自然永恒的精神！

就是到了20世纪50年代，广慧寺及其附近已经是一片废墟，然而那两颗古银杏树还枝繁叶茂，树周围有一大片空地，正是街面上青少年的好去处。夏天，两个巨大的树冠覆盖着大地，给人以雄劲和沧桑之感，偌大的树荫下是人们休憩和纳凉的好去处，树上各种各样的鸟飞进飞出，特别是傍晚众鸟归巢，上下飞舞，喧哗戏闹，此处真成了这些可爱生灵的极乐世界。到了冬天，树上的叶子落光了，抬头看，大大小小的鸟窝全在人们的视线中，少说也有上百个，和大树枝丫交织成一幅美丽的画图。胆子大的小伙伴敢爬上树，冒着被大鸟袭击的危险，从稍靠近地面的鸟窝中掏出鸟蛋，下来分给小弟妹。广慧寺前的那棵大银杏，树腰下有一个洞窟，大人们传说，这里面藏着一条硕大的蛇，平时不出洞，偶尔出洞时就是它显灵的时候，因此，小孩子在下面玩的时候，都离开大树远远的，生怕那怪物窜出洞来咬他们一口，而大人们逢到时节，总要在那里烧香膜拜，祈求保佑。

20世纪40年代末期，建于宋孝宗乾道年间（1163—1189）的石港城隍庙，大殿和部分廊舍还在，这里当时已经辟为石港小学的西分部，阴森森的大殿上，威严的城隍老爷行身神像和从其他殿里搬移过来的塑像还在，只是面前没有了那香烟缭绕的景象。

城隍庙门楣老高老高的，台阶上面两个大石狮威风凛凛，小孩们总喜欢爬上去玩耍，不过从狮身上下来可得小心翼翼，防止跌跤。城隍庙里面很大，大概有近百间大大小小的房屋，还有一个约有七八百平方米的进行宗教活动的类似会场的场所。走进庙南门，头顶上楼房就是一个面朝北向的木质大舞台——万年台，这个有数百年历史的舞台，那时还能演戏,平时演员们都是从大门两厢上舞台的。高年级的学生经常在这里表演节目,闲暇时节,中低年级的小学生也会到上面来个群童乱舞,享受快乐。十分可惜的是,这很上规模的老城隍庙后来在"大跃进"和十年动乱中被逐步拆光,令人不胜唏嘘。

(沙雨苍　徐祥禧　丁永祥)

寺庙匾额楹联

寺庙	匾额	楹联
广慧寺	广大圆满	法轮常转佛日坛辉亿万年; 觉路宏开慈航普渡三千界。
东岳庙	冥中主宰	赤面秉赤心骑赤兔; 青灯观青史仗青龙。
南武庙		偎月隐微处不愧青天; 追风驰驱时无忘赤帝。
文庙	万世师表 德配天地 圣协时中 生民未有	
都天庙	淮海英灵 威灵显赫	
都土地祠	淮海干城 正直为神	
玉皇殿	咫尺天颜	此吴地也,未见孙郎立庙; 今帝号矣,何须曹相封侯。
城隍庙	渔湾福地	河北辞曹正当有事之秋 怒斩曹瞒关六将; 江东赴宴如入无人之境 笑倾鲁肃酒三杯。
万年台	古今一绝	

44

大慈阁	门藏玉带,海现金铙。
将军庙	金戈铁马威宣虎帐;
	雄姿英发泽被鱼湾。
道院	壶中日月长;
	袖里乾坤大。
二贤祠	秉天地人之正气,先忧后乐;
	齐韩富欧为名臣,取义成仁。
节孝坊	恩颂紫诰流芳远;
	坊建门高衍庆长。
	青年矢节同松柏;
	白首完贞对雪霜。
土地庙	灯辉与月辉交辉五夜;
	神乐共人乐永乐千秋。

（资料提供：徐祥禧 丁永祥）

陆观音堂

"陆观音堂"这座庙宇位于现石港镇乐观村南胜利河河畔，始建于清朝末年。由当地地主吴雨仁自筹资金，经风水先生择地定址。筑有前三间正殿，正殿后四间小瓦房，两座房屋都是砖木结构，完全按照古式的庙宇建筑。正殿三间用的是柁楼，共供奉有六尊观音菩萨，每尊菩萨高两米，坐姿端正，庄严肃穆，栩栩如生，后屋四间供有二十几尊小菩萨，神态各异。因有六尊大观音菩萨，故将此庙定名为"陆观音堂"。

在过去的一个多世纪里每年农历十月十八日是群众集会、办菜烧香、行会的日子，群众自发舞龙灯、抬轿子、踩高脚子，各种花灯轿子多彩多样，热闹非凡。

新中国刚成立，在当地政府的关怀下，将陆观音堂改为小学校。刚开始，同学们以方桌当课桌，每张坐六人，都在菩萨座下听课，1954年，干部们破除迷信，将原来的那些泥塑、木雕的菩萨都扔到小河塘里,从此教室就变得宽大明亮了。

1958年,随着"大跃进"形势的发展,又将东边约两华里的北三官殿的老庙拆除,将砖瓦木头等材料运到陆观音堂来重新建了四个新教室,从此,原来的初小改为完全小学。因在庙的东头有一条港叫南新港,后陆观音堂改为"南新小学"。

1975年开挖胜利横河,此河恰好经过学校,又将几个教室拆迁向北移了约60米,直到现在,学校仍保持原样。

原石南乡的五、六、七三个大队合并更名为"乐观村",并在原址不远处由村民们自发建成"陆观音堂"一座,但规模已远不如从前,不过"陆观音堂"这个老名仍远近闻名,特别是上了点年纪的人更是了如指掌。

(陈瑞芝)

三个万年台

东岳庙万年台

位于石港东岳庙内,据嘉靖《通州志》卷二·五载:"东岳庙建于唐咸通中。"(860—873)。唐时,石港已是个天然盐场、鱼鲜集散之地,又是个出海孔道。石港是个人口密集的繁华海港。众多的渔民盐丁迷信生存赖于上苍,时常筹集巨资,演戏酬神,东岳庙万年台则应运而生了。

这是个与道佛儒无关的民间巫神庙宇,供奉的是黄飞虎。民间传说黄飞虎是个鬼王,职高位尊,都天神原供奉在庙中五福都天楼上,到了清嘉庆年间才移至都天庙供为主神。

光绪末年,张詧(张謇之兄)主修唐代古刹广慧寺,兼修东岳庙台。指定于家园花连喜监修。修成的万年台后壁为云青色木板壁，台前两根朱柱立于石鼓之上。飞檐重斗，前为垂沿，垂沿两侧有两只尺余长的铜铃，屋顶为双檐六角台，煞是壮观。

这是石港镇最为古老也是最大的万年台。当地人俗称大（音：凸）庙里的大台。另外，万年台台面大，台下天井能容千余人，也是三大万年台中首屈一指的。遗址在现石港医疗器械厂内。

城隍庙万年台

位于城隍庙内，据万历《通州志》卷五·二载："城隍庙建于宋乾道中。"（1165—1173）城隍庙香火旺，是个富庙。万年台上唱神戏还唱卖戏，历代修葺，保养得最好。万年台中正上方有一块横匾，写"古今一局"四个苍遒蓝色大字。整个舞台后壁上画有一巨型白象，白象背负一桶生机盎然的万年青。桶四周有"一统万年"，意指大清王朝一统万年。左右门楣上分别嵌一块扇面形木板，内中各书"阳春""白雪"字样。1940年，国民党驻军张华炳续修了左右耳台，成了和演员化妆间、道具间毗邻的边厢。遗址在现广济桥南银杏树的西南侧。

南关帝庙万年台

位于南关帝庙内，据康熙《通州志》载：关帝庙康熙初建。（一说建于明代）至乾隆二十四年，"场人王大傅修建，四十一年改今寺"（嘉庆《两淮盐运志》卷五十二、二十七）。另据道光《通州志》载："乾隆年，钦天监考曰颁行，及五月十三日诞辰并祭，改变了旧志每月朔望，官僚行香，每岁仲春、春秋戍日致祭旧习。"每年五月十三，关王神圣诞，又是乡班艺人老郎会开始之日，十番吹打暖寿，敬演关王戏，十分热闹、隆重。万年台后壁为砖质，两侧有拱形小门，呈"n"状，保持清初建筑风貌。庙台鬼门道，上场门处有一砖砌神龛，内中供奉一木雕老郎神，高一尺左右，小镇上的人们称为"老脸菩萨"。

　　万年台前有一副对联:"此吴地也,未见孙郎立庙;今帝号矣,何须曹相封侯。"颇有戏剧趣味。

　　抗日战争中,日本侵略军拆除庙宇在营桥南堍搞地道工事,破坏甚重,至新中国成立初,庙宇连同万年台毁坏殆尽。遗址在镇南营桥内东侧。

(曹琳)

地域风景

古横江

《南通县志》(1996年版)记载,在一千七八百年前的两汉时期,南通一带为万顷波涛的江口海域,仅有狼山孤立于海中。《南通成陆》(苏州大学出版社2010年版)讲,汉代以前长江为一喇叭形的海湾,与现代钱塘江口外的杭州湾相似。由于江口骤然开放,江流流速降低,泥沙易于堆积而形成沙洲,因此至南北朝时江南开始有相邻几块沙洲冒出水面(其中包括胡逗洲和南布洲,即后来的南通、石港地区和金沙地区),江北则是扬泰古沙咀经泥沙沉淀而形成的扶海洲(即后来的如东县部分)。这时沙洲上开始有人前来定居,以煮盐为业。

《南通成陆》讲:"唐代,胡逗沙北边有条夹江,这条夹江大致西起如皋磨头、石庄之间,向东经白蒲、刘桥和石港流入大海。夹江的南缘,在南通县平潮、新坝以西,经刘桥以北,向东到金沙、余西一线上。"依照专家们的这些研究,这条夹江大致走向与现代的九圩港中下段、遥望港走向吻合,石港在这片沙洲的东北角,处于滨江临海的地理位置。

长江奔流入海,所挟带的大量泥沙不断淤积,胡逗洲和扶海洲不断涨近。北宋《太平寰宇记》卷130"通州静海县条"这样记载：古横江在（胡逗）洲北，元（原）是海，天佑年中涨沙，仅有小江东出海……

天佑为唐昭宗年号，为公元904年。即在唐末，胡逗洲西北端逐渐与长江北岸涨接相连，古横江已渐成"小江"，就是位于石港北边的原九圩港故道和现遥望港，它们是由古河汊演变而来的，九圩港现自西向东穿越石港腹地，斜向东北注入黄海，遥望港自石港东约三里的地方从九圩港中分流向东，经五总直向东注入黄海（到十总境就成了通州区和如东县的分界河）。

后周世宗年间（954—958），南通地区已成陆，《读史方舆举要》称"（南通）州据江海之会，由此历三吴，向两越，或出东海，动燕齐，亦南北之喉咽矣"。明嘉靖《通州志》载"海绕东北，则通辽海诸夷，江绕西南，则通吴越川广；内有官河，则通齐鲁燕冀，通之名其以此欤！"以上记载说明通州在军事、水上交通运输中的重要地位，"海绕东北，则通辽海诸夷……"则具体点明位居石港北的横江，在出海交通中的重要作用。

古横江曾经是从黄海进入通泰、扬州的主要水道。石港西北3里多路是个芦荡地带，这里沟塘遍布。1973年就在旧名桅杆荡的地方出土了唐代沉船，沉船在距地面两米多的地下，船长17.32米，中间最宽处2.58米，船舱深1.6米（后被南京博物馆收藏陈列）。1984年，五窑地区农民也在桅杆荡一线发现一艘古代沉船……这些，传递了横江曾是古代出海重要航道的历史讯息。

在古横江南岸，南宋民族英雄文天祥曾留下足迹。南宋德祐二年（1276），文天祥为联络通州地方军民抵抗元军南侵，曾在通州淹留近一个月，在石港居住3日，留下三首诗，这些诗中对石港滨江临海的地理位置多有反映。

据考证,当年的闰三月二十日,文天祥就是由石港东面的"卖鱼湾"渡海南归的。路线大致是在石港东北沿着横江辗转北绕下海而后南归的。当年通州人民对这位伟大的爱国者寄托甚重,许多人护送文天祥至卖鱼湾扬帆出海,因盼其早归,故这条港汊(横江)的"摇网港"又别名为"遥望港"。

古代,石港因北有横江,东北为大海,得舟楫渔盐之利,但也频受江海水患。《南通县志》记载:明嘉靖十八年(1539)七月,海溢高2丈余,通州、海门各盐场共溺死2.9万人,漂没官民庐舍、畜产不计其数。隆庆三年(1569)秋,江潮海水三次相合,冲倒石港等场海堤,淹没荡、灶。清康熙三十五年,江潮暴涨,溺人无数……

在严酷的江海狂潮侵害的自然灾害面前,从范仲淹开始,一代代先民修筑捍海堰和江堤,留下了战天斗地的不朽记载:宋天圣二年(1023)通州民夫万人参加修筑通、泰、海3州捍海堰,后人称其为"范公堤"。庆历年间(1041—1048),通州知州狄遵礼率众在古横江以南筑捍海堰,此次修筑的捍海堰西北起自石港场,经西亭、金沙场向东至余西……这些先后修筑的江海堤岸,使堤岸内人畜庄稼等得到护佑,农业和盐业等获得了发展。

1958年11月至1959年5月,南通专区政府组织南通、如东和启东三县14万民工,循古横江故道,以人力劳动为主开挖疏浚九圩港,从长江边到如东县马塘镇全长计46.6公里(其中穿越石港镇约有四分之一里程,在石港段的河底宽约40~60米)。后来又多次疏浚遥望港,使历史上常患水灾的横江故道成为造福人民的幸福河港。

即使到了现代,居住在古横江两岸的原住民的口音亦留下因江相隔而致语言不相同的印记。横江北原住民语言属江淮语系,1956年从如东划到南通县的民富、国强、五窑、四港4个乡,大部分原来是古横江北原住民的后裔,他们的语言基本操江淮语音腔(如东话,多带翘舌音),而古横江南石港到南通这些胡逗洲上后人的语音,则是独特的——一个相对封闭圈内通行的南通话。

斗转星移,沧海桑田,古横江南的大地已经发生了翻天覆地的变化,被誉为"金凤凰"的石港正在江海大地展翅飞翔,奔向美好的未来。

(陆子森)

石港东约3里的遥望港一桥上的桥牌名

石港东约3里的九圩港与遥望港连接处(图片远处为九圩港,近处现为遥望港西段起始处)

桅杆荡

桅杆荡是个发人遐想的地方。它在石港西北三里多，附近有双沟门等千港百汊，还有枕头荡、长池等芦荡水泊。其中的桅杆荡，一支半露在地面上的船桅兀立，不知经历过多少世纪的风风雨雨，却是一个尚未解开的谜：地下是不是真有沉船？一直没有人去发掘。

然而，在它东北不远处的"虾儿坟"，却是解谜的生动注脚。据说明代一位官员乘船航海，遇上了风浪，船翻人亡。他的家属雇人再三打捞，只捞到一只虾。于是只好以虾来代葬。这就是"虾儿坟"的来历。

虽然传说不足为据，但它却是过往年代的生活与历史的折射。果不其然，1973年就在桅杆荡低洼一线的西梢，距地面两米多的地方出土了一只木船。船长17.32米，比三间房子还长；前宽后窄，中间最宽处2.58米，舱深1.6米。船上发现九件日用瓷器，都是唐代瓷窑烧制；船板缝内还有三枚"开元通宝"铜币，为唐初武德年间（620前后）铸造。显然这是一艘唐代的江海船舶。经过修复，这艘唐代木船已被南京博物馆收藏陈列，供人们参观。随同木船的出土，考古学者做了进一步的查勘，证实自石港北侧至蒲西一线低洼地带为古横江遗址，也即长江北支泓故道。唐代的南通还是一块江海交汇外的沙洲，至唐代末年才与北崖的大陆涨接，古横江也就成为地势低洼、滩荡相连的狭长地带。

由于是横江通海故道，沉船也就在所难免。1984年秋，五窑乡农民在兴修水利时，于距桅杆荡不远处又发现一艘古代沉船。可惜的是，待文化部门前往，船上的器物都已散失，只剩下船体的碎片和已损坏的几件瓷器，经过初步鉴定，同样是一艘唐代沉船。无怪当时流传有这样的民谣："桅杆荡,桅杆荡,半截桅杆冒地上。木船何时遇风险,留下桅杆引人想。"

真是:桅杆先将音讯报,横江故道有沉船。这对研究南通的成陆和长江的历史都有重大价值。桅杆荡内沉船之谜,迟早会被完全解开。

(宋建人)

范公堤

宋代从石港东行20多里便是浩瀚大海。范仲淹在泰州任盐官时,力主在石港沿线修堤围田,拦住海水,为民造福,后人为怀念这位先贤,把海堰堤称作"范公堤"。

范堤,自盐城至吕四,绵亘七百余里。在旧通州境内的一段,堤边即石港、西亭、金沙、余西、余中、余东、吕四等盐场。

历史既久,浪潮冲击,风雨侵蚀,这条长堤大部颓圮,中间虽经南唐升元(940前后)、宋初开宝(970前后)两次修筑,但抗潮效用已大减,海溢堤坏,事故不断发生。天圣初年(1023),范仲淹出任泰州西溪盐官,见"风潮泛滥,淹没田产,毁坏亭灶",人民流离失所,乃向淮南盐运发运使张纶提出建议,请求重修通、海、泰三州捍海堰,以障咸潮。张纶为此向当朝申请,得到许可。于是便在天圣二年,征调民夫四万多人,开工重修,并采纳范仲淹的方案,将堰址稍向西移,以避潮势;底宽三丈,面广一丈,堤高一丈五尺,叠石以固外坡,使洪涛巨浪不能奔激冲刷堤岸。正当工程进行之时,范仲淹因母丧离官,特留言说明此举关系民生利弊,借以坚定张纶将工程进行到底的决心。经过三年施工,至天圣五年春天,新堤告成,长一百四十余里,外盐内稼,使过去堤外咸卤之地逐渐成为良田,人民赖以安生。为了表示对张纶、范仲淹的感激,人们在通、海、泰三州为他们建立生祠,如通州天宁寺内旧有"海邦遗爱"祠,石港镇东山旧有范文二贤祠。由于范仲淹在重修捍海堰中贡献最大,因此将这条长堤称为"范公堤"。后人有诗赞道:

> 霄汉高悬范老名,筑堤千古障沧瀛。
> 横围翠垒山灵护,倒压银涛海若惊。
> 已有甲兵为国计,始知忧乐系君情。
> 至今僻壤还遗爱,试听村歌牧笛声。

当时之范公堤,南端迄于通州之余西场,余中、余东、吕四等盐场尚未有御潮堤岸,一旦海潮肆虐,便成灾害。至和年间(1054—1055),海门知县沈起调集民灶丁壮,筑堤七十里,连接原有范堤,使之伸展到吕四,屏障余中、余东、吕四三场。后人将这段捍海堰称为"沈公堤",俗称"黄岸"。王安石任海门知县时曾著文称赞沈起"宽禁缓求,以集流亡","堤海七十里,以除水患","可谓有志矣"。这沈公堤就是范堤的南段。"当年不有临川笔,到此谁知有范公",诗句也说明了这段堤堰与范堤的关系。

由于旧日法禁松弛,盗掘作践堤堰事故经常发生,"虽屡行修筑,然皆自后而图",仅是一种"治标不治本"之做法。嘉靖元年(1522)七月二十五日,海潮暴溢,石港等处尤甚,死者数千人。嘉靖十八年秋闰七月,通州、海门各盐场海溢,浪高二丈余,漂没官民庐舍不可胜计,淹死男女二万九千余口。隆庆三年(1569)秋,"南北两潮三次相合,波涛汹涌,冲倒堤岸甚多","石港、马塘、丰利、掘港,汇成巨浸",各场连名呈诉,请修堤以御潮患。通州盐运分司判官包柽芳亲至各场查看,见马塘一场烧煎荡产在堤外者占十分之八九,且石港与马塘两场之间堤堰,因过去单凭高阜,中断一十余里,不得相接,实贻害无穷。于是,以"事关地方盐政"为由,恳请上司兴工修堤,借此"招徕贫穷",为"牧盗资救荒之一助"。于是，从石港场范公旧堤彭家缺口起，中间将马塘场围在堤内，南至石港场，筑新堤近二十里。这条捍海堰的中段因向外延，已非范堤旧址，当时称之为"包公堤"，同时称颂包桎芳兴此大利，"功比文正"（"文正"，为范仲淹谥号）。

（鲁梅）

长河滩

　　南通市范围内有条通江达海的古河道，至今还没有一个固定的名称。在石港境内人们称之为大河，河面宽50~80米。因在沿河两岸建有许多贸易店铺，到这里来买卖商品的人，习惯称之为去"大河边"，大河边就成为人们去商店的代名词。大河边确实热闹，不仅有商品买卖，还经常有戏班子搭台演戏。在刘桥镇范围内，人们称这条大河为"长河"。在原新联十八大队有个热闹的地方叫"长河滩"，人们去这里买东西称去"长河滩"，又是另一个代名词，20世纪50年代，南通市在长河滩建了座轮窑，取名为长河砖瓦厂。

　　这条长河从南通北河稍向北10里到唐家闸，从唐家闸向北8里到河口，河口向北5里到五里树，从五里树向东5里到陈家桥。所谓五里树就是从该处向南5里到河口，向东5里到陈家桥。从陈家桥向东5里到马家渡，从马家渡向东5里到刘桥，刘桥向东经长河滩、江口子、王家渡到十五里庙子。所谓十五里庙子，是因此处建有两层楼高的土地庙，向西15里到刘桥，向东15里到石港。从十五里庙子向东5里到花市街，花市街向东5里到吴观音堂，从吴观音堂向东经桅杆荡，5里到石港，石港向东15里到孙家窑，从孙家窑向北15里到马塘，马塘向北15里到环镇，环镇向北15里到掘港，掘港向北30里到苴镇。此河由此入海，全长120多里，在新中国成立

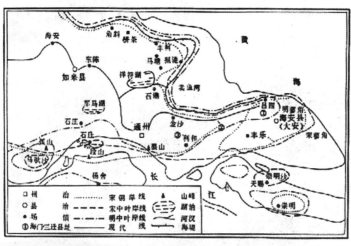

宋明通州江岸变迁示意图

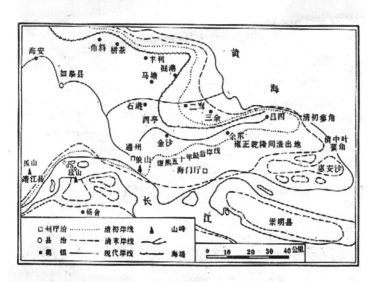

清代通州江海岸变迁示意图

初期有客轮沿这条河航行。

　　这条长河已有千年历史，证据来自石港西3里有个桅杆荡，此荡有一支半露在地面上的船桅兀立，1973年就在桅杆荡距地面两米多的地方挖出了一只木船。这是一艘唐代的江海船舶，经考古学者进一步查勘，这条长河属古横江遗址，是长江北支泓故道。唐代的南通还是一块江海交汇的沙洲，至唐代末年才与北岸的大陆涨接，所以这条长河地势低洼，滩荡相连的狭长地带，我们是否可定名它为"长河滩"。

　　这条河对南通的通航、运输、农田排灌起了重要作用，史上称之为"鱼米之乡"。这条长河也是官方下乡的必经之道（陆路交通不便，无船不到），石港镇的接官亭就是为来往官员备用的。

　　1911年辛亥革命成功，宣统退位。石港通州分司陶思澄离任回家乡，石港街上到接官亭送别的人很多。陶分司留下一只靴，挂在接官亭内，以示留念。

（陆子森）

渔湾十景

　　唐代初期，石港虽是小海湾，但处处风光秀丽、景色宜人，每处景观都有一个传说。"渔湾十景"，几经沧桑已湮没，但回溯十景仍令人浮想联翩。

一、文山烟雨

　　文山祠宇祀二贤，楼阁讲堂左右联。
　　晴日登临能望远，不徒烟雨人留连。

——张海楼

　　文山并不高大，因建有纪念文天祥的"文文山祠"而闻名。山上楼阁巍峨，树木葱郁，登魁星楼，可见狼山支云塔。每逢雨日，烟出祠堂，雨蒙天边，满山烟雾缭绕，如入仙境。

文天祥曾目睹此景,诗兴大发,在《石港》诗中借"乾坤万里梦,烟雨一年春"一句抒情。渔湾文人为提示登山游人怀念忠良,用诗中"烟雨"一词为此景定名为"文山烟雨"。

二、广慧晨钟

　　大雄宝殿罗汉堂,玲珑雕塑肇于唐。
　　发人深省钟声远,广慧闻名盖十场。

——张海楼

　　广慧寺依据唐太宗行宫改建,是一座名震江淮的古刹。寺内大雄宝殿前有座钟亭,钟高近两米,重数吨,系铁铜合金铸成。每日东方露白,钟声响彻四野,唤醒万物。"广慧晨钟"由此闻名。相传"广慧晨钟"与崇川"天宁寺"钟声、西湖"南屏晚钟"、苏州寒山寺"夜半钟声"并闻于世。

三、慈阁招凉

　　夏月荷塘绿映红,垂杨夹道快哉风。
　　旅游胜地大慈阁,好作公园与众同。

——张海楼

　　大慈阁又名观音阁,为刘姓家庙。阁内建有高大敞厅,院落宽阔,筑有长廊。四周环水,两岸杨柳成行,浓荫郁郁,环境幽雅。夏季荷花盛开,清香远溢,凉风习习,纳凉其中,令人心旷神怡。每年农历六月十九庙会期有麦饭布施。敬佛进香的人络绎不绝,柳下河边商贩云集,边做生意边休闲纳凉。"慈阁招凉"由此得名。

四、睹院闻莺

　　郊原三月好风光,柳浪莺歌燕语扬。
　　禅院牡丹花初放,胜它魏紫与姚黄。

——张海楼

　　睹史院建于唐代,由刘姓人士集资重建,位于镇西北,时为四合大院,除正殿外全为厢屋。周围绿树成荫,院内原有一株参天老柏,每日招徕珍禽彩鸟,莺声婉转,清脆悦耳,为郊外古刹增添生机。作为文人读经睹史之所,亦相宜。相传唐朝诗人刘禹锡曾慕名而至,吟诵诗词。

五、双桥落雁

依稀旧梦过双桥,北望南瞻木拱高。
一俟秋风芦荡起,雁群时落怅西郊。

——吴广才

石港西街有两座高大的木制高桥——彩虹桥、文凤桥。桥面成"彩虹"弧形横跨两岸,来往商驳渔船,径直通过,不落风帆,可见桥的规模。每当春秋之际,群雁自成行列,远飞而来,栖落在桥栏杆上。桥下驳船南来北往,河面水草丰茂,上下形成一道美丽风景,故有"双桥落雁"之说。

另述,此景指秋日两高桥间芦花飘白,好似一群白雁展飞落栖,故称"双桥落雁"。

六、范堤牧笛

小游南北更东西,柳暗高桥雁迷低。
何处春风听牧笛,踏青同上范公堤。

——冯大本

北宋天圣初年,范仲淹任泰州西溪盐官,奏请批准,发动民夫重修海堤。建成后滨海围成良田,人们得以安生,后人念范公功绩,遂称范公堤。每当夕阳西下,牧童骑上牛背,吹起竹笛,此景欢快祥和,即为"范堤牧笛"。

七、古堞盘鸦

鸦盘古堞日西沉,袅袅炊烟腊月浑。
莫道虚传风雅附,国初犹见西川门。

——吴广才

明洪武十六年,石港建有四城门,门外隔河多树。傍晚时分,鸟倦归巢,在四门城垣上盘旋飞舞,或栖止于女墙(城墙上呈凹凸形的矮墙)之上,然后还巢,俗称老鸦阵。"古堞盘鸦"即指此景。

八、故冢分流

水环古墓城环水，吹落西风水咽愁。
静夜不闻仙驭返，渔灯点破荻花洲。

——居瑾

故冢，即御葬坟。四面环水，初看平淡无奇，而发水季节从未漫过其顶，水从冢两边分流而过，故冢成为中流砥柱，颇为壮观。此坟为南宋天禧时静海县开国伯印应雷之墓。传说在陪葬的宝物中有一珍宝"分水珠"，于是，乃见"墓在环水中，而未淹没水之中"的"故冢分流"一景。

九、寿宁试茗

名满江南有葛山，一家词赋占骚坛。
寿宁泉水清如许，留与痴儿雪肺肝。

——黄金魁

邑人葛山于宅内挖井，得石一方刻有"寿宁"二字，故名"寿宁泉"。酌泉烹茗，色碧香清，芳洌甘美，为品茗者所称赞。据说明代嘉靖时，宅主葛子静恰为福建省寿宁县知县。

十、春台咏柳

河湾隐处钓鱼台，墨客翩翩雅集来。
柳袅莺歌同一醉，春风得意畅襟怀。

——吴广才

原文庙与启圣祠之间有一条小河，河湾处东北角有一座半亭，名"钓鱼台"。沿河两岸，遍种垂杨柳，亭子对面为泮桥，古时诗人墨客常在此吟诗唱和，曲水流觞，柳枝飘扬，诗情画意，"春台咏柳"意境盎然。

（沙雨苍　徐祥禧）

石港盐场

　　公元13世纪,意大利人马可·波罗抵达中国后在游记里这样描述:"在城市和海岸的中间地带,有许多盐场,生产大量的盐。"西方探险家惊叹于古老的盐阜大地"烟火三百里,灶煎满天星"的盎然生机。浩瀚的大海、广阔的滩涂、茂密的盐蒿草是盐民"煮海为盐"取之不竭的"粮仓"。在整个封建社会,南通盐业人发挥聪明才智,与北邻泰属盐场人一起,以优质的"吴盐"在江浙盐业中长期占据领头雁的地位。积淀了两千多年的南通盐业史更让我们扬起了"海盐文化"的风帆。这其中,石港盐场占据着举足轻重的地位。

　　石港盐场发萌于唐代(7—9世纪),为煎盐亭场,隶属海陵监(治海陵,今泰州市)。五代十国时期(907—960),沙洲涨接逐步形成以石港为西顶点、掘港为东北顶点、吕四港为东南顶点的喇叭形海湾,俗称"北海"。北海海湾的形成,为10世纪以后南通盐业兴盛提供了优厚的地理条件。北宋初年(960)建石港场,隶属通州利丰监(史籍亦称"丰利监",驻通州),并与海陵监一起归属淮南东路盐务机构。北宋《太平寰宇记》"胡逗州"载:"上多流人,煮盐为业。"12—13世纪,南宋立国专仰盐课,注重发展盐业生产。淮东通、泰、楚三州盐独当天下盐课半数以上。时人有"天下大计仰东南,东南大计仰淮盐"之说(《中国盐业史》)。是时,境内的金沙、余庆、石港等催煎场因盐利丰厚,极一时之盛,位列淮东盐区之首,为朝廷财政所倚重。元代(1279—1368),市境设有石港、余东、吕四等10所盐场。

　　石港盐场的政治地位则凸显于明清两代。在这544年中,南通盐区稳定存续着以石港为行政控制中心的12所煎盐场。明洪武元年(1368)设置两淮都转盐运使司于泰州。下设通州、泰州、淮安3个分司,系运司的派出机构,总理所属

地域风景

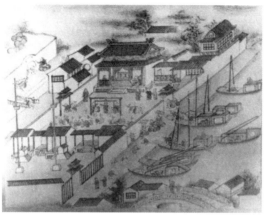

盐场繁忙景象

石港盐场的碑刻一

石港盐场的碑刻二

各场盐务,长官称判官。每个分司各领10场,自南向北称上十场、中十场、下十场,各盐场沿袭元代旧制,设场官,置百夫长等官。直至洪武二十五年(1392)改设盐课司,置大使、副使。各场盐课司皆有印记一颗。石港场属通州分司上十场,设有石港场官衙门。明武宗正德十五年(1520),因石港场为通州分司公署所属10场道里适中之地,利于分司督察各场,乃迁通州分司衙门于此地。通州分司衙门行政官阶与通州(今南通)隶州知州的官阶相等,主要管理各场盐务等事项。

级别隶属示意图:

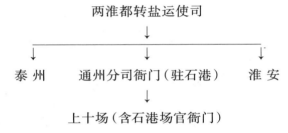

通州分司衙门位于石港东街广慧寺西首,占地12亩,共有房屋57间,一进七堂。大堂三楹,高大壮观,中厅为审讯布设,两边竖"肃静""回避"诣牌,威风凛凛;二堂为办理案件的设置;三堂为正常办公之用。再往后便是生活及附属用房。院内假山林立,古树参天,蔚为壮观。

石港场官衙门直属通州分司衙门管辖。场官衙门坐落于石港米市桥东首苏家巷南边"场官巷"内(此巷因而得名),大门朝南,一进三堂,内设大堂、二堂、后堂屋及厢房共20余间。行政官员为场官,官衔七品。主要管理石港盐场事务。

清朝延续明制,少有更改。据《南通县图志》(一)卷四"盐业志"记载:"民国元年裁金沙、石港两场。"至此,结束了石港制盐生产历史。但绵延了千余年的盐业史，加之发达的商贸、繁荣的市场、厚重的文化，引起了历朝历代的重视，先后建有衙门和盐法察院，有力地促进了地方经济和社会的发展。

石港盐业生产一般以煎煮海盐为主，煎盐的原料是咸卤，燃料多为海滩、河沟上的芦苇、红草。盐民们在海滩上堆取含盐较多的灰土，用水泼浇，并挖坑积含盐分较高的卤水注入器皿中煎制。

嘉庆二十二年（1543），两淮巡盐御史徐鹤龄在石港场建"石港盐法察院"。此时，石港盐场范围为东至范公堤15里，南至西亭场20里，西至通州50里，北至马塘场30里。乾隆元年（1736），马塘场并入石港场，辖区面积又有增加，办盐灶丁14752户。

渔湾水道

石港渔湾，又名卖鱼湾，因伟大的民族英雄文天祥南归途中驻足于此，并有诗作《卖鱼湾》而扬名。渔湾水道位于

渔湾水道

石港镇北,与镇区一河之隔。主水道全长约三十华里,流域面积3.75平方公里,保护面积15平方公里。渔湾原为海中沙洲,后来岸线东移,沧海始成桑田,沙滩上的海凹子便成了如今曲曲折折、妙曼动人的渔湾水巷。原生态的渔湾水道,因交通闭塞而得以保存,河曲、树繁、草茂、鸟多、水清和境幽是这块湿地的六大特色。舟行水巷之中,自有"山穷水尽"之感,"柳暗花明"之趣,从而识得自然"真、善、美"之三昧。渔湾湿地被专家誉为"不仅是南通,也可以说是江苏再也找不到第二块的特殊湿地"。

2006年以来,渔湾景区开发建设在各级领导的关心支持下取得了较好成效,景区以其独特的生态美和自然美吸引了省内外众多游客前来观光旅游。2007年被评为国家AA级旅游风景区,江苏省环境教育基地,南通市农家乐基地;2009年被上海旅游(热线)联盟命名为江海生态旅游休闲基地;2010年被列入南通市和通州区"十二五"旅游发展规划;2011年入选农业部"魅力城乡"网站并作为休闲农业精品景点向全国宣传发布。

渔湾风景园

渔湾风景园位于石港镇的东南隅,占地120多亩,是石港镇人民政府和石港中学合建的旅游、休闲景点。这里一年四季绿树成荫,亭台轩榭错落有致,古文化的丰厚底蕴和现代文化的浓厚气息,在这里达到了和谐统一。

步入风景园的大门,首先映入眼帘的是绿茵如毯的草坪、形态各异的花木和千姿百态的假山。越过此景,令人眼前一亮,一汪碧水粼粼的池塘犹如翡翠镶嵌在树木丛中。此池旧称"吴公洗笔池",想必是先贤练字作书洗笔之地。水面30余亩,池心有一小岛,大约亩余。池四周皆为陆地,与外

渔湾风景园

界水源无相通之处，也无排泄之道，但该池水位四季如常，无涨无落。池心小岛看似低洼，历史上却从未受淹，其中缘由众说纷纭：一说小岛为浮地，随着池水涨落而浮沉；一说池中有泉眼相通，地下水可自动调节；石港的老年人则认为是岛上的一座"御葬坟"中的贵人灵气所致，所以不旱不淹。虽然说法各异，但池水水位始终不变却是事实。

沿池四周是一排枝繁叶茂的风景树木和整齐别致的葡萄架，每逢春天到来，沿岸花红柳绿，煞是迷人；夏日炎炎，杨柳倒垂水面，知了歌声一片，葡萄架上绿叶婆娑，果实滴翠；秋吹金风，枫叶流火，金菊飘香；隆冬飞雪，银装素裹，水洁冰清。园内四季风情，如诗如画。沿池石驳之上，配以匀称的护栏和一盏盏乳白色的河灯，夜幕降临，华灯齐放，与池内彩灯喷泉相互映照，如银河泻光，似繁星点点，灿若天河，美如蟾宫。

连接池心岛和陆地的是一座迂回曲折的九曲桥，名曰"文津桥"，桥面卵石铺地，两侧为仿汉白玉雕栏。漫步桥上，俯观碧水粼粼，天光云影尽收眼底；举目四顾，清风徐来，绿树红墙，风景如画，令人心旷神怡。步入池心岛，只见怪石峋嶙，芳草萋萋，"洗笔轩"和"笑读亭"把池心岛装点得更加古朴、典雅。"洗笔轩"因池命名,"笑读亭"则据在此处发现的清代状元张謇撰书的楹联"喜闻新国政,笑读古人书"之句而得名,这一轩一亭皆坊清代风格,飞檐翘角,红柱雕梁,在水光映衬下若烟雨楼台、玉宇琼宫,昭示着这里悠久的历史和神奇的风采。在"笑读亭"与"洗笔轩"之间的"御葬坟",历代石港人无不将其视为宝贵的文物遗产,前人曾留下许多怀古的诗词。如今,在渔湾风景园中,昔日荒冢得以重修,以石垒坟,立碑铭记,游人驻足墓前,念天地之悠悠,发思古之情怀。

风景园东侧,在青松翠柏簇拥之中,矗立着"石港解放纪念碑"。它是石港人民在共产党的领导下,与敌人浴血奋战,为石港人民争取自由解放的历史见证。清明前后,中小学生和大批游人来到这里凭吊先烈。"石港解放纪念碑"的南侧建有"石港遇难同胞纪念碑"。1943年12月15日,日军在石港惨无人道地屠杀民兵、群众23人(其中有一个怀孕7个月的妇女),制造了"二十三个半"的血腥惨案。立此纪念碑,是为了缅怀死难同胞,使后人牢记国难家仇。在纪念碑前方有一座土山,树木葱茏,花草繁茂,山上有石登、石鼓可供游人小憩。

池的北岸,是一块占地6亩的广场,广场上各种体育设施一应俱全。每天清晨,成百上千的居民来这里休闲和进行体育活动,别有一番情趣。广场的北面是一排青瓦红柱的曲廊,廊壁玻璃橱窗内陈列着取材于《渔湾竹枝词》等咏诵石港风土人情的书法作品石刻,故称碑廊。这些作品均出自现今的石港书法爱好者之手。徘徊于碑廊之间,欣赏着精湛的书法艺术,品味着美丽的诗篇,真让人流连忘返。

渔湾风景园蕴含着传奇般的色彩,秀丽的自然景色,浓厚的文化气息,典雅古朴的建筑,将给每位游客留下美好的印象。

(杨海华)

【附】

关于石港谕葬坟

位于石港中学附近渔湾风景园内的谕葬坟，原先四周流水环抱。早年经发掘，墓室内除剩有少量一般明代器物外，可称文物的仅有陶制琴架一座。棺柩尸骨荡然无存，更无墓志碑碣可资考证。清代初年，即据古老相传认为此坟是五代吴王杨行密（852—950）东巡海滨有妃骤然亡故，吴王即下谕旨：就近葬于石港。故清代初年世居石港的曾葆存所作《渔湾竹枝词》中有一首云："抔土今朝碣不存，相传妃子瘗芳魂。年年三尺桃花水，双送鸳鸯到墓门。"又，与曾葆存同时代的黄金魁也有一首咏石港清明节风情的竹枝词唱道："士女嬉春多似云，郎来挑菜我洗裙。不知寒食东风里，谁上吴妃谕葬坟？"也许因年代久远，在清代初年谕葬坟已是一处无人祭扫的荒冢。人们只凭口口相传地说此碑曾埋葬着一位吴妃，但吴妃是何许人也，又是哪位君王下旨谕葬，其实都一无所知。

近有一种传说，认为谕葬坟乃南宋后期的印应雷之墓。印应雷，确是通州名人，宋嘉熙二年与弟应飞同登进士榜。皇上嘉许曾御笔亲书"锦绣"二字赠之。通州特树立"锦绣坊"牌楼引以为荣。此人曾任两淮安抚制置使知扬州，后为中奉大夫兵部侍郎、兵马都总管，因功封爵为静海县开国伯，卒赠端明殿学士。按宋代静海县及通州本土，乃印应雷的故乡。但旧志只记载他后来徙居常熟，卒年与葬处不详。如今说石港谕葬坟是印应雷之墓，也没有任何证据。相反，黄金魁在另一首竹枝词中对此说表示了怀疑："兄弟同时捷会场，海天人说破天荒。云礽异带共惆怅，何处青山是北邙？"这首词的原注说："宋印应雷兄弟皆进士，今石港印氏其裔孙也。但不是墓田所在。"据此可知，印氏后人就在石港，不知何故却无人去谕葬坟祭扫。这除了说明在清代初年石港印家就认为谕葬坟与印氏家族没有关系外，而且连印的墓园究竟在何处，也未搞清楚。

地域风景

总之，对于谕葬坟这处古墓室的墓主究竟为何人，当待进一步查考。

注：

"谕葬坟"亦被称为"御葬坟"。在封建时代，凡皇帝亲自作为或供其专用的一切事物，都得用上"御"字。在史书上，不乏皇上对王公大臣或特获嘉评者故后"谕祭葬"的记载，也就是说皇上下旨祭臣下（因而有一种文体叫作"谕祭文"），因此，在《渔湾竹枝词》里只有"谕葬坟"的说法。因"谕""御"同音，也有人称"谕葬坟"为"御葬坟"。

（何方）

古树名木

南通地区古树分布区与南通各方言区基本一致。南通话仅存在于市区及平潮、石港、狼山间的一个椭圆形区域内，该区域古称胡逗洲，树龄多数在300年左右。但石港凭借其在南通盐区举足轻重的政治地位，以及七十二个半庙的规模，拥有一批年岁更为长久的古树名木。按照佛道习俗，寺观庙堂落成后一般要在大雄宝殿或寺庙前至少栽种银杏2株以示护持佛法。石港庙多树多，且以银杏居多。先贤张海楼在《渔湾竹枝词》新篇中写道："渔湾七十二个庙，多少楼台劫后空。代替从头评故事，但凭银杏指西东。"由此可见庙

存树在,经年不变。此外,镇区内还有逾400年的冬青一棵,近300年的罗汉松一株,黄杨有140多年树龄。时人吴广才在《石渚诗》中吟道:"参天古树老成精,风雨历经明及清。"的确,这些古树名木历经风霜愈发苍翠古朴,被视为见证千年古镇发展的活文物。

现存古树概况

序号	树种	树龄（年）	高度（米）	胸围（米）	冠幅（米）	地址
1	银杏	800	30	4.3	15×15	石港镇佑圣观（东大街）
2	银杏	600	24	3.5	14×12	石港镇城隍庙（西大街）
3	银杏	500	20	2.1	7×10	石港镇碧霞宫（东大街）
4	银杏	400	25	2.7	14×12	石港镇都天庙（东大街）
5	银杏	300	15	3.6	14×15	石港镇尹忠礼家
6	银杏	300	15	2.4	13×15	同上
7	桂花	150	5	0.7	4×3	石港镇东南施志明宅
8	蜡梅	120	4	主枝3	3×3	石港镇中街徐祥禧宅
9	天竹	100	2.3	12枝	2×2	石港镇西街唐建宅

元宝树

元宝树是清顺治四年建文庙时栽种,位置在文庙东庑后墙外,泮水河西岸,泮桥西塊下,主干魁梧,粗可十围,树身已空,枝叶仍旧茂盛,向阳的一面近根处有面盆大的洞,洞里黑黝黝的，莫测深浅。每年在端午节前，树上挂满一条条的果实，黄澄澄的，像一串串元宝。当地人们把此树称作"元宝树"。

烧香的人，采点元宝树叶带回去，据说可治瘙痒。传说，那树洞里有条大蟒，常在夜间出洞上树，缠在树枝上，头如瓦钵，眼若铜铃，发出寒光，故而引来了一些虔诚的信徒，常在树下烧香祈祷。

日军占领期间，文庙被拆去筑了防御工事，只剩下这棵元宝树孤零零地兀立在瓦砾场上。一次，苏北游击队总指挥李明扬将军到石港来视察，发现了这棵稀罕的古树，认为这样大的树苏北罕见，特捐资并面谕地方政府用青砖于周围砌了一道呈八角形的矮墙，墙上段插有尖头铁矛。这样，既保护了树体，又美化了环境。可惜好景不长，日寇清乡扫荡时，围墙栏被拆毁，树后来严重受损。

新中国成立初，少数人为了邻近老百姓的安全，出于做好事，查证树洞里是否真有大蟒蛇，但又不敢引蟒蛇出洞，一位姓徐人想了个办法，用烟火熏烤，如真有大蟒蛇出洞，洞口的烟火可烧死大蟒，如没有就算了。没想到树干被烤焦后起火，整个元宝树就被焚毁了。

（徐祥禧）

石港解放纪念碑

石港是千年古镇，经济富裕，河道纵横，交通发达，历来为军事要冲。抗战时期，是苏中四分区的南大门，分区军政机关曾驻石港、汤圆和岔南一带。当时还是著名的杨曹乡反"清乡"斗争的前哨。解放战争中，是敌我"拉锯"地区，斗争尖锐而残酷。在石港地区的反顽斗争中，我军通过"一逼、两打、三解放"，在无数革命先烈抛头颅、洒热血，赤胆忠心，前赴后继，舍生忘死，英勇奋斗后最终取得石港的全面解放。为了永远缅怀先烈的革命精神，继承和发扬光荣革命传统，石港中学于1999年新中国成立50周年前夕建成"石港解放纪念碑"，时任中共江苏省委副书记的顾浩题写了碑名，并被命名为南通市爱国主义教育基地。

文苑风情

戏剧摇篮

　　石港是千年古镇，戏剧的摇篮。多少戏班曾在这里聚会献艺，多少戏剧人才曾从这里起步，登上了艺术的殿堂，成为名闻遐迩的人物。

　　石港古名樵珊浦。早在清乾隆年间，一批落泊文人，佛门弟子，失意官吏，卖曲艺妓，同好相投，成立了"樵栅昆曲社"，他们经常"度曲花间、曲谱吴腔"，"三弦鼓板，踏歌狂欢"，先后编排过《青溪笑》《旗亭区》等曲目，着实热闹了好几十年。其后，从清道光到光绪的五十年间，一些喜好丝竹管弦的文人，又结成"花南社"。接下来，是前后"良友班""反和社"，抗战时期的"醒民社"，解放战争期间的"青年联合会话剧队"，新中国成立后的"青年剧团""工人剧团"，"文革"前后的"镇文工团""宣传队"，新时期的"业余京剧队"等，无论是血雨腥风的年代，还是清平盛世、莺歌燕舞的日子，石港镇的戏剧活动，一直是"野火烧不尽，春风吹又生"。

　　特别值得一提的是石港一年一度的"老郎会"。据说这老郎神是梨园的始祖，就供在石港的都天庙里，泥塑彩绘，高二尺余。其形象姿态,别有风采。五月十八这一天,方圆百里以内的各路戏班,都得赶来敬神朝拜,风雨无阻,无一例外。会期从农历的五月十三至五月十八,前后历时六天。这六天又正是石港的庙会期,四乡八镇的数万民众,云集石港,外省外地的商贩也蜂拥而来,做交贸看戏玩乐,实在是难得的盛会。五月十三日是关帝圣诞,演出场所在南门关帝庙万年台,主要演的是关羽戏。中间几天在北门城隍庙万年台演出。最后一天,都天王爷坐八人大轿出巡后,便在东岳庙万年台演一夜的戏。能在这里演出的演员,都是戏班中的佼佼者,而且演的都是拿手好戏,有的艺人苦练多年,为的就是在石港老郎会上出个台,亮个相,"露两手儿,学两招儿,当个名角儿"。五月十八的戏要演一夜,观众也要看一夜,即使下雨,也绝没有人走散。翌日清晨,王爷起驾回都天庙,历时六天的"老郎会"也随之降下帷幕,所以有诗曰:"悲欢离合六夜天,南北廉泉年复年。"

  为了继承文化传统,丰富群众的文化娱乐生活,石港镇决定将每年农历的五月十八日,定为一年一度的"戏剧节"。首届戏剧节的锣鼓于1987年敲响。演的都是折子戏,演员是本地的工人、农民、教师、营业员,也有企业领导和党政干部,还邀请了部分家住石港,现在文艺团体工作的专业演员。年龄最大的七十多岁,已经满头银霜;最小的五岁,还是童稚未退的娃娃。无论是年老的还是年幼的,一个个唱得有板有眼,字正腔圆。台上锣鼓声声不断,台下彩声时时爆起。最有意思的是年逾花甲的朱德宽全家登台。他唱老生,老伴唱旦角,女儿唱青衣,两个儿子唱小生,六岁的小孙子唱花脸。整个剧场人潮如涌,掌声如雷。第二届戏剧节,京剧名角李炳淑等欣然赴会,与本地演员同台演出,观者如山,给人们留下了一个美好的记忆。第三届戏剧节邀请了市区和六个县市的戏剧爱好者,举行京剧大奖赛,真是群英荟萃,异彩纷呈。

　　石港,是个名副其实的戏曲摇篮。在二百余度春秋中,这里培养了多少名优精伶,造就了多少戏剧界的著名人物!受教于"伶工学社"的葛次江,是欧阳予倩的高足,1924年就在《海角诗人》《天涯歌女》等四部无声片中扮演主角,是中国最早的"两栖演员"之一;深得王瑶卿青睐的林秋雯,是程砚秋、荀慧生、马连良的老搭档,他技艺超群,曾蜚声江南,名满京华;乡班艺人左永熙、蒋英鹤多次出访,艺惊欧美,饮誉中国香港……时至今日石港仍有三十多人在省市乃至中央一级的院团里或任领导,或是名角。据有关人员透露,往后几届的戏剧节规模更大,剧种更多,质量更高,他们要立足石港,面向县、市,争取在全省乃至全国产生影响。

　　愿石港这个戏剧的摇篮培养出更多的戏剧精英,为文艺舞台增光添彩,为改革开放鼓劲加油。

(沈志冲)

石港戏剧节,市县文化局领导慰问演员

戏剧社团

京剧作为石港四大文化特色之一而闻名遐迩,这是石港人的骄傲。但是,"冰冻三尺非一日之寒",石港京剧特色文化背后深厚的文化积淀却鲜为人知。单说石港以京剧为代表的戏剧活动,就可以上溯到244年前的清乾隆三十五年(1770)。

据史载,最先传入江北的戏剧是明代中叶的江南昆曲,并且表演之风日盛,故时有"乡里之人无故而宴客,每用歌舞戏"之说;甚至于各乡班(戏班子)之间互相"袭夺优人",挖人"墙脚",争抢演员。至清嘉庆、道光年间,徽班、京班逐渐流入通州,于是出现了徽调、京腔,多为香火神戏,即吉祥戏、神怪戏,后发展为有历史故事、民间传奇的各种连本戏,例如有名的《杀子报》等。在外来戏班的影响下,通州各地乡班应时而生,石港当然不甘落后。

(张茂华)

樵珊昆曲社

清乾隆三十五年(1770),年仅26岁而后成为通州(今南通)戏曲作家、戏曲活动家的陈邦栋(1745—1812)与石港场文正书院院长吴退庵、张蠡秋,以及大慈观音阁主持一懒上人和艺妓金校书等人共同组建了石港第一个文艺演出团体"樵珊昆曲社"。樵珊,石港的别称之一。樵珊昆曲社社址设在石港镇南郊城乡结合部的听渔馆内。听渔馆位于半村半郭、潮汐环回而恬静独立、诗意盎然之处。他们自1770年至1811年,一直活动了40余年,是旧石港组织结构严密、活动时间最长的一个文艺演出团体。

樵珊昆曲社有两个最集中最活跃的演出时段。一个是庙会期间。石港每年农历五月十三至五月十八日是当地民间传统的老郎会活动期。届时里下河地区京、徽乡班（乡班，家族型文艺演出团队）和石港当地方圆百里内数十个乡班，少则百名、多则上千的艺人及其家眷，风雨无阻赶赴石港，集中敬拜都天庙都天菩萨两旁的梨园始祖——老郎神。然后参加庙会游行活动，最后与石港当地文艺演出团体一起在城隍庙万年台联袂演出各种戏目。当时盛况空前，时人有诗为证："五月炎天人若狂，四乡八镇来烧香；行灯赛会莲台戏，十八高潮起十三。"这样的盛况从农历五月十三到十八，持续一个星期。樵珊昆曲社第二个集中活动是与南京、扬州、苏州、重庆、桐城等地昆曲戏友广为交游。他们互相取长补短，共同排演过《一斛珠》《青溪笑》《旗亭曲》等曲目。当年的他们"携琴扣户，一鼓幽情"，乐在其中。

樵珊昆曲社社长陈邦栋自己亦钟情于戏曲创作，常常"花笔细写宫商"（笔者注：宫、商，古曲谱五音"宫、商、角、徵、羽"之名的借代），"嚼徵含宫见性情"（对曲子反复吟诵推敲），因而著有若干散曲和传奇《旗亭曲》，可惜均已散失，只留下了《十村诗钞》四卷，为嘉庆十年（1805）绿影阁刻本。

（张茂华）

醒民剧社

旧时石港文艺演出团体研究和表演昆曲、京剧的居多。而醒民剧社是唯一一个话剧团体，由宋野航等人发起组织，初名"鸣民票房"。据《南通县志》记载，1937年"九一八"事变后，居乃康来到石港，加入鸣民票房，即把剧社更名为"醒民剧社"，并且开始了京剧排演。

居乃康，生于1902年，卒于1989年，是著名京剧票友，主攻老生，反串旦行。青年时代在上海与上海京剧界交往甚密，讨教并参与排演过多出京戏。到石港后，他与宋野航联袂编导并主演了根据传统戏《南阳关》场面、结构改编的

《孤军抗日》《血泪碑》，积极宣传抗战。

（张茂华）

良友剧社

石港，是南通的"京剧之乡"。每逢农历五月十三至五月十八等庙会日期，活动于里下河一带的戏班如杨洪春、赵长保、五一子等都赶来参加演出，互相观摩，切磋技艺。誉满京津的旦角林秋雯便出生于此。江淮闻名的京剧演员殷虎臣、吴亚州、吴艳琴，蜚声福建等地的葛次江、葛韵玲、居乃康等，其祖辈也是石港人。这儿确实是京剧人才辈出的地方，而且，很多老百姓也能哼哼唱唱，以此作为生活中的调剂。"良友剧社"正是基于这样的历史原因而形成的，而且，在抗日战争中曾发挥了宣传与鼓动军民的作用。

在它以前，镇上曾有个"醒民社"，由一些爱好京剧的老年人组成，其活动形式是清唱，至于演出，只是在庙会时偶然为之，节目也不过是《古城训弟》《卸甲封王》《长亭会》等，行头、道具都是借用戏班里的。1942年，在坚持抗日的形势下，由管清泉先生发起，有黄风池、管湘生、杨长年、孙思谦、杨谷中等人参加，组成"良友剧社"。顾名思义，是要利用京剧这一艺术形式，褒善贬恶，借助剧中历来为大众所歌颂的历史人物，发挥"良师益友"的作用，教育观众忠于祖国，忠于人民，不畏强暴，同时，也包含着对自己的严格要求。

剧社是自力更生地发展起来的。起初由管清泉担任辅导。后请来原上海京剧鼓师王世保来传教，他长于京剧戏路，对演员因材施教，使演员们在身段、步法、水袖、吐词等方面大有进步。此时，原南通伶工学社第一期高才生、京剧界著名小生葛次江回到家乡，任剧社业务指导。他曾长期与欧阳予倩老师一起，成为其编导新戏的得力助手。他透彻地掌握了欧派演出风格。经他精心传授，剧社的艺术水平被提到一个新的高度，使欧派京剧艺术在"良友剧社"得到继承和发展。剧社的人数也发展到八十多人，演出获得观众好评。

为了配合抗日救亡，开展宣传，剧社排演了《渔夫恨》《东平府》《桃花扇》《黑奴恨》《十三妹》《投军别窑》以及《人面桃花》等新旧剧目。《人面桃花》一剧，由葛次江、杨谷中主演。葛饰小生崔护，杨饰旦角杜宜春，孙思谦饰老生杜之微。这出欧派名剧唱腔动听，做工细致，演得别具风格。特别是葛饰崔护，当场濡笔题诗，一挥而就，淋漓尽致，剧场上常是彩声不绝。其作品往往成为观众争相获得的珍品。

"良友剧社"积极地为宣传抗日救亡而演出。在参军运动中，在庆祝大会以及其他各种集会上，都有他们的精彩表演。1943年春，石港镇被日军侵占，演员们冒着生命危险，偷偷地走出据点，越过敌人的封锁线，频繁地到抗日民主根据地去演出。在南通、如皋、如东、海门等广阔的苏中四分区，到处留下了演员们的足迹。陶勇司令员曾拨给剧社一艘汽船，作为随军演出之用。往往是前方枪声不断，后方照常演出。他们以精湛的京剧艺术，提醒军民不忘阶级仇、民族恨，鼓舞大家戮力同心的抗战豪情。这对演员来说，也是很好的锻炼。四分区司令部对剧社坚持为抗日演出是满意的，曾奖给他们一面题有"名扬苏中"的大幅锦旗。抗日战争胜利后，这面锦旗曾悬挂在葛次江同志开设的"一元商店"里。

"良友剧社"作为群众文艺团体，对京剧艺术能创出独特的表演风格，在为抗日救亡的演出中做出自己的贡献，这些，都是值得总结和肯定的。

（杨谷中　戴国荣）

青联话剧团

民国三十五年（1946）初，石港建立了青年联合会。在当时中共石港区委领导下,组建了青联话剧团,负责人曹夕安。青联话剧团取材于打败国民党反动派、建立新中国的斗争生活,通过时事活报剧形式排演,揭露国民党反动派的阴谋和暴行,鼓舞解放区军民的革命斗志。南通"三一八"惨案发生后,剧团于次日即编演了大型活报剧《姚之华事件》,愤怒揭露了国民党屠杀革命青年的暴行,激发了解放区军民的强烈义愤。小海战役、观音山战斗全歼守敌,并击溃从南通、兴仁过来的援敌,青联话剧团根据战斗情节排演了话剧《慰问》,奔赴解放军驻地演出祝捷。同年秋,国民党军队占领石港,青联话剧团被迫停止了活动。

(张茂华)

其他团体

除了以上历史记载稍微翔实的文艺演出团体以外,还有史料简略、老人回忆补充的几个文艺演出团体。

清咸丰初年(约1853),石港丁月湖、曹星谷、王燕等人组织过结构松散的昆曲团体"花南社",前后断断续续活动近50年。光绪十一年(1885),石港文秀才陈震东、武秀才保辅清组织过昆曲团体"良友班子"。民国元年(1912),石港的徐野峰组织了"反和社",自任社长;后任社长先后

有陈德卿、王止庭。他们演奏的是昆曲法曲牌子,活动持续了四十年。其骨干社友刘文照的手抄十番古谱尚存。民国二十一年(1932),沙吾九、张如春组织了木偶戏团,在五总戏台墩唱木偶戏《收姜维》《战长沙》《忠孝全》《文昭关》《龙虎斗》《劈三关》《取西川》《华容道》《五台山》等戏目。民国二十六年(1937),石港组织了抗日救亡宣传队,后由国民党员李元森接管,更名为国民党宣传慰问第八支队,简称"宣慰八支队",为抗日将士募捐,演出《重逢》《放下你的鞭子》等剧目。除此以外,民间还有金广民的"新双福班"、杨宏春的"联胜班"、张九的十番班,不一而足。旧石港的这些组织规模大大小小、活动时间长长短短的文艺演出团体,至少有8个以上。

(张茂华)

戏曲珍品

戏曲瓷盘

自明天顺年间至民国初年,石港是里下河地区江西瓷器销售的主要集散地。每年六月十九,北门广济桥下挤满了来

自九江的瓷货商。

戏盘系普通瓷质，戏曲场面绝非贴花工艺生产的釉下彩大路货，而是画师在上釉的盘坯上悉心描画，然后入窑焙烧的釉上彩订货。

现存的戏曲瓷盘画面五色缤纷，并有金水涂描盘底一方朱印，可惜字迹模糊，似为"近塍制造"字样。从剧目名称、戏剧场面、人物穿戴、瓷质、印章、绘画颜料等方面综合考察，这批戏盘出自清光绪末年。

（曹琳）

戏曲谜盘

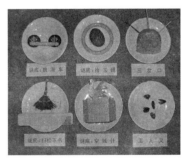

一种是实物谜。百物作谜面，谜底是戏曲剧目名。旧时，每年中秋，石港草市桥、米市桥、十字街、猪行桥等市口及"源隆""一林丰""季隆吉"等商号门前分别排列八仙桌，摆有供品及总数可达几千盘的戏曲谜盘。谜盘四周，人头攒动，猜戏谜，兴至唱戏，热闹有趣，凌晨方歇。这是石港特有的、群众喜爱的文化活动。

（曹琳）

戏曲灯彩

这是石港镇戏曲演唱与民俗游艺衍变而成的一种群众性的自娱活动，清嘉庆元年（1796）已很盛行。"元年来石渚，恰逢灯市头。北隅多杂剧，南隅出灯球。每出一灯百人

异,接灯花炮比屋稠。"(冯云鹏《扫红亭吟稿》)此种戏曲灯彩每年元宵开始,至正月十八"落灯"日结束,逐年发展。最为壮观的是民国二十四年(1935)春,从元宵节开始,延续数月之久。

(曹琳)

戏曲纪年
(1672—1949)

康熙十年(1672)

石港镇南关帝庙建万年台。

乾隆三十五年(1770)

约是年后至嘉庆十七年(1812),石港陈邦栋、一懒上人、张曾虔、金校书等人结成樵珊昆曲社,活动了40余年,排演过《一斛珠》《青溪笑》《旗亭曲》等剧目。其中金校书专程去苏州学习昆曲,并在江南演唱过三年。

乾隆三十七年(1772)

如皋柴湾剧作家黄振携新作《石榴记》刻本来石港,拜会樵珊昆曲社社长陈邦栋。

乾隆三十八年（1773）

石港陈邦栋赴如皋悼念亡友黄振，凭吊冒襄，了解如皋地区昆曲演唱情况。

嘉庆元年（1796）

石港正月灯会，有杂剧灯彩行市。

中秋夜，石港文正书院吴退庵与陈邦栋、冯云鹏在红桂家中，听她女儿福珍等弹琵琶，击洋琴，唱昆曲。

嘉庆九年（1804）

农历十一月初一，石港樵珊昆曲社为如皋诗人江片石贺六十生辰，在听渔馆演出昆曲《一斛珠》等。

年末，陈邦栋邀请南京秦淮曲中名师张渔禅来石港樵珊社排练张曾虔创作的《青溪笑》。

道光四年（1824）

约是年后，每年农历五月十八，石港方圆百里之内的数十副徽、京乡班云集，献艺竞演六天，延续120年之久。

道光八年（1828）

石港场正月闹春灯，扮演高跷八仙及诸村剧。

咸丰初年（约1853）

石港丁月湖、曹星谷、王燕等人结成松散的昆曲社——《花南社》，前后活动近50年。

光绪十一年（1885）

是年后，石港镇文秀才陈震东，武秀才保辅清等人组建"前良友班子"演唱昆曲。

光绪二十年（1894）

约是年际，石港西北乡晚清举人马继高（诨名马瘌子）下海演唱昆曲，后成为里下河乡班著名"十子"之一。

光绪三十年（1904）

石港前良友班子昆曲社社友陈照等人沿袭前辈，中秋夜制作数百"戏曲谜盘"，供赏月人射虎，此项活动持续至

1956年。

光绪年间（1875—1908）

石港镇王凤岗在江西瓷窑定制徽戏画盘分赠昆曲票友。至今存有《庆顶珠》《闯山》《黄鹤楼》《新安驿》《大嫖院》《铁弓缘》《四杰村》等八出徽剧戏画盘。为渔人收藏。

花南社沙大川在山西某地赌戏，演唱昆曲《醉打》。

宣统二年（1910）

农历五月十八，石港老郎会，北京名演员万盏灯在东岳庙万年台演出梆子戏《阴阳河》。

民国元年（1912）

是年后，石港反和社成立。徐野峰、陈德卿、王止庭前后任社长。社友们演奏昆曲法曲牌子等活动持续了约40年。社友刘文照手抄的十番古谱至今尚存。

民国六年（1917）

是年始，石港镇葛次江、葛湘、葛子先、林秋雯，先后入伶工学社习艺。

民国十七年（1928）

乡班艺人殷虎臣与伯仲吴锡恩、吴锡林去台湾新店、坪林一带搭班习艺四年。

7月，欧阳予倩携张月亭、葛次江、林秋雯等在南通义务帮演数日。演出了《武松与潘金莲》《荆轲刺秦王》等剧目。

民国十八年（1929）

石港镇京剧爱好者成立鸣民票房。"九一八"事变后更名"醒民剧社"，自编京剧《孤军抗日》《血泪碑》。还排演过《四郎探母》《问樵闹府》《捉放曹》《探阴山》《投军别窑》《扫松下书》《追韩信》《打严嵩》等，剧社主要成员宋野航等人还排演过文明戏《谁先死》《香庚》《社会小现行》。剧社活动了13年。

民国二十一年（1932）

石港镇沙吾九、张如春在五总戏台墩上唱木偶戏《收姜维》《战长沙》《忠孝全》《文昭关》《龙虎斗》《劈三关》《取两川》《华容道》《五台山》等。戏装购自苏州。

民国二十四年（1935）

正月，石港镇戏曲灯彩盛极。有《桃园三结义》《水漫金山》《三娘教子》《五虎平西》《活捉张三郎》《拷打寇承御》《雷打张继保》《武松打虎》《大虫八蜡庙》等戏剧场景。

民国二十六年（1937）

秋，石港镇一批青年组成抗日救亡宣传队。后由国民党员李元森接管，更名为国民党宣传慰劳第八支队。他们为抗日将士募捐，演出话剧《重逢》《放下你的鞭子》等剧目。

民国二十八年（1939）

居乃康、吴沐初、崔剑妃等二十余人在北兴桥创办怡社。以曹少洪戏班为班底，上演过京剧《乌龙潭》《珠帘寨》《打严嵩》《宝蟾送酒》等。

民国二十九年（1940）

石港西北单志坤组建的石西木偶京剧班排演了《红娘》《打渔杀家》《猪八戒招亲》等剧目。他们深入敌占区了解情报，服务于抗日战争。

民国三十一年（1942）

秋，石港杨谷中等京剧爱好者组建良友剧社，邀请上海京剧界名鼓师王世保任教。

民国三十二年（1943）

春，伶工学社葛次江偕夫人自沪回故乡石港，主持良友剧社剧事。葛在沪时入民新影片公司拍《海角诗人》《天涯歌女》《西厢记》等四部无声影片。

民国三十三年（1944）

农历五月十八，为庆祝反"清乡"斗争胜利，石港镇良友剧社、醒民剧社票友与金广明的新双福班、杨宏春的联胜班在城隍庙万年台演出昆曲《卸甲封王》，徽剧《审李七》，京剧《战蒲关》《徐策跑城》《水淹七军》《虹霓关》《北汉王》等。

民国三十五年（1946）

6月，石港良友剧社奉新四军粟裕、陶勇两位司令员之命，随新四军一师三旅演出，部队专拨汽艇一艘，交剧社使用。

是年，伶工学社林秋雯自北京率一京剧小组来南通，领衔主演荀派名剧《红娘》。

民国三十六年（1947）

春，新四军石港区委组建南通县第六区青年联合会，内设宣慰股，负责人曹夕安。演出过话剧《重归于好》《桃之华事件》等。

民国三十七年（1948）

春月，为庆祝石港解放，镇上举办庆祝大会，七十七岁的京剧乡班艺人殷海清登台演出《打渔杀家》，饰教师爷。

9—10月间，曹夕安参加上海陶由主持的力行影剧社。在话剧《岳飞》《野玫瑰》中分饰麾将和警察局长，公演于兰心大戏院（即今上海市上艺剧场）。

1949年

1月，县文教科派出春节文娱工作组在金沙、石港、二甲、平潮、兴仁等区组织业余剧团（队）47个，排演新戏，配合渡江战役前的宣传。

10月，石港良友剧社支持人葛次江去福建参加中国人民解放军十兵团京剧团。

地方戏剧

僮子戏

僮子戏，是通州的一个地方剧种，在石港很流行。

在戏剧演出卖座萧条的时候，僮子戏却一直保持着旺盛的势头。在一些官办剧团混不下去濒临解体的时候，这里的民办通剧队却越滚越多。僮子戏卖座之好，若非亲见，很难相信。晚上的露天演出，许多人竟在下午三四点钟就去摆凳子，占位置。最使人感动的是，竟有瘫痪的老太让儿孙抬着去看戏，双目失明的老人让晚辈扶着去"听戏"。

僮子戏究竟凭什么赢得如此众多的观众？因为他们说的是通州的方言土语，唱的是俚曲民歌，听得懂，看得真，亲切感人。这就叫一方水土养一方人，一方人爱看一方戏。石港一位旅居海外数十年的老华侨回来探亲时，心心挂念要听僮子戏，一曲未终，老人已经泪流满面，那是乡音销魂哪！

僮子戏的唱腔并不多，大体上有铃板腔、行路腔、点鼓腔、圣腔、书腔、喜腔等，特别是老百姓十分喜欢的七字、十字悲腔，凄楚悲怆，似哭如诉，常使台上台下一片嘘唏。这与通州的地域环境和民间信仰有关。据《两淮通州金沙场志》载："金沙民灶杂处……喜质朴好弦歌"，"好僧道修斋"。通州人信神除了观念陈旧落后这个共同的原因外，更主要的是由于区域性的灾难。通州原是海内的沉沙堆积而成陆。由于当时生产力的落后和条件的限制,多少年来,统治者只知搜刮民脂民膏而不去筑堤防潮,造成海祸不断,死伤惨重,仅嘉靖十八年(1539)一次海溢"溺死民灶男妇二万九千余口,淹没官民庐舍畜产不可胜计"。由于生产力的落后和其他种种原因,挣扎在饥饿线上的广大劳苦大众,无法抵御自然界给他们带来的各种灾祸,就将希望寄托在超自然的神身上,幻想神来拯救他们。加上历代统治阶级的倡导,民间对神佛鬼巫顶礼膜拜崇敬之至。神的观念在劳苦大众的头脑中占据了主宰地位,渗透到生产生活的各个领域:旱涝虫灾要请神、祭神,三病六痛要请神、祭神,即使丰收年成,同样要请神、祭神。这些活动一般由巫觋来承担,石港地区则是由僮子来充当这个角色。他们为人祈神禳灾,诉说苦情,声调必然凄苦。而田禾丰收以后的消灾会则又不同。其时正是农闲,他们敬神祭神的目的,一是祈求神明继续为他们消灾,保佑明年有个更好的收成。二是为了在紧张的劳作之后轻松一下,娱乐娱乐,抒发心中的喜悦之情。除了唱神歌、酒歌以外,还有逗乐的莲花落、杂技表演和"着戏装,串古书,套语加唱词"的僮子戏,如《唐僧取经》《郑屠户上西天》《坐堂审替》《楚汉相争》等,大多是些劝人为善、积德修行、善恶报应之类的内容。虽然动作简单,表演粗糙,也没有多少程式,但因语言风趣,且可即兴编词,将当地当时的人和事糅杂进去,常常逗得人前俯后仰,乐不可支,备受广大群众欢迎。所以,《中国戏曲·曲艺词典》说:"通剧属地方戏曲剧种,存系南通一带巫师(亦称僮子)迎神魔会时的舞蹈和说唱。"

新中国成立以后,对僮子戏的原有唱腔进行整理、改革,吸取了其他剧种的长处,融进当地的山歌、小调、劳动号子、急口歌等,使唱腔更为丰富。演员队伍也进行了更新,吸收了一批有文化的青年男女,表演程式也渐臻完善。演出的传统剧目除上述几个以外,还有《李兆庭》《陈英卖水》《秦雪梅吊孝》《王清明合同记》等数十部。为了配合各个时期的时事形势,分别演过现代僮子戏《白毛女》《杨立贝告状》等。1986年,文化部门在石港举办了第一届通剧会演,历时三天,场场爆满。这次会演旨在改革,有三个方面的突破:一是紧缩锣鼓,丰富唱腔。旧通剧一场往往要演四个钟头左右,有近一半的时间被锣鼓所占,年复一年,演员这么演,观众这样看,一直沿袭下来。随着时代的变革,生活节奏的加快,这种繁复冗长的锣鼓已经令人难以忍受了。这次会演所有节目都限制在两个半小时内,锣鼓快慢得当,长短相宜,深得观众好评。在唱腔上融进了"卖杂货""紫竹调""八段锦"等小调,显得优美动听,博得一片掌声。二是突破程式,演活人物。僮子戏的老程式,不管在什么戏中,用在什么人身上,总是千篇一律。这次演员的一招一式,不因袭旧套,而根据角色的身份、个性和独特的遭遇,重新设计,因而演活了人物,扣住了观众的心弦。三是就地取材,自创剧本。大多数观众看了那些陈旧的剧目,乍看新剧,觉得新鲜、煞渴,本地剧种演本地的戏,本地的群众看了特别感兴趣。

1989年年初,南通僮子会材料专辑在上海《民间文艺季刊》正式发表。四月底,电视片《南通僮子戏》参加上海国际舞美节。年底,日本学习大学(原皇家学院)教授诹访春雄、中国民间文艺家协会副主席姜彬等十多位中外专家来通州考察僮子戏,历时三天三夜。翌年十月,日本东京大学教授、文学博士田仲一成,广岛大学教授大木康等再次来石港观摩僮子戏。僮子戏已经走出了通州这片狭小的土地,成了国际文化交流的一个热点,正以她的奇姿异彩,吸引着众多的中外学者。

(沈志冲)

木人戏

木人戏即木偶戏，始于何时？老人一说就说到乾隆皇帝下江南。乾隆有一次下江南，途经扬州，游览里下河地区，观赏过当时在那里演出的徽班大台人戏。戏班子受到鼓舞激励，更加活跃兴盛。通州、如皋一带的戏曲艺人，模仿大台人戏的舞台演出，创造了木头人儿戏。据行家说，在苏中地区有近百家木头人儿戏班子。

木头人儿戏的演出活动，到20世纪30年代，达到了鼎盛时期。抗日战争爆发，南通沦陷，唱草台人戏的民间艺人为维持生计，乃以自身所长，转向演出木头人儿戏。石港北乡丁家渡的丁文泉，原有一副木人戏班子，为适应发展需要，就因陋就简地分成两副班子，在互通有无、相互支持的情况下，都维持下来了。

木头人儿戏，是木偶戏的一种。它有它的特点，不同于其他木偶戏。木头人儿戏与演京剧的草台人戏是同步进展的，先也是有点徽班的味儿，后来改进了，采用京胡、京锣、京腔，像人戏一样唱做念打演京剧。1930年以前，石港镇每逢香期庙会，里下河的草台人戏班子总要赶来会演。石港西乡北乡乃至邻近的如皋、如东的南部地区的木人戏班艺人便乘机前来观摩，从而丰富、发展了木头人儿戏的表演。

木人戏一般演日场，有时到春秋季节也演夜戏。社会有关人士便筹集一定的钱粮，作为戏班子的生活补助，并用以解决汽灯煤油等杂支费用。夜戏多数演一些群众不容易看到的神魔鬼怪戏，惊险离奇戏，甚至还有一些特技性的"装假头"戏，什么莲花头啦，蛇头啦，什么大头鬼啦，小头鬼啦，还用松香吹火喷烟，制造幻奇场景。观众好奇，喜欢带刺激性的，看的人特别多，四五里、十几里的都赶来看。露天下，三盏汽油灯照得通明，看场上少则百多人，多则四五百人，最多时超过千人，深更半夜，看得入神，得意忘倦忘归。

木头人儿戏给群众带来了欢乐，所以石港地区上了年纪的人至今还记得一些班主的姓名。从20年代以来，到这一带演出的有名的班主有：石港镇的沙五九，石港北的单志坤，丁家渡的丁文泉，还有一个李来保，人称"李麻子"，还有石港东戏台墩的丁松，石港西北金家庄的金子宗，孙窑的蒋九金。如皋东乡、马塘一带来演戏的比较多，有陈家细辫子、王恒山、王祝三、朱长林、曹淦、徐东春和徐东元。金沙也有木人戏班子来演出，有名的班子有季广进、秦步鳌等人。这些班主中有人曾在大台人戏公演过，是有本事的。我们所熟悉的单志坤，后来加入了石港良友剧社，擅演旦角儿戏。

演木人戏的艺人，肚子里有很多戏，有些戏为石港地区民众喜闻乐见，其中有《借东风》《战长沙》《古城会》《定军山》《捉放曹》《打鼓骂曹》《走麦城》《徐策跑城》《打龙袍》《辕门斩子》《李陵碑》《汾河湾》《武家坡》《铡美案》《四郎探母》《百寿图》《钓金龟》《探阴山》等戏。这些都是日场开门戏唱的，观众自带条凳，不用买票，放下凳坐下就看。如果下午戏结束得早，观众兴致高，不愿散，戏班子便加演一两出例如《王小二补缸》《小放牛》之类的小戏，逗得观众很开心。一位班主曾说：一个好班子，会唱500出戏，能在一个地方唱两个月，戏目不重复。

至于夜戏，演出的节目就不同于日戏了，总体上带有荒诞神奇色彩，如《封神榜》和《西游记》的折子戏，还有《大劈棺》《阴阳河》《杀子报》《沉香救母》等戏目。新中国成立后，禁演了其中一些戏。此外，在抗日战争中还演出了一些适合形势需要的改良戏。

石港镇及其西乡、北乡，乃至通如边界，民众勤劳朴实，生产搞得好，生活也不错，是有名的"鱼米之乡"。过去农村种田，历来半年辛苦半年闲。农民在闲暇时间里，看戏、做戏（包括迎神赛会）等，也是一种社会风尚。

（戴礼）

歌谣音乐

石港的山歌

石港，素有"歌乡""歌海"之美称。

自从石港成陆以来，生活在这片沙洲上的劳动大众便开始用歌声来打发他们心中的喜怒哀乐，倾诉他们的痛苦和呼吁、欢愉和烦闷，以及对恋爱的享受和对别离的愁叹，对幸福的向往和对未来的憧憬。无论是六月大忙，还是冬季农闲，无论是村头田角，还是酒肆茶楼，无论是贩夫走卒，还是卖浆者流，男女老幼不是歌者便是热心的听众。妇女纺纱、夏夜乘凉、一人独走都喜欢唱几句山歌。他们下田唱的田禾歌，出门唱的即景歌，排忧解纷唱的是劝世歌，卧病在床唱的是消愁歌。山歌已经是劳动人民生产和日常生活中不可缺少的部分，难怪民研专家吴超同志在听了新老民歌手的演唱以后，激情难抑，当场赋诗："通州是个大歌海，人人肚里好歌才。唱得龙女嫁魏郎，唱得蜜蜂展翅来。我下歌海来拾贝，颗颗珍珠蹦入怀。检了这个拣那个，要用火车大轮往回载。"

石港的山歌，从内容上看有农歌、船歌、渔歌、盐歌、祭祀歌和劝世歌等。从形式上看，除一人乘凉、走路或单个劳动时，为解闷提神而独唱外，大多数情况下是由几个人、十几人乃至几十人在一起唱。他们的演唱形式有领唱、轮唱、齐和，有急口歌、转腔歌、对答歌等。其高声如空中鹤鸣，响遏行云；其低音似山间溪水，舒缓悠扬。唱急口歌时，像珠落银盆，一口气唱一二百个字，不许有一点含糊；唱对答歌时，则诙谐俏皮，妙趣横生。演唱的内容可长可短，比较自由。演唱者情绪激奋时，一句山歌二句唱，还可即兴加上几十句；情绪不高时，可一笔带过，仅做扼要交代，急口也可不唱了，做数板交代。其音调，粗犷中不乏悠扬，舒缓中时有颤音，令周围观众如醉如痴。

　　这些人不单阴雨天、农闲时在一起嗨山歌，外出帮工也常常一块去，与人对歌时也作为一个整体，当地叫作山歌班。山歌班有两种类型：一种是由脾气相投、住得较近的人自由组合起来的；另一种是家传班，以一个家族内的歌手为主组成的。每个山歌班都要选一个最好的歌手作为班主，通常叫"元头"。这个人不仅歌喉好、悟性好、歌语儿多，而且能随机应变，看鸡作笼，即兴编歌以应付各种情况。为了

民歌手在吴歌学术研讨会上演唱

在对歌时战胜对手,为山歌班争光,元头们除了能唱大量的短歌外,都有自己的拿手歌,不少元头能唱一二部长歌,比谁唱得长、唱得好。除了《魏二郎》的歌手汤文英,还有《白蛇公子》的歌手周广仁、《九郎救父》的歌手李金玉、《红娘子》的歌手陈达氏等都是各个山歌班的元头。

综观赛歌的形式,大致有如下几种:

一、自由赛。这种比赛完全是自发的、无组织的,是在赛歌的人自己事先也毫无思想准备的情况下,不知不觉、自然而然地形成的。时间大多是在夏秋季节的夜晚。歌手们经过一整天的劳动,吃过夜饭,洗完澡后,端张凳子歇息乘凉之际,情不自禁地嗨起山歌,自我消遣,自我陶醉。开始都以低沉的声调,舒缓的旋律,吟唱着、讴歌着,时而喜悦,时而忧伤,时而惆怅,时而声泪俱下。情绪激动后引吭高歌,声震夜空。有的听众和歌手循声而至,高声应答,无意中形成了对唱、轮唱。人多声高,吸引了更多的歌手聚拢而来,原来山歌班的人便聚在一起,若有两个山歌班的人同在,赛歌便从个人之间的对歌发展为山歌班之间的对阵,自由赛的歌场就自然而然地形成了。

二、田头赛。这多是在农忙季节,大块水田的栽插,大片棉田的削草,常常需要几十乃至上百人并肩下地,唱山歌能提神解乏多干活,所以请帮工的人都喜欢请歌手来做工。另外,农忙季节乡下劳动力紧张,请人难请,而山歌班的元头大多是劳动的好手,只要请到元头,山歌班的人马全都跟随而来。所以为了又快又好地削完草、栽完秧,当地的一些殷实富户,特地到一二十里路外去请山歌班子,还故意让两个班子的人在一块田里干活,以引起他们对歌赛歌。据一些至今尚健在的老歌手回忆,单是石港镇及其四乡的山歌能手,数得上名的尖子不下五十人。例如东乡十总湾子的张坤,西乡屯天河畔的黄普泉和义金渡的曹长,北乡戴家湾子的杨和尚,马桥北的杨有泉夫妇,逢会都要双双登台赛山歌,一直为人们所称道。但是歌手中最有名气的,当推长歌《魏二郎》的演唱者、骑岸镇六总埠子的汤文英。她从六七岁起,就跟着祖母学山歌唱儿。出去讨饭时婆孙俩一路推车,一路嗨山歌。到了婆家后,她的太婆也是个喜欢嗨山歌的老手,因而对这个心灵手巧、嗓子甜亮的孙媳妇特别喜欢,又传授了她不少山歌、唱儿和故事。十六岁时,她在石港歌墟上一登台,唱了几天几夜不歇劲,众歌手轮番对歌比赛,都败在她手上,一时名声大噪。

三、制曲歌场。新中国成立前,不少集镇都有酒坊,年年要制酿酒用的酒曲。这一天,需要请许多人将年糕般的曲条,在木箱中用脚踏实,名为踏曲。而踏曲者大多数是歌手,于是踏曲便成了热闹的歌场。几班歌手摆开阵势边踏边歌,他们可以集体混唱,可以分组此起彼落地轮唱,也可以问答式对唱,反正是各展所长,各显其能。那种欢乐热闹的景象,令歌手和听者都陶醉其中,忘记了一切烦恼忧愁。

四、庙会歌墟。另有专门介绍,这里不再赘述。

岁月如流、时代变迁,流传于民间的山歌几经起落,历劫而不灭。今天,党和政府一再呼吁要抢救民族文化的这一瑰宝,南通山歌也就越唱越有名气。中年歌手刘子龙先后在南通、南京、上海等地为十多个国家的外宾演唱了南通山歌,上海电视台曾用中、英两种语言对国内外播放,而石港歌墟上的拿手长歌《魏二郎》《九郎救父》《红娘子》的整理发表,也已经饮誉中外,引起震动,民研理论权威姜彬誉之为"一座琳琅满目的艺术宝库"。国内专家和日本教授田仲一成、诹访春雄、大木康及美法德等国留学生曾先后多次来通州石港考察,我们深信,随着改革开放的不断深入,南通山歌这朵民族之花,将会开得更加烂漫,更加芬芳!

(沈志冲)

东山歌墟

石港有个歌墟，这歌墟不在别处，就在东山。

石港又名卖鱼湾，是个千年古镇，历史上曾是海防要塞，故而名胜甚多。昔有"渔湾十景"，七十二个半庙宇。穿镇而过的是一条串场河。在河北有一座"大慈阁"，隔河相望的是一座东山，山巅有"范文二贤祠"，每年农历六月十九赛山歌，东山与大慈阁上的歌手遥相对歌，人们便将此称作"歌墟"。

歌墟的形成与民俗风情有着极其密切的血缘关系。石港向有迎神赛会之风，其中最热闹的要数农历五月十八日的都天庙会和六月十九日的观音庙会。每逢会期，四乡八镇的老百姓都将自己的农副产品拿到集市上交易，甚至江西和湖广的客商都远道赶来，陶瓷器、木桶盆、京广杂货，各种农具，货摊商棚鳞次栉比，好不热闹。除了做买卖的人，还有那些逢会烧香的善男信女，熙熙攘攘，云涌而至，还有龙灯、马灯、花担、高跷等民间艺术，令人目迷。真是五光十色，目不暇接。这两个庙会，五月十八以戏剧为主，六月十九则以山歌为主。

观音庙会，时在盛夏。那大慈阁，四面环水，大殿斗棋飞檐，结构精致。阁内修竹长廊，两岸杨柳成行，绿荫郁郁，凉爽宜人，故名"慈阁招凉"。隔岸相对的东山，亦称土山。原是古时候沙滩上的一个避潮墩，后黄海东移，当地人积土为山，砌石围护而成，因在北极阁之东，又叫东山。宋德佑年间，文天祥夜宿石港，曾在此登临远眺，又称文山。山门朝南，叫魁星楼，内塑魁星七尺金身。楼后为范文二贤祠，两层阁楼，祠中塑范文正和文忠烈神像。

文山虽不高大，但楼阁巍峨壮观，树木郁郁葱葱，每逢庙会之期，四面八方的善男信女前来烧香礼拜，人非常之多，香烟缭绕，红烛高烧，极一时之盛。烧过香的人和上街

文山上的歌墟

赶集的农民或去大慈阁,或者沿着石阶到东山上休息纳凉,听歌赛歌。山顶上青松翠柏,绿树成荫,鸟语花香,空气清新。在此唱山歌,音量音质均优于平地,具有空谷传声的音响效果。到这里来参加赛歌的山歌手,对歌的内容都很丰富,有唱季节唱风景的,有唱农事唱花名的,有唱古人唱风俗的,也有表现男欢女爱的情歌,扬善惩恶的劝世歌,抨击黑暗的正气歌……通常情况下,歌墟的气氛是热烈的、友善的,参加赛歌的山歌班和元头都很谦虚,总是用山歌互表尊重,互相赞慕。起歌的人唱道:

栀子花开叶儿青,
唱支山歌各位听。
唱山歌的年小,
听山歌的年尊。
粗言几句,
莫要见真。
丢头落尾,
失字走音。
本事不好可以学,
还望老师教学生。

对方也会谦虚地回唱:

栀子花开叶儿青,
先生唱歌真好听。
低声音好比凤凰叫,
高声犹如金鸡鸣。
(我)喉咙又粗,
吐字不清,
记才又丑,
有口无心。
麻布怎比销金帐,
萤火虫怎比太阳明。

在这种气氛下,大家心情融洽,各道所长,各抒己见。新向老拜师称徒,高手们也乐于指点,听众也兴高采烈地参与评比。在友谊的比歌中,一般短小的山歌不能使对方折服,歌手们便拿出长篇山歌来。长山歌大多情节离奇,曲折动人。它的演唱方法有两种:一是静场唱山歌。这是专用一人或多人来单唱或合唱故事经过。这种形式,因唱得时间长,会给人带来腻烦而听不下去。二是表白唱长山歌。这种形式和今天的广播剧差不多。一篇长歌分主歌和角色两部分。主歌由一人到底,负责歌头、歌尾,过场说明,讲解和叙述的部分,角色则由故事中人物而定。无论主角配角,男则男唱,女则女唱,甚至鸡鸣犬吠,虎啸狼嗥,娃娃啼哭,外地方言,都能做到惟妙惟肖,绘声绘形。这种表白唱,不仅纠正了静场唱的许多弱点,还能将歌墟上的听众争夺过来,使自己的歌坛万众瞩目。后人有诗曰:"六月十九观音会,木客瓷商赶集来。更有年年山歌赛,农民高唱乐开怀。"

歌墟比赛之后,无论胜负,山歌手回去,都会刻苦地学唱新歌,以期在下次赛歌时保持荣誉或战胜对方。频繁的比赛,不断的竞争,使通州造就了众多的歌手和一个长歌群。

汤文英、李金玉、张秀银、陈达氏、周广仁、张步余等著名歌手都曾是石港歌墟上的风云人物。《魏二郎》《九郎救父》《白蛇公子》《红娘子》《王小娇》等长歌,也曾先后在歌墟上亮相夺魁。日本教授大木康听了介绍后,感慨地说:"我走了许多地方,像这样的歌墟还没发现过。"所以石港歌墟在汉族的民歌史上是应该有一席之地的。

(沈志冲)

锄头洞箫

石港一带的男女老少,大多会唱京戏,也都喜欢唱几句山歌,既是京剧之乡,又是山歌之乡。在一位年近古稀的老歌手家里,我们有幸见到了老人珍藏了半个多世纪的自制民间艺术品——锄头洞箫。

这箫一米六长,全身呈紫褐色,溜光闪亮,共十二节,上下粗细一样,节节抽漕,并包上金黄色的铜箍。上端套一铜管是洞箫,下端是铁制的鲫鱼式的钩,钩上是半月形的锄头板。精致轻巧,煞是好看。老人当场为我们吹奏了《虞美人》《孟姜女》《小开门》等民间乐曲,箫声婉转,悠扬动听。

据老人讲,这一带自明代起就开始种植棉花,是全国闻名的棉乡之一。薅棉花草用的农具是锄头，随着生产的发展，逐渐改成了轻便的半月形钩子锄。人们在锄柄上烫花、油漆、包铜，刻上各种不同的图案，既实用，又美观。据他回忆，锄头洞箫已有一百多年的历史。传说是清道光咸丰年间一个叫朱扣的农民歌手所首创。这位朱扣，田庄生活样样精通，吹拉弹唱件件在行。这一带有个风俗，粮户人家请人帮工削草都要请歌手，工余休息，喊山歌，唱曲儿，既除疲劳又助兴，劳动效果反而高。大忙时节，几户有钱人争面子，摆阔气，竞相聘请名歌手，朱扣当然特别吃香。他觉得每次又带锄头又带洞箫，很不方便，便想，这两件东西都是竹子做的，为什么不能并在一块呢？过了几天朱扣从朋友那里觅得一根竹管，上下粗细一般。通过一番精工制作，上端做成了箫，下端装上锄。当他在一次歌会上亮出这件"宝贝"时，场上的歌伴们惊呆了。从此，劳动工具与民间乐器合而为一，锄头与洞箫缔结了良缘。

此后，一代代歌手们又匠心各运，制成了"龙凤锄头箫""八仙锄头箫"等，还有的为了携带方便，将锄头分成几截，用螺丝装接，形同今日的活动鱼竿；也有人在锄柄上刻上"削草快如飞，箫声震九州"等词，使锄头洞箫越发精巧了。

十年浩劫期间，民歌禁绝，所遗不多的锄头洞箫，更是被视为邪物而遭毁。若不是老爹的精心收藏，这一珍贵的民间艺术品恐怕真要在世界上绝迹了。1984年，龙凤锄头箫在上海民间艺术品展览会上展出，受到专家们的关注。现在该物已被南通市博物馆征集收藏，有了妥善的归宿。

锄头与洞箫的巧结良缘，是劳动人民智慧的结晶，是人民群众劳动与艺术相结合的产物。只有劳动人民才能创造出这样的艺术珍品。它为我们研究、发掘民间艺术提供了一个极有价值的物证。

(沈志冲 徐振辉)

歌墟的歌后——汤文英

汤文英是个民间歌手,她出生于唐洪灶华王庙内。兄弟姐妹五人,上代以贩私盐、做长工为生。由于母亲早亡,家境困苦,13岁时,她被卖给石港南门一户姓戴的人家做小媳妇。27岁时丈夫身亡。一年后,又被卖给一个姓汤的种田人做老婆,两年后生下一女。

凄惨的身世,不幸的婚姻,带给汤文英太多的苦难,也使她一生都与山歌结下了不解之缘。她从懂事起,就跟着奶奶学山歌、唱儿。出去讨饭时,婆孙俩一路推车,一路嗨山歌。到了戴家后,她的太婆也是个老歌手,因而对这个心灵手巧、嗓子甜亮的孙媳妇特别喜欢,又传授她不少山歌、唱儿和故事。汤文英一生勤劳善良,个性耿直,办事爽快,做得一手好针线。能嗨许多好山歌,又是一把劳动好手:车水、莳秧、削草、挑担、踏曲(做酒)、种花、纺纱织布,样样在行。16岁时她在石港歌墟上一登台,唱了几天几夜不歇劲。众歌手轮番对歌比赛,都不是她的对手,一时名声大噪。据一些老歌手说,汤文英唱歌时放一声长声,能震得屋里的铜锣起嗡声,杯里的水酒荡圈圈,三里路外听得分分清。

汤文英不但记住了上辈传给她的老山歌,而且还能即兴编词,出口成歌。下田劳动时她唱农具歌:"锄头原是炉中烧,田内削草长青苗。镰刀也是炉中烧,先割麦来后割稻。铁铠也是炉中烧,田头场角把草刨。板锹也是炉中烧,浅浅沟儿挖深了。"插秧时她唱拔秧歌:"车水落谷育小秧,忙坏家中拔秧娘。爬儿凳一端就下水,衣袖一卷到手膀。面朝水田背朝天,十指尖尖拔秧忙。"走路时她唱即景歌:"南通州里三只塔,宝塔角子四六八。天宁文峰平地起,狼山宝塔云中插。"排解纠纷时唱的是劝世歌:"做人难做四月天,蚕要温和麦要寒。卖菜的哥哥要落雨,采桑娘子要晴干。做人莫做恶财东,朝积金银夜积铜。聚得金银无用处,千家叫苦万家穷。"

新中国成立后，她当上了翻身组长，歌声里更是喜气洋洋："二月杏花白如银，备耕工作要抓紧。积下金肥千万担，力争超产有信心。三月桃花满树红，村里村外闹哄哄。女在屋里选良种，男在田里忙治虫。"汤文英肚里到底有多少山歌？正如她歌语中所唱："栀子花开白秀秀，不唱山歌水不流。一句歌头冲出口，嗨起山歌滚潮头。前头好像龙戏水，后头赛如老龙游。山歌乘着潮涨潮落，潮落潮涨，涨涨落落，落落涨涨，一直氽到淮南江北海西头，塞满横江、祥符湖泊、南布洲。"

两次买卖婚姻，是汤文英心头难以愈合的伤口。她把对爱情的渴望和对自主婚姻的向往作为理想，熔铸进她的山歌中：在2000多句的长歌《魏二郎》中，东海龙王三小姐的美满婚姻，不是通过父母之命，而是她摒弃了自身的尊贵地位，幻化成渔家女子，在贫困生活和艰辛劳动中与魏二郎相扶相搀而结缘，在为民造福和与恶势力争斗之中巩固发展而获得的。这部长歌唱词之美，比兴之奇，境界之高，受到国内外专家的一致赞誉。中国民间文艺家协会副主席、民研权威姜彬先生称它为"东海边上土生土长的一朵奇葩"，"一座琳琅满目的艺术宝库"。

由汤文英传承、演唱、不断充实和完善的家传山歌《魏二郎》，1984年被列入《江南十大民间叙事诗》，由上海文艺出版社出版发行。歌手刘子龙曾先后在南通、南京和上海等地为众多中外专家演唱了《魏二郎》片段，上海电视台用中英两种语言对外播出，日本教授大木康又将它翻译介绍到东瀛……

82岁时，汤文英一病不起。临终前她嘴唇翕动，还发出微弱、断续的歌语！这个民间的一代歌后，带着一肚子的山歌，与世永诀了！

（沈志冲）

十番音乐

著名的"十番"音乐,始于清乾隆中叶,盛行于石港地区的东南大半爿,班子由爱好者自发结合而成。"十番"是一种古老正规的国乐,分为"粗细十番",他们以反和社徐野峰、花南社陈莲波、前良友班子陈震东等组成演奏班子,也称国乐班子。

十番班成员久经练习,技艺精湛,比较有名气的有:十总店新河边的以杜怀清、杜怀保为首的班子;沙家坝以马福其为首的班子;新庙予以丁坤为首的班子;石港镇安乐桥以张九为首的班子;等等。每个班子一般由10多人组成。他们用的笙、箫、竽、笛、二胡、四胡、三弦、琵琶、月琴、点鼓、木鱼、云锣、铙钹、檀板等乐器一应俱全;而且,在乐器上装潢了龙、凤、仙鹤、蝴蝶、红绫、流苏、珍珠、花球等装饰物,显得格外光彩夺目。各班拿手的合奏有《沈香》《热忱潭》《头番韵》《中番韵》《尾番韵》《半夜里》《脚踩着》等一二十种属昆腔体系的高雅的大型曲子。这些曲子不同于一般的板眼音韵,十分入耳动听。它和专业班子常奏的如《小开门》《劝金杯》《万年欢》《三六板》《四合》《梅花三弄》等普通曲子相比,算得上是"阳春白雪"了,外地慕名者,往往来人专门邀请。每年四月初一,五总埠子都天庙会,石港五月十八都天庙会,神轿前总有几班十番班子参加演奏。

(戴礼)

惊险谐趣的《抬判》

民间舞蹈《抬判》,又名《舞判》《跳判官》,是石港地区迎神赛会时常玩的敬神仪式。早年间出场的人只有四个:一个判官,一个执碟,还有两个是抬杠子的。那个判官,头戴乌纱帽,身穿大红袍,面孔黑得像锅底。那执蝶的,手拿竹竿,顶上缚着一只蝴蝶。演出时,在蝴蝶的引逗下,判官在一人高，七八尺长的杠子上，翻滚跌扑，前进后退。蝴蝶时上时下，忽左忽右；判官两眼圆瞪，一会儿跳起上扑，一会儿俯身下捞；时而脚挑，时而靴踢，时而手抓，时而袖拂；时而手提袍角，悄悄接近；时而两手叉腰，探头回顾。突然蝴蝶在慌乱中撞着他的额头，判官大吃一惊，心头火冒三丈，一阵穷追猛扑，两只手臂像车轮子一样旋转……各种各样的惊险动作层出不穷，使观众屏神凝息，眼花缭乱。演到高潮处，蝴蝶忽从高空直线坠下，锣鼓也大声"崩登"，震得耳朵嗡嗡直响。判官直立杠上，接着一个鹞子翻身。陡然三百六十度的筋斗，刷地双脚勾住双杠，来了个鲤鱼打挺，一抬头，两脚重又站在杠上。每逢这时，往往全场欢声雷动，掌声不绝。这个民间舞蹈因为深受群众欢迎，在通东一代久演不衰。

那么判官到底为啥见蝶就扑，非捉不可？他的脸又为啥黑得如锅底？其中有一段有趣的故事。

《抬判》中的判官不是别人，就是那锄恶除奸、拿妖捉怪的钟馗。他原先是个饱学多才的白面书生。那年赴京赶考，有一天心急赶路，错过了宿店，便在古庙里栖身。刚刚蒙胧入睡，忽又被人推醒，睁眼一看，面前站着一位二八佳人，黑发如云，脸似桃花，面含春意，二目传情。钟馗是个正人君子，一向忠于道义，从不做偷鸡摸狗的事情。他心无邪念，目不斜视。那美女妖声浪气，几番挑逗，钟馗毫不动心，反而严词训斥了他一顿。那美女乃蝶妖所变，她恼羞成怒，趁钟馗重又入睡之际，恶意报复，将身上的黑粉，洒了钟馗一脸，使他从此面容黑漆，横洗竖洗，千擦万擦，也不能洗净。钟馗后来虽然得中进士，但唐王见他如此黑丑，便将他的名字从榜上剔去。钟馗吃尽千辛万苦，一肚子的才学，一生的前程，都被这张黑脸断送了。他又气又恨，不久，一命归西。玉皇大帝念他为人刚直，疾恶如仇，又是含冤屈死，封他为仙曹都判官,让他做了镇鬼之神,专门拿妖捉怪,锄奸除恶。对于蝶妖的捉弄,他一直耿耿于怀,铭记在心,所以一见蝴蝶,就要不顾一切地扑打。民间艺人敬仰钟馗的刚直,编演的这个舞蹈,一直流传至今。

改编后的《抬判》,演员增加到六人,加强了节目的喜庆热闹气氛,把钟馗与蝴蝶的关系由传说中的敌对关系改编为友好关系,突出了钟馗性格中的人情味和童心稚气,使整个舞蹈充满了强烈的田园谐趣。

(沈志冲)

诗词花赋

花卉盆景

石港的花卉盆景源远流长。相传,南通的雀舌便源于石港。旧时,千年古刹内松柏山石盆景点缀其间,风格独特。民国年间,石港民众教育馆每年布置花卉盆景,供人观赏评比。名门望族均建有私人花园,并高薪聘请名师制作花卉盆景,庭院内栽培奇花异草,景色十分宜人。

石港的花卉盆景主采北派风格,造型以清、奇、逸、疏、吊、古见长,且以中、小型居多,以小见大,缩天地于一石一木之中,品种主要有雀舌、黄杨、五针松、罗汉松、虎刺、狗骨、枸杞、榆桩、梅树、石榴等,草本以君子兰等兰科花卉为主。

随着人们生活水平的提高，栽培和观赏盆景已成为石港人的时尚。居民家庭少则几盆，多则上百盆。1987年，镇上成立了花卉盆景协会，现有会员近百人，协会每年都要组织数次盆景栽培技术讲座和展览，会员间经常串门交流，切磋技艺，博采各派之长，悉心研究，注重创新。出现了一批花卉盆景栽培大户，每户盆景价值均有数十万元之巨，可见其规模和档次。

多年来，花卉盆景协会筛选的精品，先后参加了南通国际盆景展览、如皋盆景艺术节、省职工盆景展览、南通"华强杯"盆景展览、通州市盆景展览等，并屡获殊荣，协会获优秀组织奖。时兆先、严整二人栽培的榆桩、刺柏盆景照片在《花卉盆景》等刊物发表，曹锡安、陈佛等人制作的盆景入选《中国民间盆景艺术》一书。中央、省、市电视台等均播放过《石港盆景》节目，花卉盆景与戏剧、武术、书画并称为石港"四大"特色文化。

（杨海华　丁永祥）

群众书画

石港地灵人杰，人文荟萃，文人墨客代不乏人。清代，丁月湖"丹青音律俱集神妙""书法、画法几欲跨大江南北"；丁雨生"人物只笔画，更为擅长""堪称地方一绝"；曹星谷"书画皆潇洒有致""观者叹绝"；沙声远"善画马，以画马闻名，造型夸张而生动，自成一格"。当代石港人王礼贤，工小楷，点画柔韧，结构严谨，清丽娟秀，为浙江省书法家协会会员，湖州市双林墨河画苑书法家。镇上现建有"书画艺术馆"，专事书画艺术管理及培训，悉心研究交流，切磋书画技艺。在渔湾风景园内，有一座专以书写记述石港风物人情的《渔湾竹枝词》为内容的书法碑廊，其书法均出自本镇书法爱好者之手，在石港，有一批书画爱好者，他们书画功底扎实，并颇有名气。他们的书画多次入选全国性的作品展并获奖，还多次入选《中国书画精品集》，有的则远赴韩国参展并获奖。

石港小学自1985年建立了少儿书画兴趣组，至今已坚持活动了30个春秋，先后培养少儿书画爱好者1000多人。该校曾获《中国小学生报》组织的小学生写字比赛三连冠，学生书法作品先后获奖达数万次，仅王景懿同学一人就获奖40多次，有的作品东渡日本参展，有的作品还荣获国际大奖。石港小学在校园内建造了少儿书法碑林，不仅供青少年观摩学习，而且还获得了社会各界人士的高度赞扬。

（丁永祥）

渔湾诗乡

当今许多人都知道，石港有四大特色文化，被誉为京剧之乡、武术之乡、书画之乡、盆景之乡。其实，这座卖鱼湾古镇也是诗词之乡，且可溯源到宋代，历明清而至今不衰。

首先爱国大诗人文天祥就曾在此驻足三天，并且留了三首不朽诗篇。闰三月十七日自通州乘船出发，十八日宿石港，写有《石港》：

    王阳真畏道，季路渐知津。
    山鸟唤醒客，海风吹黑人。
    乾坤万里梦，烟雨一年春。
    起看扶桑晓，红黄六六鳞。

文天祥等一行人于闰三月十九日至石港场东十五里的卖鱼湾，因曹大监的船只搁浅，候潮一日。看到黄海之滨的自然风光，想到国家大事，文天祥写下《卖鱼湾》：

    风起千湾浪，潮生万顷沙。
    春红堆蟹子，晚白结盐花。
    故国何时讯，扁舟到处家。
    狼山青两点，极目是天涯。

另有《即事》一首，诗下小序："宿卖鱼湾，海潮至，渔人

随潮而上,买鱼者邀而即之。"诗为七绝:

飘蓬一叶落天涯,潮溅青衫日未斜。

好事官人无勾当,呼童上岸买青虾。

文天祥的气节如诗风一直为后人所景仰。

明清以来,石港诗人辈出群集,且多有咏吊文公者,不能不说是受到文公的影响,查散见于古籍之诗人词家,就有陈尧、邵干、徐琳、刘嗣季、顾德龙、冯云鹏、钱梓林等。其中有踪迹可考者,如:

葛增 一名幼元,字士修。诗宗盛唐,其下弗屑也。扬州开竹西社,增与焉,江南北翕然,葛为才子。卒年二十有七。

陈邦栋 布衣文人,诗风清逸,词格超俗。著有《古香堂集》,有《十村诗钞》四卷传世。

周景昌 字步文,号陆舫。性高洁。工词,好藏名人墨迹。与陈邦栋同称石渚词人,著有《读画楼诗集》。

曹星谷 字御香,号竹人,清乾嘉间人。为文纵横自如,曾撰渔湾十四景,著有《岳西草堂诗集》。

居雨十 曾有诗并序咏谕葬坟,现存有《雨十诗钞》,录诗300余首。

值得一书的"渔湾竹枝词",乃清道光四年石港及通

州、如皋等地的数位文人聚会时的即兴之作。现存有周应雷24首,曾葆淳16首,姜灵煦30首,冯大本16首,黄金魁42首,计128首,皆载入《崇川竹枝词》一书。它对距今一百七八十年前石港的风土、人物、名胜、古迹、物产、习俗等,均题咏及之,使我们得以窥见当时社会生活之一斑,实为不可多得的珍贵地方文献。

"五四"以来的半个世纪里,旧体诗词一时沉寂,但石港通此一途的仍大有人在,一些诗词作者的作品不断问世。粗略探知,就有:

吴一鹤(1890—1956) 字季鸣,如东马塘人,入赘石港颜氏,光绪三十四年毕业于南京两江师范学院。曾任石港小学及大江南北的大中学校教师,传有吟咏百首。

张海楼(1901—1985) 新中国成立初曾任石港小学校长,擅诗。特别是著有《渔湾竹枝词新编》四十首,咏颂了石港地区的历史演变、地理概况、人物故事、风俗习惯,并加以详注说明,其稿藏南通市图书馆。其《文山渡海话遗踪》一文对当年文天祥来石港的经过做了详细的考察和论证,有一定的历史价值。

王世雄(1906—1997) 如东环北人,1954年来石港小学任教,直至1970年年初"文革"中被迁回乡。著有《青箱书屋诗词选》数册,计400多首。因其性格孤直,且遭不公待遇,又悲"伯道无儿",故诗风沉郁,喜用僻典,不乏讽刺之作。

颜若愚(1907—1993) 名谟,石港镇人,博学多才,曾任石港、南通等地教师,南通紫琅吟社顾问。著有《颜若愚诗词选》及学术著作《离骚新韵释》等多种。其《渔湾竹枝词新编》之《忆江南》词六首及附记,也有一定的地方史料价值。

史佩墀(1916—2002) 四安镇人,1953年任石港小学校长。一生遭遇坎坷,然性格开朗。其诗风恬淡,语言通俗。早期诗作散失殆尽,拨乱反正后,有近千首诗作问世,作品编印有《雨后诗草》。

李承谷 20世纪60年代初任石港中学教师及图书管理员,吟咏颇丰。晚年移居上海,曾印有诗集。

当前,石港中学校园诗风正盛,被授予"江苏省校园诗教先进单位"光荣称号。正是:

竹枝传唱韵悠扬,夜咏潮生晓渡凉。
未饮诸君何醉倒,原来梦醒在诗乡。

(吴广才)

渔湾竹枝词

竹枝词,本是流行于巴渝(今四川东部)一带的民歌,唐代诗人刘禹锡曾把它翻作竹枝词,写下了十多首脍炙人口的作品。其中有的为诗,有的为词,因而被后人尊为竹枝词的鼻祖。今人季光汇编的《崇川竹枝词》一书中收录了"渔湾竹枝词"五位作者的128首作品。这里选录其中20首。

周应雷

卖鱼湾里石港市,卖鱼湾外范公堤;
烧盐灶户街头货,货罢归耕雨一犁。

风风雨雨听渔馆,暮暮朝朝读画楼;
读画听渔诗集富,辎轩到此仰名流。

乡下农人不息耕,长街曲巷有书声;
书声难入机声里,不听丝弦与管笙。

高高书院建山巅,上得山巅谒二贤;
祠宇巍峨碑不朽,每逢甄别爱留连。

曾葆淳
石渚从来风土淳，非耕即读少闲人；
侬家先世分支派，不住扬州住海滨。

营桥南畔教场中，少妇偏能走马工；
引得人丛争喝彩，朝天莲瓣去如风。

猪行斜靠米行排，油店多邻酒店开；
绚烂招牌悬似锦，中添厕屋好楼台。

烧盐擅利甲诸场，侵晓贩夫入市忙；
一字雁排声邪许，肩挑盐担白于霜。

姜灵煦
魁楼耸过翠云楼，五点青青眼底收；
曲折石栏门外设，乞儿近不宿争投。

分宪廉明率九场，曾兼都转重维扬；
本场场比邻场阔，醝尹提封并马塘。

久看渔湾悉风土，卅年瞥眼盼成翁；
竹枝唱出油脂调，就正同袍和诸公。

斗轮蟋蟀把鹌鹑，棉布袋儿佩挂身；
百舌八哥黄雀笼，关心水食总劳人。

冯大本
隐宝寻寻洗笔池，樵珊不见费人思；
从今两种须珍惜，星谷芭蕉陆舫诗。

五山秀气毓人文，六十里程地不分；
最爱魁星亭上望，晴烟开处塔支云。

灶地烧盐民地禾，民灶地地有风波；
莫笑闲人讼开垦，鹌鹑也要草田多。

灵旗社鼓赛神忙，巧斗包灯绕水乡；
最是恼人春昼暖，如云汗粉古盐场。

黄金魁
吹风燕子虎头鲨，黄蟹青蛏又对虾；
本港挑鲜鱼担满，江刀不及海刀多。

月饼隆兴第一家，招牌灯烛点红纱；
中秋供月翻新鲜，半是椒盐半洗沙。

老渔翁驾一渔舟，终日垂纶海上浮；
不是文山渡东海，卖鱼湾怎占千秋。

樵珊亭南多绿芜，樵珊亭北多红芙；
合收亭南亭北景，写幅书家结新图。

张謇楹联

张謇是近代中国著名的实业家和教育家，为南通地区乃至我国的社会发展事业奋斗终生，创造了不可磨灭的辉煌业绩。另外，他的文学创作也成就斐然，为世人所瞩目，诗歌、散文、楹联……洋洋大观，令人赏心悦目。这里选一副张謇为石港贤达施兰宾题写的楹联进行解读，以飨读者。

喜闻新国政

笑读古人书

清光绪三十一年（1905）三月，石港耆宿、贤达施兰宾等于石港圣桥下文庙和义学原址，创办了石港第一初等小学，至民国二年（1913）设立高级部，为"南通县第六国民高等小学"。施于1905—1912年曾任石港小学校长。施与张謇早就有交往，光绪二十五年（1899）九月二十二日，张謇在日记中记："酉时往石港，吊兰宾母丧……"

张謇与施兰宾的友谊在兴办新学中与日加深。那时正是中国历史大剧变时期。1902年清廷颁布了规定学制系统的《钦定学堂章程》，由于封建科举制的根深蒂固，未得实行。不久，迫于奔腾的求变求强潮流，1904年清廷再颁《钦定学堂章程》，次年，科举制就走进历史，全国始兴新学。以张謇为首的诸多社会贤达引领潮流，在江海大地上掀起兴办新学堂的浪潮，一大批新制学校如雨后春笋般兴起。这副楹联虽则短短十个字，却反映出一个历史的大变革，它将深广的内容熔铸于短小精悍的对句之中，形象生动，韵味隽永。

上联"新国政"指清廷颁布《钦定学堂章程》，教育先驱张謇和施兰宾同怀兴学强国殷殷之心，闻颁新政，喜悦之情自然溢于言表。然而，作为从封建科举围城中厮杀出来的知识分子，忽闻旧学戛然终止，新学自此张扬，此时心中当然是滋味百陈，用"笑读"既是对过去旧式读书的调侃，也是用乐观的心态看待对中华文化的传承发扬。

　　读此楹联，我们心中不由地升腾起对张謇的崇敬之情，一个历经科场考试而大魁天下的状元，在一百多年前，就能对封建科举制有冷静的思考、辨证的分析，真是站得高远，睿智启人。是的，今天我们站在南通这块全国教育高地上，胸中起伏跌宕，我们深深感恩脚下这块早年浇灌过的教育土地，我们应该继续扬帆奋进，以更丰硕的教育成果来告慰家乡的前辈先贤。

　　张謇的诗文遥踪韩柳，国学功底深厚，吟诗作对轻车熟路，笔锋纵横，形象生动，用典精准，蕴含丰富的历史文化，洋溢着爱国亲民的眷眷情怀，升腾着令人敬仰的浩然之气。名家钱基博盛赞张謇的楹联是"俪语之雄伟足以与德业相称""拔天倚地，句句欲活"。

　　今天，张謇故乡的后辈们能有幸欣赏到啬公当年清丽隽永的文墨，得到他的雄风侵染和文学滋润，也实是令人开心和感奋的美事了。

（徐振辉　陆子森）

鱼湾诗尼

　　清末民初坊间有《梵林绮语录三种》一书，其体裁为笔记类，作者未署名。"梵林"者，清净之地，系指佛门；"绮语"者，语涉情爱香艳，佛教指为"十恶"之一。可能是暴露了佛门不洁的一面，故作者未留下名字。该书篇幅不长，共记述尼庵35所，尼43人，每篇四五百字，多者二三千字，大多记述江南苏、杭、锡等地，少数为苏北扬、徐等地。内容多为淫靡或奸拐之事，也有少数人性回归，冲破佛教禁欲，追求爱情自由,由佛返俗。对佛教来说,这些都是犯戒的"大恶"。只有极少几篇记僧尼坚守信仰、行善修身的高洁品性。这本笔记集因题材的特殊,具有不可忽视的价值,值得研究。此书卷二有《石港鱼湾静舍柳禅》一文,记述扬州女子柳禅青春失偶后,来石港西山庵带发修行,以针绣自食其力,清净出尘,且雅好吟咏,风流自赏,在全书中真是鹤立鸡群、尘渣不染的一人。

此书作者于光绪戊戌己亥(1898—1899)年间,因应彭城分转使所招,赴石港盐务分司襄理文牍,居留一年多。从他"乞休归里"可见,作者应是老者了。在此期间,他与柳禅见过数面,因而留下其地其人的一些可贵资料。

作者首先记述石港和西山的大体情况,指出南通州石港是一"巨市集也"。"市西有土山,高不及数仞,无以名之,名之曰西山(其地在市东,应为东山,即文山——笔者注)。树林阴蔚,屋宇层递而上。庵观五六座,缁流羽客参半,禅房花木,洞府烟云,具体而微,颇有山林景色。"可见当时小小的东山宗教场所之多,景色之幽,足以让人流连游赏。

鱼湾静舍就在东山之麓,因而作者公余常常闲步于山前。他在此曾遇见的出家人,"悉系淮海产,骎形翘舌,俗不可耐",指那些人来自淮海一带,长得形象粗笨,说话翘舌,显得很俗气。一次他于八月中秋夜,以赏月为名去访鱼湾静舍,雏尼引入,柳禅出迎。因时已昏夜,为防嫌而片刻即辞。隔日午后又访,柳禅煮茶相待。大约已知道来客是位通晓诗文的读书人吧,柳禅吟诵了杜甫《客至》中的诗句:"花径未曾缘客扫,蓬门今始为君开。"作者感到她吐属风雅,又带些诙谐,不禁赞赏地笑了起来,柳禅露出了羞涩之态。然后,她向来客介绍自己的身世,18岁入庵,来此七年多,青灯古佛,虔心修行。在作者眼中,她长得"丰神袅娜,姿貌清癯,濯濯如春月柳",真与柳禅的名字相符。庵中几间茅舍是由她卖掉首饰而自建的，日用不足，她以刺绣挣钱补给，因此，日子过得还不差。说起针绣之事，柳禅又吟秦韬玉的《贫女》诗："敢将十指夸针巧，不把双眉斗画长。"这首诗表面写为人作嫁的贫女，其实寄寓对怀才不遇、屈居下僚的贫士的同情。可以想见，这首诗让一吏一尼、一老一青有了共同的语言。作者见柳禅屡吟诗句，便问她能否作诗。她说只能背诵，不会作诗。后来作者听人说，柳禅本来精通文墨，与另一闺秀常以诗作交流；之所以藏而不露，可能因与来客未熟，又因自己的特殊身份，当然不肯轻易相示。

问及柳禅法号的由来，知道她娘家姓谢，晋代才女谢道韫因咏柳絮而闻名，夫家姓柳，所以她自号柳禅。由此，作者更加钦佩她秉性聪明，取名精确而风雅。柳禅处于污俗之世，多年来"珠规玉矩，操守坚贞"，所以被附近的人所钦服。能诗而不自炫，才情蕴含，格调高洁，在当时众多女僧中，确是凤毛麟角。

柳禅虽是外地来石港的出家人，我们对她所知甚少，但她为人杰地灵的石港留下了一段佳话，令人遥念回味。

附记：承陆子森先生指出，《鱼湾静舍柳禅》原文中的西山应为东山即文山。其位置在石港东北隅。"鱼湾静舍"未见于"七十二个半庙"中，此处可能是唐代所建的广慧寺附近的一个庵，约在原石港小学西边。

（徐振辉）

民众教育馆

民国十九年（1930），石港就有了民众教育馆。利用原来的东岳庙改建而成，位于土山南首，东至玉皇殿，西至土山巷，南临大街。当时有房屋50多间，楼台殿阁，古色古香。岁月沧桑，战火烽烟，原房舍已荡然无存，原址即为医疗器械厂。

在1930年至1935年间，石港民众教育馆的馆长是沙仰三先生。在他的主持下,提倡群众性的有益的文化娱乐活动,如办过民众识字班、妇女夜校,举行过婴儿保健比赛。为普及体育活动,开辟了石港体育场,聘请拳师李世亮传授国术。每年夏秋季开办同乐茶园,组织下棋、咏诗比赛,并布置菊展,供人观赏。还购置了当时少见的无线电收音机,传播科学知识。更值得一提的是,他搜集与展出了"一二八"淞沪事变的史料和图片,进行抗御外敌的爱国宣传。

此外,石港民众教育馆还从当地群众的生活状况和切身利益出发,把民众教育内容和宣传推广农副业生产的科学经验结合起来。如,介绍推广优良棉种与优良鸡种;聘请有经验的藤竹工匠为师,举办藤竹工训练班,培养手工艺人,受业者达四五十人;宣传当地农村的手工产品"毛靴儿"的御寒优点,帮助扩大其销路,等等。

民国年间,教育曾经有过辉煌的时期。像石港民众教育馆的创办以及所举办的这些活动,在当时的南通还是不多见的,因此不仅得到当地民众的称道,其本学成绩,居当时江苏省之冠,还曾得到当时江苏省教育厅的嘉奖。

(张国华)

民间传说

御葬坟的传说

(唐朝初年,将建在石港的东巡行宫改为广慧寺。1967年从广慧寺旧址挖出一块石碑,碑上刻有建造行宫的时间、经过。最后是"尉迟宝林督建"六个大字。这与一个鲜为人知的故事有关⋯⋯)

一,追杀令

隋炀帝篡位以后,横征暴敛,民不聊生。由于盗匪横行,商贾屡屡遭劫,山西一带闹起了盐荒。山西太原留守李渊派次子李世民去海边买盐。李世民领命带着尉迟恭和一队亲兵向东进发。为了不引起沿路官府的注意,避免不必要的麻烦,李世民和尉迟恭扮成主仆,亲兵全扮成贩夫。

不几日行到扬州。听说扬州一家道观琼花开了,李世民一行便借宿观内,赏了琼花。只见花大如盘,洁白如玉,极其美丽,真是稀有的花中仙子。半夜过后雷电大作,风雨交加。第二天大早却又雨过天晴。李世民一行高高兴兴地向黄海边进发。

这天晚上隋炀帝来到扬州,匆匆赶到道观,可一看琼花早被暴雨打光了,只剩下一地花瓣。隋炀帝气得五内生火七窍冒烟。他开凿大运河,建造大龙舟,为的就是看琼花。如今琼花变成了泥土他能不气吗?

他怒目圆睁气势汹汹地问观主:"有没有什么人到观内来赏过琼花?"

观主跪在地上颤抖着说:"只有……只有一个骑白马的公子曾经留宿观内赏了琼花。"没法出气的隋炀帝顿时迁怒于骑白马的公子,命大将杨糠拿着御制金令牌前去追杀。

杨糠立即派人沿东西南北四个方向前去打探。两天后探子来报,有骑白马的人向东去了。杨糠立即点起一队人马向东杀来。

李世民骑着白马,尉迟恭骑着枣红马,来到黄海边的卖鱼湾。李世民将马拴在村边的一棵桑树上,顺手将马鞭挂在树枝上。两人顺着小路走了一会,还未到海边就看到一个个大大小小四四方方的水池,相通的水池间有木板隔开。再往远处看是一望无际的大海,海天一色。海上波翻浪涌好不气派!李世民久处内陆从没有见过大海,他完全被大海吸引住了。这时只见从翻滚的海浪边走出一个头戴斗篷的人,赤着脚,踏着浪,飘然而来。等那人走近了一看,原来是个妙龄女子。

李世民道明来意,问哪里有盐买。女子指着一个个水池说:"这些就是晒海盐的盐池。近海的水池最大,让海水直接流进来。晒了一段时间过后,再将这一池水放进里面的中等池,再晒一段时间,将中等池里的卤水放进小池。小池的水晒干了,挖出来就是盐。不过我们这里直接晒出的只是粗盐,要到离这里六七里路的袁灶、秦灶那些地方才能买到去了杂质的上好的细盐。"尉迟恭问明了袁灶秦灶的方向对李世民说:"我先带人去那些地方看看盐去。"李世民说:"这里太美了!我在这里再看看,等你回来。"尉迟恭点头领命而去。

"咴——咴——"突然一阵马叫声。李世民一看,只见一个愣头愣脑的年轻人解下系在桑树上的缰绳拉着马向野草茂盛的地方走去。那女人一看"扑哧"一声笑了:"这马是你的吧!那个是我未婚的男人。他是个哑巴,又是个傻子。可能是从来没有见过马,牵着马玩呢!"

"没关系!跑得再远,我一打呼哨这马就会回来。"李世民说:"你这么神气的一个姑娘怎么定下这么个哑巴亲呢?"那女人边带着李世民往村里走边说:"他是盐霸的儿子。盐霸与我家从小定下娃娃亲。自从我爸爸和哥哥被征了去拉龙舟,这哑巴就天天守在我家门前,早来晚归。"

女人的家是三间茅草房。女人说:"我身上满是泥,又有海腥味。我先烧水洗个澡,顺便烧水给你喝。"

女人洗完澡,从西屋里走出来,她脸颊红扑扑,秀发如水,宛如出水芙蓉一般。坐在堂屋里的李世民一看就惊呆了:在偏僻的海边竟然有这样美艳的姑娘。女人款款地给李世民递上一碗开水。她一看到李世民那充满豪气的四方脸和脉脉含情亮闪闪的眼睛,脸就红了。李世民刚刚喝完水,就听到"咚咚咚"的敲门声。女人隔着门缝一看,是两个军人。女人以为是抓丁的,立即示意叫李世民躲进东间屋子躺到铺上去。

军人进了门劈头就问:"看到一个骑白马的人吗?"

"没有。"女人淡淡地说。

那军人拿出一个令牌:"这是皇上亲自下的追杀令,你可不能隐瞒!"

"小女子哪里敢对军爷隐瞒哪!"

另一个军人从里屋走出来恶狠狠地说:"里面躺的是什么人?他怎么不说话?"

"他又傻又哑,是我丈夫!"女人依旧淡定地说。

这时门外有人喊道:"报告杨将军!找到那匹白马了!"两个军人立即出了屋。女人立即把门关上了。

杨糠迅速找到白马和牵马的人。杨糠冷冷一笑问:"这马是你的?"傻子点点头。

"你是从扬州过来的吗?"

傻子又点点头。没有等傻子再说什么,杨糠已经拔出了刀。

傻子惊恐地瞪着眼睛发出"噢哦噢"的声音,那意思是问:"你要杀谁?"杨糠恶狠狠地说:"杀的就是你!"他手起刀落,傻子的头一下子滚了老远。一个士兵想去牵那匹白马,脱了缰绳的白马早撒开四蹄跑得没了影子。杨糠用傻子的衣服包了人头带领部下火速回扬州复命去了。

二、斗盐霸

盐霸陈东沙听说自己的儿子陈宝忆被杀,立即火冒三丈,带了几个家丁直奔卖鱼湾村而来。

李世民见军人走了,便走出茅草屋。一声长长的呼哨一打,那匹白马立即从远处飞奔而来。他拿出十两银子答谢女人的救命之恩。女人却坚不肯收:"乡里人凭良心做事,没有什么好谢的!"

"请问姑娘尊姓大名?"

"我叫印春蕾。"

李世民作揖谢了,正待上马,突然被一个家丁从背后一把抓住:"朝廷钦犯,你往哪里逃?"

李世民转身推开家丁的手说:"我不是朝廷钦犯!"

那家丁冷笑着说:"听乡里人说,官兵追杀的是骑白马的钦犯,你骑的是白马,你不是钦犯谁是钦犯?"

陈东沙两眼放着凶光说:"我儿子被官军杀了,原来是当了你的替死鬼!人死不能复生。我儿子是替你死的,有三条路供你选:一是赔我白银一千两;二是你来当我的儿子,给我养老送终;三是抓你去官府,让官府给我个公道!"

李世民说:"一,你儿子不是我杀的,我不应该赔你银两;二,是你的儿子自己牵马去玩,我没有让你的儿子替我去死,我没有必要顶替他做你的儿子;三,我没有犯什么错,没有任何理由要我去官府!"

陈东沙冷笑一声说:"你的话谁信?你没有犯错官军为什么追杀你?你是敬酒不吃吃罚酒!伙计们,上!"伙计们纷纷拿出家伙,把李世民围在中间。

"住手!"这时印春蕾从茅草屋里冲了出来,一下子挡在李世民前面,"这位公子说的全是事实!人不是他杀的,马是傻子自己牵走的。我可以证明!"

陈东沙一看嘴都气歪了:"好你个臭娘们!你是我儿媳妇,被杀的是你男人!你怎么吃里爬外?"

"天下公理只有一个!他没有杀人就是没有杀!"

"你给我滚开!"陈东沙气急败坏地说。

"你这个盐霸,垄断盐市,欺压穷人,逼死我的亲娘,无恶不作。今天对外乡人也这样霸道!我就是不让!"印春蕾豁出去了。

"我先杀了你这个臭婊子,让你为我的儿子殉葬!"陈东沙拔剑向印春蕾狠狠地刺来。印春蕾一闪,衣服被划开一个大口子。陈东沙举剑又向印春蕾刺来。李世民早已握剑在手,用力一格,打飞了陈东沙的剑,顺手一挥,陈东沙的颈子被划开一道口子,他还没有来得及说什么就倒了下去。家丁一见主人死了,立即四散逃走了。

三,交信物

　　陈东沙的家丁迅速报告了离卖鱼湾只两里路的石港盐场分司衙门。官府立即派了几个衙役赶了过来。可跑来一看,在小小的卖鱼湾村就是找不到陈东沙的尸体,那个骑白马的公子也不见了。问盐民全是一问三不知。原来这盐霸陈东沙作恶多端,如今被杀,盐民个个拍手称快,尸体早被盐民丢进海里。官府来查大家全都装聋作哑,谁也不说实话。

　　这时有家丁说,事情与印春蕾有关。衙役立即冲进茅草屋将印春蕾抓了起来。衙役刚把印春蕾押出村,就见小路上一匹白马飞奔而来。李世民跳下马说:"这盐霸是我杀的,与村姑印春蕾无关!你们把她放了,我跟你们到衙门去!"

　　一个领头的衙役说:"好!像个爷们!"随即把印春蕾放了,将李世民五花大绑,牵上白马,向衙门走去。

　　尉迟恭到几个煮盐的地方一看,那盐又细又白,当即买了十车。随即飞马来向李世民汇报买盐的情况。刚走到卖鱼湾村口,就见几个衙役绑着李世民,牵着白马,不由得火冒三丈。双眼一瞪,枣红马一夹,钢鞭一举,呼啸而来。几个衙役哪里是尉迟恭的对手。尉迟恭一鞭一个,只一会儿衙役全都脑袋开了花。

　　李世民一看事情闹大了。对尉迟恭说:"你押上盐先走!"尉迟恭说:"公子,还是你先走,我断后。"李世民说:"也好。"白马一拍,带着运盐的队伍走了。

　　尉迟恭脱掉仆人的衣服,露出战袍,跨着枣红马拿着钢鞭威风凛凛地立在卖鱼湾村口。

　　印春蕾见骑白马的公子两次救了她的命,心里十分感激。如今未婚的男人和盐霸都死了，自己也不顾忌什么了。她赶到村口来送别，想对公子说出自己的感激和爱慕。可公子已经走了，村口只有骑红马黑脸的将军还在。她把一个小红布包交给尉迟恭："请将军将这件东西交给骑白马的公子！"

尉迟恭听了"嗯"了一声，就把红布包放进战袍的夹层里，随后依然注视着小路，看有没有衙役找过来。大约过了半个时辰，看看没有人来，尉迟恭对印春蕾一抱拳策马走了。

印春蕾一直痴痴地站在路边，目送着尉迟恭绝尘而去。

四，造行宫

由于有尉迟恭押运，一路上盗匪望风而逃。盐运到太原以后，李世民被李渊任命为主帅，南征北战，打下了江山。又经过玄武门兵变，李世民当上了皇帝。这一晃就是20多年。虎将尉迟恭也被封为鄂国公，过上清闲日子。

这天尉迟恭夫人替尉迟恭整理旧战袍，在一件战袍的夹层里发现了一个小红布包。夫人立即醋意大发，一定要尉迟恭说出个子丑寅卯。尉迟恭一看红布包大腿一拍说："糟了！"匆匆忙忙拿起红布包来见唐太宗李世民。

李世民打开红布包一看，里面是一幅刺绣，上面绣着一朵含苞欲放的桃花。李世民猛然想起20多年前买盐的经历，想起了那个极其美丽的海边姑娘印春蕾。

尉迟恭跪着伤心地说："是臣误了事，请皇上降罪！"

"爱卿，起来吧！这幅刺绣是姑娘终身相托的意思。如今过去了这么多年，这姑娘还在不在人世了？有没有嫁人？都未可知。待朕想想再说。"

第二天早朝，尉迟恭奏道，如今中原已经平定，黄海和东海边的情况不太清楚，请皇上东巡。

又有人奏道,海边距离京城数千里,如果东巡,皇上龙体饮食起居怎么安排?

尉迟恭的儿子尉迟宝林奏道:"可在海边建一座行宫,供皇上休息。"唐太宗听了大喜:"准奏!尉迟宝林,朕就派你做监造行宫的将军,领取白银5万两,到海边小镇石港监造行宫!"尉迟宝林说:"臣领旨!"

晚上尉迟恭对儿子尉迟宝林说:"你去海边造行宫,还有另外一件十分重要的事:查访印春蕾的下落。一有消息立即飞马告诉我!"为了便于寻找,尉迟恭将红布包交给了尉迟宝林。

五,赐御葬

尉迟宝林一到石港,一边着手建造行宫,一边查访印春蕾的下落。一个多月过去了,一点音信也没有。尉迟宝林这才知道,仅凭一个红布包和一幅刺绣要找到一个普普通通的村姑谈何容易!这长江口的海边每年都向海里长,20多年早已经长了好几里。原先的卖鱼湾已经和石港镇连成一片。而且许多老人也不在了。要找印春蕾就像大海捞针哪!

从两广运来的广木和新烧制的富砖已经齐备,行宫已经动工一年多了,可还没有印春蕾的音讯。这天,尉迟宝林带着两个亲兵又去了石港镇。在离石港2里多路的一块偏僻的荡田边,看到一棵孤零零的高大的桑树,桑树边的荒草丛中有三间破旧的茅草房。尉迟宝林从野草丛中走过去敲了敲门,里面传来一个软弱无力的声音:"谁呀?"随即是一阵猛烈的咳嗽声。

"过路的。想讨碗水喝。"尉迟宝林说。

"门开着,你进来吧!水在缸里,自己舀吧!"

尉迟宝林走进屋,拿起桌上的陶碗舀了水喝了起来。这是连通的三间屋,东房里一张芦席上张着补丁叠补丁的旧蚊帐,上面躺着个头发花白的老女人。

尉迟宝林喝完水将碗放到桌上时，意外地看到正中的木柱上挂着一根马鞭。四周的东西都蒙着灰，只有这马鞭一尘不染，连马鞭上嵌的金丝银线都看得清清楚楚。

"老奶奶！谢谢你！"

"不用谢！"

"老奶奶，我问你一件事儿！"尉迟宝林说。

"你说吧！"

"请问，这里有个叫印春蕾的人吗？"

"没有！"老奶奶说。

"你家里挂着的马鞭是谁用的？"尉迟宝林问。

一提马鞭老奶奶马上从铺上爬起来，颤巍巍地走到外间把马鞭取了下来："这马鞭是我的！我每天早中晚要看三遍！"

"老奶奶！你家从前出过武将？"

"没有！"

"老奶奶！你这马鞭可不可以卖给我？"尉迟宝林问。

"不可以！"老女人十分干脆地说。

"我出十两黄金！"

"不卖！"

"百两黄金卖不卖？百两黄金能造一百间大瓦房哩！"

"再多的黄金也不卖！"老奶奶斩钉截铁地说。

"我用这个宝贝和你换！"尉迟宝林边说边拿出了一个红布包。

老奶奶凝视着红布包，用颤抖的手慢慢地打开了红布包，里面是那幅十分熟悉的桃花含苞欲放的刺绣！她一下子把刺绣捧到胸口泪水涟涟地说："我终于等到你了！你在哪里啊？"尉迟宝林愣住了，惊讶地看着老奶奶："老奶奶！你就是印春蕾吧！"

老奶奶点点头："为了避免官府来找我的麻烦，我早就改名叫印天霞啦!"她拉着尉迟宝林的手慢慢走到门前的大桑树下,指着一根树枝说;"小将军!这是他当年拴马的地方。这马鞭就挂在这根树枝上。白马牵走了,马鞭却留下了。我一直保存着,等着他!看到马鞭我就像看到他!20多年了,一看到马鞭,再难的日子我也挺过来了。这位公子现在在哪里?做什么去了?"

尉迟宝林说:"这位公子就是当今的皇上!"

"啊!他是皇上!"印春蕾大叫一声激动得昏了过去。尉迟宝林立即让人将她扶进茅草屋的铺上,给她喝了几口水,印春蕾又苏醒过来。

"我已经病了多年,总算等到他的音讯了,我死也瞑目了!"尉迟宝林只觉得老奶奶的气息越来越弱了。

尉迟宝林一面派人迅速去请地方郎中,一面派人将那条马鞭800里加急送往长安。尉迟恭接到儿子送来的书信和马鞭,连夜去见唐太宗。

唐太宗一见马鞭泪涌如泉。再一看尉迟宝林的奏折,更是肝肠寸断。那奏折上写道:"……臣已经找到印春蕾。但印春蕾已经患病多年,现已奄奄一息,虽有地方郎中治疗,恐无力回天……"唐太宗看完伤心地说:"朕负你了!印春蕾!"

过了三天,印春蕾去世的消息传到长安。唐太宗长叹一声,一口鲜血吐了出来,他对立在卧榻旁边的尉迟恭说:"朕体力不支,不去东巡了!赐印春蕾以皇妃的规格御葬!其坟也由尉迟宝林督建!"尉迟恭连忙领旨而去。

从此石港镇就有了一座御葬坟。坟造在一片椭圆形大水池的中间,坟头向东,对着大海。水池的四角有四口深井,这坟再旱不干,再涝不淹……

(田玉)

名人风采

科举名贤

石港历史上先后出过两位进士、十五名秀才,以及一大批乡贤名士。

石港在清代乾隆、嘉庆、道光连续三朝,朝朝出进士。他们依次是:沙重轮、陈仕祯、沙思祖。

沙重轮 字廷载,号朗生。生卒不详。据《明清进士题名碑录》载,沙重轮是江苏通州石港人,乾隆四十三年(1778)成为戊戌科三甲第21名进士,官礼部主事。一生著有《燕台集》《养拙轩存稿》。

陈士祯 字仲平,又字秋竹,号云棂。家住石港镇广济桥外西虹桥西堍以北的陈家庄。他于清嘉庆十九年(1814)荣及甲戌科3甲第12名进士。及第后,先后官碾伯、宁夏、皋兰知县,兰州府知府、甘肃平庆泾道道台。道台府在固原州。府内有一所空屋,据说曾经是三国名将马超的衙门。马超生前用神封将一妖物镇于此屋。历任道台上任第一件事就是再在此屋门上加封,从无启封之例。偏偏陈士祯不信邪,不仅不加封印,相反定要启封看个究竟。他亲自启封把门打开,一股浓烈的腐臭迎面扑来,熏倒了他。此后陈士祯便一病不起,卒于任上。陈士桢著有《嘉莲轩集》,主修过《(道光)兰州府志》。

沙思祖　字长卿,号凌斋。清乾隆四十七年(1784),出生在石港镇米市桥南塊西侧一户商人家里。道光三年(1823)癸卯科3甲第47名进士,官安徽庐州府教授,据说李鸿章考秀才即出于他的门下。沙进士善诗文,有《凌斋诗钞》遗世。道光四年(1824),石港的乡贤名人邀请通州、如皋等地的文人墨客在石港开展诗文吟诵创作活动,为后人留下《渔湾竹枝词》128首。沙思祖为之序曰:"……盖渔湾竹枝词自江片石一作,后未有继者。甲申春,渔湾(石港古地名。笔者注)诸君子,集谢鹤渚蓉园句章,崇川、雉水诸友亦先后至。茶余拈韵,主人即出此题,为诸同人欣然,舒纸挥毫,或得数首或数十首,各抒所见。一时爬梳扶剔,不遗余力,帙成几数百十首吟。览而编之,藏以得梓。"生动反映了沙思祖等石港文化人当年的文化活动盛况。

另有苏星槎、宋焕、丁少棠等清末十五名秀才。

苏星槎　住石港东街,为人忠厚老实,生活清寒,教私塾为生。

宋　焕　字镜湖,号逸吾,住石港广济桥河北东首,补廪生,曾任石港高等小学校长、州董。

丁少棠　又名丁义慰,住石港歌腔巷,秀才补廪生,为人忠诚,北伐以后任石港第一任行政局长。

施兰宾　住石港圣桥东边,原籍徽州,父亲曾在石港经商。1905年任石港小学建校时的校董。他是石港的名门贵族、德高望重的绅士,与张謇交往颇深。张謇多次为他题赠诗联。

葛　新　字融墟,秀才出身,住石港镇轿子巷,曾任石港小学教员。

吴新之　住石港东河边,家有所花行,行名吴慎记,和同行合伙开花行为业。

陈稚樵　住石港东街通济桥东首。

陈震东　十七岁考取末科秀才，为张謇先生所赏识，对乐器有所造诣，能击碗成曲。其父陈品三为秀才补廪生，是父子秀才。

陈筱三　住苏家巷，为文正书院山长。

朱贡三　住歌腔巷。

沙开印　住米市桥南。

苏之万　住轿子巷。

陈警伯　名铎，其父陈子和补廪生，系父子秀才。

宋震西　住场官巷，父子秀才。

保辅清　武秀才，住南大街营桥。

（张国华　徐祥禧　张茂华）

戏曲名家

陈邦栋（1745—1812）　戏曲作家，戏曲活动家。字延一，号十村；又字南浦，号仲子，晚号十三村农。清乾隆三十五年（1770）前后，他与石港场文正书院院长吴退庵、张蠡秋，大慈观音阁主持一懒上人，艺伎金校书等结成"樵珊昆曲社"，以建筑在半村半郭、潮汐环回的镇南郊听渔馆为社址，活动了近四十年。他与南京、扬州、苏州、重庆、桐城等地昆曲同好广为交游，常常是"携琴扣户，一鼓幽情"。他钟情戏曲创作，"花笔细写宫商"，"嚼徵含宫见性情"。如皋剧作家黄振称他"词采斐然，度曲图新"。著有若干散曲和传奇《旗亭曲》，可惜均佚。另有《十村诗钞》四卷传世，为嘉庆十年（1805）绿影阁刻本。

周二群（1856—1930）　戏曲活动家，地方保正、青帮头目，人称周二爹。周二群驾驭地方各派势力，编织成一个庞大的关系网,连两淮盐运通州分司和石港盐场场官都得借重于他。周二群处事干练,于清同治、光绪年间成功地组织过数十届老郎会演出活动。他与乡班艺人交谊很深,每年会期,总要在王复盛菜馆设宴,招待各乡班班主和主要演员。

殷海清(1871—1949) 京剧艺人,扬州人,早年定居通州石港场。十一岁时入乡班,习武旦,晚年改行老旦,兼演小丑。其身材不高,双目溜圆,擅演《阴阳河》《红梅阁》《杀四门》等踩跷功夫戏。里下河乡班杨洪春、六五子、五一子、长三子等常邀其搭伴。1948年,石港解放,镇上举行庆祝晚会,息演十余年、年届七十七高龄的殷海清仍登台献演《打渔杀家》,饰教师爷。

王世保(1901—1958) 京剧鼓师,四川人。自幼到上海学戏,由打小锣到司鼓。民国二十九年(1940)前后,随妻陈桂风(工花旦)自沪到赵长保班子搭班当客师。后因其妻被地主霸占,投诉无门,心灰意冷,想改行回原籍。途径石港,为初创中的良友剧社众票友热情相邀,留剧社作司鼓兼任总教师。良友剧社早期演出的许多戏,都为王所教授。王世保生性喜酒,脾气急躁,但教戏认真,戏路宽,生旦净丑各行的身段都很美。王世保在石港居住多年,几乎与良友剧社同始终,一批又一批社友得到他的严格训练。王世保且擅麒派表演艺术,为良友剧社南派京剧的表演风格打下了基础。中华人民共和国成立后,王世保被安排到南通更俗京剧团重操旧业。

居乃康(1902—1989) 京剧票友,工老生,兼反串旦行。青年时代在上海与京剧票界交往甚密,讨教过多出京戏,在《四郎探母》《问樵闹府》《打棍出箱》《捉放曹》《武家坡》《玉堂春》(反串苏三)中均有应工角色。民国二十年(1931)"九一八"事变前后,他回到石港,应邀在里下河乡班客串,并参与组建石港醒民剧社。他与宋野航联袂编导并主演了根据传统戏《南阳关》场面结构改编的《孤军抗日》及《血泪碑》。1986年11月16日,南通市文化局、南通县文化局、石港镇人民政府联合举办"南通里下河乡班老艺人座谈会",他虽双耳失聪,在联谊会上还能适应场面演唱《白帝城》,气息、音色不逊青年。

汪家惠(1903—1988) 京剧演员,南通伶工学社毕业生,工丑行。在《法门寺》《双下山》《时迁偷鸡》《纺棉花》《祥梅寺》《苏三起解》等剧目中担任主要或重要角色。曾任苏北戏改协会副主席,南通专区、南通市戏改协会副主席,南通市政协委员、原南通专区更俗实验京剧团团长,还在南通专区文化艺术学校和江苏戏曲学院任教多年。

葛次江(1908—1966) 京剧演员,导演,编剧。原名葛淮。十二岁时与胞兄葛湘一同考入南通伶工学社,入学后,深得主办人张謇、主持人欧阳予倩喜爱。张謇亲自为其取字次江,并教授其书法。他在伶工学社原本学武生,最后改习小生,以优异的成绩于民国十三年(1924)毕业。后因倒嗓,赴沪投老师欧阳予倩。欧阳予倩介绍他入上海民新影片公司,拍摄《天涯歌女》《西厢记》等四部无声电影,扮演主角,以

其风度儒雅俊逸、初露才艺而享名。嗓音逐步恢复后,即随欧阳演出《杨贵妃》《潘金莲》等新编京剧。还曾先后与高庆奎、金素雯、陈鹤峰、言菊朋、高百岁等搭档演出于长江沿线各大城市。他所饰周瑜、吕布、赵宠、莫稽等角色,博采众长,尤注意把欧阳予倩善于刻画人物内心世界的演技糅合在自己的表演中,再加上扮相俊美,成为南方小生中的佼佼者。其间又两次拍摄影片。民国三十年,与王熙春合拍《华丽缘》,饰皇甫少华,获得成功,成为我国首批"两栖演员"之一。

  1937年,抗日战争爆发,葛次江投身抗战洪流,在上海参加了由田汉、欧阳予倩、周信芳、于伶等发起组织的文化界救亡协会歌(平)剧部,并先后加入中华剧团、移风社。曾与周信芳同台四年多,成为周信芳编排新戏的左右手。由葛次江饰演的一些反派人物,如张邦昌、洪承畴等,则以小生、丑两行相糅合,独创"风雅其表,败德其心"的表演方法。1943年春,葛次江携眷回到抗日前哨的石港,主持石港良友剧社艺术工作,边教人,边演戏,演出达数百场之多。他饰演《群英会》中的周瑜,《摔玉请罪》中的贾宝玉,以及《渔夫恨》《亡国惨》等不少剧中人物的主要角色,深受当时苏中四分区广大军民喜爱。尤以《人面桃花》中的崔护,当场题诗,写一手好字。1949年冬,葛次江携全家参加中国人民解放军第十兵团京剧团,去福建前线,在编导工作上成效显著,被授予二等功臣。后随剧团转入地方,担任福建省京剧团副团长、福建省政协常委。他是中国戏剧家协会会员,中国剧协福建分会理事。1960年,出席全国文教群英会。

  林秋雯(1909—1956) 京剧演员。其家境清贫,酷爱京剧。民国十三年(1924)考入南通伶工学社,得吴我尊、芙蓉草、万盏灯传授。民国十五年十月,伶工学社停办后,他奔赴上海,投欧阳予倩门下,刻苦学习,深得欧阳予倩的喜爱。在老师的帮助下，于沪上登台，适逢马连良来上海演出，又得到马的赏识，邀其搭档，并接他赴京，同台配戏。后拜王瑶卿为师，成为王的爱徒。在王瑶卿、姜妙香提议下，由马富禄介绍，与杨宝森之妹迪贞结成伉俪。从此立足北京，长期与马连良、荀慧生、程砚秋搭档演出，成为继芙蓉草之后，又一位出色的硬里子花旦。1949年北平解放后，曾率领南下工作组赴武汉，同去的还有王吟秋等人，后因身体欠佳回京。经王瑶卿推荐，应聘进中国戏曲学校任教。后患肺结核病多年，医治无效，于1956年病逝于北寓所。病中周恩来总理曾派人看望。

林秋雯能戏多，除程、荀两派的代表剧目外，主演《得意缘》《十三妹》《花田错》《人面桃花》《晴雯》《摔玉请罪》等。1946年，荀派名剧《红娘》，首次由他带到上海等地演出。林秋雯爱党爱国，在抗美援朝义演时，带病与马连良合作，在北京中央直属礼堂演出《火牛阵》等剧。

黄凤池（1910—1962）　京剧票友，良友剧社创始人之一，工麒派。学戏时已三十多岁，对唱工、做工均刻意进取，常把床上的藁荐、棉絮、被子铺在地上苦练，颈脖、腰背贴满了膏药，终于掌握了"抢背"等毯子功。黄凤池家开海鱼行，如在晚潮日子碰上排戏，心便不放在司秤做生意上，时间一到，双手抱拳，躬身作揖，对客人们说："对不起，你们自己称吧。"说罢匆匆赶去排戏。家人谑称他为"戏棍子"。黄凤池平时喜宽衣大袖，即在初春晚秋季节，袖中常拢一把折扇。拿手戏有《徐策跑城》《扫松》《坐楼杀惜》等。晚年任鼓师。黄凤池且擅评话，有长篇《八窍珠》等曲目。

殷虎臣（1910—1977）　京剧演员，殷海清之三子。民国十七年（1928）随大哥吴锡恩、二哥吴锡林到台湾新店、坪林一带搭班谋生。在台湾拜同班一麒派老生为师，改工老生。1932年，自台湾回大陆，在浙江杭嘉湖地区置办行头搭班演出，有"小麒麟童"之称。擅演的麒派名剧有《清风亭》《追韩信》《四进士》《乌龙院》《徐策跑城》《六国拜相》《天雨花》等。曾到上海、苏州、南京、北京等大台口演出多年。中华人民共和国成立后，先后在如东县京剧团、海门县京剧团、南通县新民京剧团工作。1960年，随团划归到苏州专区京剧团。1963年，被安排到苏州市某日用化工厂做搬运工人。

杨谷中（1923—2000） 通州市人，原南通市文化局戏曲志办公室副主任，二级编剧，中国戏剧家协会会员、中国傩戏学研究会会员、江苏省戏剧家协会理事、南通市戏剧家协会副主席、南通戏曲协会会长、南通市第五届政协委员。1942年，参与创建石港良友剧社，师承伶工学社学生葛次江。1949年，正式从事文艺工作，历任苏北戏改协会南通分会秘书长、南通更俗京剧团指导员、南通市越剧团团长。数十年间，致力于京剧、越剧、徽剧、童子戏以及通剧的艺术实践和理论探索，创作、改编剧目八十多部。其中，与他人合作的越剧《老八路》，徽剧《端午门》《水淹七军》先后进北京演出；编写的《张謇与南通戏剧事业》收入《中国戏剧年鉴》。1989年，《欧阳予倩早期的京剧改革实践》发表于中央戏剧学院学刊《戏剧》，《论实业家张謇的文化自觉意识》参加全国徽班进京二百周年研讨会。承担《中国戏曲志·江苏卷》《中国戏曲音乐集成·江苏卷》越剧音乐的编辑工作，并荣获文化部等单位联合颁发的"全国十大文艺志书集成"先进工作者奖。

李嘉祥（1935—1977） 通剧作曲。艺名李艺。石港镇文工团成员。他热心京剧、昆曲、吕剧等戏曲声腔的研究，对南通地区的渔歌、山歌、小调、号子有较多的积累。生就一副好嗓子，能在四度琴弦（1—4）上自拉自唱梆子戏。1961年始，他在研究童子戏与实验通剧声腔的基础上，完成通剧

《人在福中不知福》的唱腔设计，对南通市实验通剧团《杨立贝告状》的唱腔进行了修改调整，完成通剧《贺喜之前》的音乐设计，该剧参加了1965年由南通县总工会、文教局在金沙人民剧场举办的南通县第五届职工业余会演并获奖。1966年2月，他主演的现代小京剧《田头拜师》，参加了南通专区文教局主办的青年文艺创作会议，演出于南通市人民剧场，并获奖。

周汉寅（1938—1997） 京剧演员、导演。艺名小舟，二级演员，中国戏曲表演协会会员、江苏省戏剧家协会会员、南通市戏剧家协会副理事长。曾任南通市京剧团团长兼导演、南通市越剧团团长。少年时为石港青年剧团演员。1953年，拜罗宝坤、焦宝奎为师，宗麒派兼丑行。在《追韩信》中饰萧何、《包公》中饰范仲华、《凤还巢》中饰雪雁、《智取威虎山》中饰座山雕、《红灯记》中饰鸠山等。先后导演过现代戏《火烧竹篱笆》，新编历史剧《刁蛮公主》《北汉宫怨》等。1990年，在徽剧《端午门》中饰演狄仁杰。此剧奉调参加由中华人民共和国文化部主办的"纪念徽班进京二百周年，振兴京剧观摩研讨会"，在北京吉祥戏院演出。

据《江苏戏曲志·南通卷》

曹琳，1946年11月2日出生于石港镇西街一个工商业者家庭，从小好学上进，善于模仿。20世纪60年代初，他十几岁就活跃于石港舞台，相声、快板等曲艺表演常常获得台下一片掌声。他扮演节目相关角色前，总是善于钻研揣摩，并虚心向有经验者学习，因此在演出中扮相逼真，角色很是到位。1965年年初南通县文艺会演时，他出演小通剧《贺喜之前》中的男主角。那一年他刚18岁，由于剧本好，加上他的成功表演，该剧获全县创作、演出一等奖。

"文革"期间南通县组建了文工团，天资聪颖、勤奋好学的曹琳担任演员兼导演。1977年《枫叶红了的时候》的成功演出,标志着曹琳的导演生涯翻开了新的一页。

1980年上海戏剧学院导演系面向全国招生。这是拨乱反正以后全国第一个导演专修班,考生中强手如林,曹琳虽只有初中毕业文化水平,然而知难而进。他苦练文字基本功,练小品表演,练普通话,学习戏剧基本理论。夜阑人静,他的卧室里常亮着一盏台灯。凭着刻苦努力,曹琳如愿以偿地进入了上海戏剧学院。在上戏校园,他受到余秋雨、徐晓钟等名师的指点,夯实了理论基础,导演水平又迈上了一个新的台阶。

从1989年起,曹琳先后在南通市京剧团任团长,南通市艺术研究所任所长,编导事业有了更大的活动半径。他导演的大型木偶剧《大禹治水》获得欧洲第四届木偶艺术节特别奖,编导的大型舞剧《南黄海古谣》、音乐剧《青春123》、戏剧小品《小草歌》、校园剧《嘻嘻与哈哈》等获得国家级大奖。他和宋建人编写的六集广播连续剧《文天祥南归记》曾在江西台首播,编导的《南通童子戏》三次到韩国演出。他在"国际京剧票友大赛开幕式""江苏省十六届运动会开幕式""第九届亚洲艺术节花车巡街表演""中国第五届家庭文化节开幕式"等大型综合艺术活动中出任编导。

曹琳在当好导演的同时积极从事文艺创作和戏剧评论,他编导的各类戏剧作品有330多个,在省内外报刊发表的评论有200余篇,出版了《潮声集》等专著五部。他是国家一级导演,中国戏剧家协会会员,南通市专业技术拔尖人才。

2012年5月24日曹琳不幸因病去世。

(陆子森)

教育名师

张梅安（1895—1961） 名审。原籍南通县骑岸镇，后迁石港。幼年丧父，赖母纺织度日。读书勤奋，成绩出众，于江苏省代用师范学习时深得张謇器重；民国4年毕业后留附属小学任教。不久，调至通师教国文。因讲授得法，善于诱导，为学生所爱戴。曾致力于白话文研究，推广新文化。于语法修辞多所造诣，为女师、商校争聘。民国二十七年三月通城被日军侵占后，随商校先后迁金沙顾家灶、如东潮桥朱家园，坚持抗日教育。民国三十一年起，先后至地处海滨的三余中学和海复镇通师侨校，坚持教学。抗日战争胜利后，随侨校回通城复课。他目击蒋管区物价飞涨，民不聊生，曾于扇上题"如今芭蕉值万金"之句以讽刺国民党统治。新中国成立后，任南通师范副校长、校长。办校坚持文理并重，狠抓图书馆建设，发起读好书活动，使通师在文科方面办出自己的特色。1956年被评为市、省优秀教师。同年7月加入中国共产党。曾担任市文联主席、省文联副主席；并当选为市人民代表、市政协副主席。1961年3月16日，因心肌梗死不治去世。一生所作诗文和讲义甚多，但淡于名利，其《修辞新话》十讲，由叶圣陶先生推荐于天津《语文教学》上连载。《谈谈作文批改问题》，为纪念其逝世21周年由几个学生所选印。

宋希庠（1902—1939） 字序英。石港镇人。民国十六年毕业于南京东南大学农科，一度留校任农科编辑，兼负责农事指导推广。翌年，任国民党中央党部农民部主任干事。后历任江苏大学区立苏州农业学校专任教员、江苏省农矿厅合作事业指导委员会委员兼农矿厅编审等，并任江苏省一、二两届区长训练所教员，农矿厅合作社指导员养成所教员，中国合作学社合作指导员训练所教员。民国十九年一月,国民政府农矿、教育、内政3部合组中央农业推广委员会时,被聘为该委员会秘书。著有《农垦》《农业论丛》初集、《中国历代劝农制度考》《水利概要》《实用农业推广学》等书,与东南大学教授唐启宇合著《农村经济》一书,并主编《农业周报》。在内忧外患交迫之时,他向社会大声疾呼,要求振兴农业,拯救农民,并提出改进农政、加强农学研究等具体意见,受到各有关方面重视。南京被日军侵占后,举家迁至石港,曾被聘任为设于余东的南通中学教员、教导主任等职务。民国二十八年(1939)年初因病逝世。其事迹收入《民国名人书鉴》。

(《南通县志》)

晚清画家王静轩

南通著名画家王燕(1850—1917),字静轩,别号王三,石港镇人。其画艺启蒙于乡里画家陈秀峰,后又受寓居通州的金陵画家单林及画友马绍琦等的影响。王燕以人物画为主,亦擅花卉、山水,其人物有罗汉、刘海、和合、风尘三侠等,造型端庄,设色淡雅,兼工带写,明快简练。其作品尤长于刻画底层民众生活。王燕喜欢以"静轩斋"为其画室室名,他作画最后署名盖章时,常常在画作上盖"静轩"印章,还喜欢使用"石港王燕"印章。

宣统年间南通遭水灾,王燕用写真手法绘制了10幅《江岸潮灾图》,附印在《通州江岸潮灾报告书》中,由上海文明书局出版发行。又曾画十八罗汉于纱棚,四周填以黑墨制成纱灯,每年春节元宵,悬挂于南通城隍庙东西两壁,为南通灯会一大特色。

王燕喜欢老陈酒,喜玩"十和头"纸牌,尤喜欢吸鼻烟,因肺不健康,又患鼻炎,因此鼻子常出血。一次画"东方朔偷桃",赠友人祝寿,不慎在画面角上滴了一滴血,王燕略作思考,遂不慌不忙调以朱红,然后画上一只蝙蝠,不一会,一幅完美的画呈现在众人眼前,此事令在场友人啧啧称奇。

在石港老一辈文化人中,王燕鼻滴血画燕轶事后被传为佳话。

王燕善画,常与诗书画友促膝切磋,偶尔也操古琴唱昆剧。一次,王燕和文友嬉戏,他即兴当场铺纸作画,不觉鼻内又淌血,血滴在白纸上,他沉思片刻,就说:"我燕也,就画燕吧。"于是,他就将这滴由红变暗红的血,画成燕子的下颌,再配以桃花。主人将画随即挂在客厅里,赢得了在场友朋的齐声夸赞。

王燕的画,得到各阶层的喜爱,人们争相求索购买,以至他的画也能向当铺作抵押贷金。"金沙的张謇"——大士

王燕"静轩斋"画作

王燕的刻有"静轩"和"石港王燕"的印章

绅孙儆常邀请王燕等文士到其府上做客交流,其在金沙北山的"沧园"中就悬挂王燕的画引以为时尚。王燕的画作虽属上品,然在那个时代以画谋生终是难事,晚年王燕贫病无依。一日,偶然伤指,血溅纸上,因作《杏园图》,遂成绝笔,友人曾嘱教育家、实业家张謇题诗于上。此画一度陈列于南通博物苑北馆。

王燕独身无子,死后由学生和友人料理殡葬,坟在石港南门外涧桥之南路边,有墓碑刻"渔湾画家王燕之墓"。王燕生前喜唱昆剧,一次还剃去胡须粉墨登场,唱"长生殿"一折尤为朋辈叫绝。王燕死后一周年,友人及弟子到其墓前祭奠,也唱了一折"长生殿"以志怀念,这件文人轶事,后来也在石港镇传开。

(陆子森)

烛照英才沙集成

沙集成(1884—1963),名金声,号集成。光绪十年(1884)农历十一月五日生于石港镇草市桥路60号。近代教育家、书法家。

沙集成自幼天资聪慧,渐大后其父友贤公(号序宾,字守光,又名继曾)设塾施教,集成由于刻苦好学长进很快,书法基础尤为扎实。

成年后,逐步冲破封闭式的教学束缚,云游各地学习先进文化与思想。后考入南通师范,据其所好工书善画,很快蜚声南通书画界。

半个世纪来,在动荡的年代,他力克时艰,兴学播德;他游击教学,彰显气节;他有教无类,关爱寒门;他工书善画,博学多艺;新中国成立后,他与时俱进,为新中国教育提携后学,勤奋工作,为社会主义精神文明建设,发热发光……他平凡而又多彩的一生,赢得了同仁和后辈的景仰与追慕。

苦学成才 办学教书煌煌

沙集成少时聪颖,于光绪三十四年(1908)考取南通师范。在此期间,他因父亲去世而生活艰难,然困境愈益使他发奋努力。在张謇创办的全国第一所师范里,他多次亲聆张謇、江谦等前贤大家的谆谆教诲,逐步确立了"坚苦自立、忠实不欺"的从教信念。他励志苦学,力求全面发展,他博览群书,拼命吮吸知识,书法、绘画也渐成风格。沙集成于1910年学成而归,次年,为骑岸小学所聘,在那里任教13年。

骑岸乡公立小学堂,创办于1906年(后于民国初改名为南通县第四高等小学),是南通县创办早、办学声誉好的新式学堂。开始几年,借骑岸北街关帝庙做临时校舍,教师中多为清末秀才,唯沙集成为新派通师生,故乡人多刮目相看。早年的学生后来回忆:沙先生授课,不仅备课认真,讲解透彻,且春风和蔼,平易近人,在系列讲解中,亦庄亦谐,使学生唯恐课堂早毕。他曾为学生曹金泉作《儿童钓虾图》,画面上,一儿童持饵钓水湾,神情栩栩,呼之欲出。画上还填《鹧鸪天》词一阕:"芦荻数茎水一湾,儿童持饵钓河滩。骇(音ai,傻意)虾不解人心险,错认'鸿门'安乐场。舞钳棒,疗贪馋,一朝出水悔已晚。蒸笼热气冲天起,更换红袍供佐餐。"

乐为儿童学生作画填词,且文图并茂,妙趣横生,借此提高儿童学习兴趣,这反映了沙集成早年高超的教育水平。

在骑岸的13年，沙集成不管学生出身贵贱，总是循循善诱。后来这些学生中不少成为出色的人才，例如为鲁迅夸赞的著名旅美文学家蒋希曾，著名"两弹一星"专家、中国科学院首届院士蔡金涛。后来，蔡金涛在给骑岸小学80校庆的贺信中写道："我幼年就学于骑岸小学，得到级任老师沙集成先生学习上的耐心辅导，生活上的悉心关怀。他那严父般的要求，慈母般的呵护如春风化雨，润物无声，使我这家庭贫困的学生倍增求学的信心和勇气，确立了人生奋斗的目标与追求。""我在中学、大学里求学，沙老师经常给我来信勉励……这些谆谆教导，犹如我人生的航标灯，照亮了我前进的航向……回想起来，是老师浩瀚如海的师爱，载着我这一叶小舟驶向成功的彼岸。"

沙集成一心思念教育救国，他于1924年回到石港，创办了广润门小学（在现石港西街老猪行桥附近）。他秉持"致天下之治者在人才，成天下之才者在教化，教化之所本者在学校"的理念，积极学习张謇在南通将"千佛寺改学堂"的革新办法，克服种种困难，与同仁一道，将龙王庙改造成新学堂，使之成为传播文化的场所，孩子们的乐园。

這個時期，由於苦練琢磨，沙集成的書法更臻成熟，尤以大字見長，行書略抖宛如波浪起伏；繪畫以國畫花鳥為最，其餘皆有造詣。在書香繚繞的古鎮石港，他被譽為四大書畫家之一。他為"石港民眾教育館"館名的題詞，以及為諸多寺廟、商號的題聯，總贏得時人的稱道和贊許，他的書畫也被人們視為上品而被索取收藏。

由于学养深厚，教声远播，1925年起他又同时兼任南通县第六国民小学——石港小学的课务。他的学识和进取精神,他的教学和服务态度,使他在石港学界赢得了崇高的威望,1926年他被同仁们推选为石港教育委员会会长。沙集成为人正派,在会长任上,他不畏权势,一心致力于家乡教育的发展、革新和管理,成绩斐然。在他等一批志士贤人的倡导和引领下,石港地区捐资办学、崇教重学蔚为风气。

在20世纪30年代任教时,沙集成有一件为学生取名的趣事,在石港被传为美谈佳话:一位祁姓家长请沙先生为儿子取一个响亮一点的名字,沙集成沉思片刻说,就取名"国龙",号"东强"。他解释说,如今日本国对我国虎视眈眈,称我们为"东亚病夫",我们不能让他们的阴谋得逞,愿中国的孩子们都成为国家的一条巨龙,让我们的国家成为世界东方强盛的国家。这个名字连起来叫得快一点——"祁国龙东强",犹如在敲锣打鼓,听起来非常响亮、悦耳。他的睿智、亲和与诙谐,总常常使教育化作润物无声的春雨。

水乡游击 抗日书声琅琅

1938年,日军登陆南通后,不久魔爪便伸向石港,狂轰滥炸,石港人民遭到空前的灾难。3月26日,日寇进犯石港,居民纷纷离家出走,家住南街的沙集成全家也不例外。一段时间过去了,镇上部分躲难的居民重新回去,据说,只要在自家住宅大门上贴上膏药旗(日本国旗),表示愿意接受日本人统治,可保证没事。可沙集成带领全家宁可漂泊,也不愿苟且偷生。沙老先生意识到,像他这样有影响的知识分子,日、伪势力定会拉拢和利用,然他凛凛正气,立下志愿,坚决不为日、伪所利用,日寇一日不驱逐,他一日不回老家。

沙集成举家迁徙到条件艰苦、敌人不敢深入的水网地带——石港西北的吴家火烧庄,那一带是我新四军游击根据地。在组织的关心和乡邻的帮助下,他很快租种了土地,让子女以耕为业,他教育自己的女儿入乡随俗,尊重农民,和乡邻打成一片,学会耕织刺绣等技术,为成家立业,长期扎根农村奠定基础。

沙集成本人则办识字补习班,协助乡里做事。乡农抗会和民兵组织非常支持他的工作,协助设好教学点,积极动员辖区内的儿童入学。当时学校只有两间草房,30名儿童还要分成三个年级。教材是沙集成自编,学生学的内容都是沙集成一本一本抄写出来的,那一笔一画的正楷端庄秀丽。在教材中,他积极宣传抗战形势,灌输民族气节教育,另外他还将四时农事、乡村习俗、道德礼仪、名人轶事、圣贤典故、科学常识等知识贯穿其中。不久,这位张(謇)状元学生的教学工作就赢得乡邻家长们的一片赞誉。

那时曾受教于沙集成的陈育(后曾任《上海科技报》编辑部主任)回忆:沙老师爱国爱乡,一身正气。在讲课过程中,时常结合当地的人文和历史遗迹对他们进行爱国和民族气节教育,他给学生讲"张四先生"为国为民奔波操劳,兴办实业和学校,讲文天祥在石港渡海,"留取丹心照汗青",还讲英雄曹顶杀倭子(日本海盗)为国殉难等故事,这些给他们幼小的心灵留下了难忘的印象。

沙集成能写会画,老百姓求他办事都能乐意去做,而且既快又好,很快就名闻乡里。乡农抗会要请他做点什么,只要说一声,他总是当成自己的事积极去办。每获新四军取得胜利的消息,沙集成总是兴奋之极,常常写标语和传单至深夜,他把国家和民族的希望寄托在共产党和新四军身上。

一天夜里,得知一股敌人要经过火烧庄地界,地方武装就安排民兵吴瑞庆用小木船护送沙集成一家向如东的杨曹乡转移。当小船行至如东境内几里路时,沙集成突然想起近期为新四军制作的一批宣传旗子(这是老先生制的图案,女儿美萱精心绣制的)还未来得及收藏,随即不顾吴瑞庆的劝阻,执意要去取回。沙集成说,如果这些东西落入敌人手中，这前后左右多少户人家将会遭到灭顶之灾……

在他的说服下，吴瑞庆撑船折返回其住处，这时距离敌人的行进队伍仅200多米，沙集成叫女儿下船从河边爬行至家中拿回旗子，再爬行回河边上船，然后船如弓上的箭一般离开了岸边，待远离敌人后大家才松了一口气。沙集成的行动受到乡亲们的称赞，石港镇自卫乡民兵中队长吴瑞龙称赞沙老师是"地方武装的忠实朋友"。

与时俱进 校园弦歌昂扬

1949年春节后，南通县全部解放，石港小学校长张芷山和石港区文教助理张海楼积极张罗石港小学复课，他们聘请了一批学界知名人士担任教师，德高望重的沙集成就在其间。

解放区的天是晴朗的天，沙集成等积极投入复课工作中去。那时教师生活非常清苦，中午稞子（麦屑）饭，偶尔改善伙食仅是加个咸菜烧豆腐，沙老调侃："三天不开荤，豆腐当肉吞。今朝吃豆腐，明天吃大肉，好日子在后头。"那时，沙老他们每月能领到代粮券，加之政治地位空前提高，经历了晚清、民国时期的教育，现在又担任新中国的教师，已66岁的沙集成深深感到新职业岗位的无尚荣光。

沙老住乡下，离校有六七里路，他每天步行来回，从不迟到、早退或缺席。有一天夜里下了大雪，第二天清晨，沙老头戴老虎帽，身穿棉袍，棉袍下半截向上拂起，再用布条束紧（防泥水玷污），脚穿布袜和草鞋（防滑），手里还拿着一把雨伞，满头汗水赶到学校。他说："我是人民教师，不能误人子弟。"

经过多年战乱，刚获解放的石港镇，百业萧条，老百姓生活艰难。沙老就经常和同事往来古街长巷，登门游说，宣传送孩子到学校读书的重要性，逐步地，众多辍学儿童重返课堂。沙老秉承"忠实无欺"的通师校训，对所有的学生总是给予耐心的辅导,对贫寒学生还想办法给予资助。他起早带晚,为延续和发展"长街曲巷有书声"的古镇文脉而奔波劳碌。

新中国成立初沙老所教的班有60多名学生,学生作文每周一作,批改量大,但他总是批阅有计划,每天必定完成若干本。沙老的批改从不苟且,总有眉批和总批,精细批改,字体认真,从不草率。他总是说:"教师是学生的榜样,处处要以身作则啊!"

学校部分教师害怕上"说话"课,沙老就给全年级教师上《说谎的孩子》做示范。观摩课前,他绘图三张,课上他边讲边揭示画图,引导学生思考,然后观图复述故事,有同学在听到说谎的孩子被狼吃了后,难过得留下了同情的眼泪……这一课不但使学生在趣味互动中锻炼了语言能力,还使学生懂得了要做一个诚实孩子的道理。沙老鹤发童趣,宝刀不老,听课的教师们对他精彩的课堂教学赞不绝口,都从中得到了很大启发。

新中国刚成立时,人民政府积极开展扫盲工作,学校教师常常晚上要到业余夜校兼课。沙老为夜校编的识字课本读起来总是朗朗上口:"船靠舵,箭靠弓,咱们跟定毛泽东。""张大哥、李大嫂,大家都来上夜校。识了字,懂道理,不识字,像瞎子。"在高高挂起的汽油灯下,沙老讲课总是精神饱满、有声有色。

在人民教育的岗位上,年近古稀的沙老紧随时代脚步,满腔热忱地工作着。1949年渡江战役的前几天,沙老曾亲领学生,列队站在大街两旁,夹道欢送支前的民工,他振臂领呼口号:"打过长江去,解放全中国!"1950年抗美援朝运动中,沙老夜以继日地画宣传画,书写标语,还组织学生走上街头宣传,并自觉献铜捐款,支持国家购买飞机大炮……沙老怀着执着的信念,迈着结实的脚步,一直工作到70岁退休。

退休后，沙老于1954年被聘为"江苏省文字改革委员会"委员，1956年担任南通县首届政协委员，在省、市、县知识界，他积极参政议政，为地方的文化进步事业奔走呼吁；在基层，他倾情提携后辈教育工作者，主动为农村干部扫盲，同时用他的书画特长继续无偿为社会服务，直至1963年病逝，终年80岁。

"春蚕到死丝方尽，蜡炬成灰泪始干"，这应是对沙老这位爱国爱乡教育先贤一生最恰当的写照。

精神励人　高德懿范留芳

沙老的高德懿范长留在人们的心中。江苏省劳动模范、原石港志田村党支书、沙集成的学生朱锦标动情地回忆到新中国成立初的立夏节给沙老师送蛋被"骂"的情景："请你们把蛋统统拿回去，卖几个钱给家里买买油盐，我是叫你们来学知识的，不是来拿你们的蛋的！"崇高的师德，至今使朱锦标景仰铭记。

2004年的春天，一个感人的情景使石港小学年轻的陈红娟教师终生难忘：那天，雨烟淡淡，柳丝依依，陈老师正在教室里批改作业，一位面目慈祥、白发苍苍的老奶奶在家人的搀扶下走进了她的教室。这位老奶奶叫陈佩珩，当年94岁，原是吉林大学的教授。这次，老人是隔了几十年回石港母校，得知当年教她们的沙集成老师早已驾鹤西去，很是伤感，老教授想找母校的教师唠叨唠叨，以倾吐她的深深思念。陈老教授回忆说："沙集成老师的一言一行就像种子一样，深深地种在我们当年那些孩子的心里，牵引着我一生的成长……"老人还动情地对她说，搞基础教育不容易，要像沙老师那样，学识渊博，德才兼备……我向你们敬礼。说完这些，还真的端端正正地行了一个队礼……

是的，十年树木，百年树人，教育的路途任重道远，教育先贤沙集成先生的崇德敬业精神，在一代代后人的心中总是不断地激起涟漪。

在沙集成先生诞辰120周年时,许多领导和沙集成当年的同事、学生,还有不少耄耋长者纷纷绘画作诗,题字撰文追思这位教育先贤。南通市教育局局长在《追思的理由》一文中说:"聚沙成塔。追思沙集成先生,他用毕生的心血和热情,集成了一座爱国忧民、追寻光明的民族精神之塔,集成了一座诲人不倦、乐育英才的红烛风范之塔,集成了一座孜孜不倦、艺无止境的理想追求之塔。——他的思想、信念和人格的灯塔,将永远烛照着我们脚下的新时期教育人生之路。"

(陆子森)

"教育部长"朱汇森

在通州石港镇西南侧的东岸边,半个世纪前有座三搭桥(为石港二十四桥之一),是由石头砌成架在市河(露天老排水沟)上的桥。紧靠桥北有户朱姓人家,百余年前,一个胖小子在这里呱呱坠地,后来历经风霜,这位朱家小子居然成为名扬海外的大学者,他就是在祖国宝岛——台湾先后担任

过"教育部长""国史馆长"和"中华孔孟学会"理事长的朱汇森。

少年时代勤学奋进

朱汇森(1911—2006)的父亲是石港镇上有名气的老雕匠，他每雕刻一件器具前，总要打画稿。他画的那些花鸟虫兽栩栩如生，人们常争相索要，他精雕细刻的老式床上总藏着诸多人物和故事，后来常被镇上商贾名流视为珍品。朱老雕匠初通文墨，平时喜欢看《三国》《水浒》等，能写一手蝇头小楷，闲暇时喜欢写、记老镇上的人物和掌故，厚厚的有好几大本，可惜这些现在已经找不到踪迹了。

朱汇森1911年11月15日生于江苏省南通县（今为通州区）石港镇草市桥西运盐河畔。兄弟四人，老大名伯渊，汇森为老二，汇森小伯渊3岁。也许是受父亲初通文墨的熏陶和家庭贫寒的影响，朱家老大和老二读书倍加勤奋。汇森6岁开始读私塾，7岁就同哥哥进入公立石港小学。那时，兄弟俩刻苦上进，是学校老师们公认的优秀生。长相方正、清秀的兄弟俩放学，沿着老镇上的米市桥向南经南大街，再经过草市桥西路回家，沿途总会引来街坊邻居的啧啧称赞。

小学毕业后兄弟二人因经济问题难以同时入学，汇森只好让哥哥升学，自己则到镇上一家米店当学徒。在当学徒的日子里，汇森暗下决心，要以哥哥为榜样，争取到能继续读书求出路的机会。于是，他白天勤勉学做生意，晚上则挑灯专心读书，不久，即1925年8月，他瞒过老板，考取了江苏省第一代用师范学校初中部，后升入高中师范科。这时候，在张謇"图国家强而立基，肇国民普及之教育"与"必鼓舞习师范者，使有乐从教育之途"等教育思想影响下，朱汇森开始萌生了献身教育事业的志愿。

靠自己的努力，实现了继续读书的梦想，朱汇森倍加珍惜。在师范学校他如饥似渴发奋读书。当时学校规定学生一律住校，并要自己洗衣服。在冬季，汇森常邀三五好友同学，一边敲冰洗衣，一边研讨功课，在寒苦劳作过程中，在群体研学的氛围里，他拼命吮吸着知识……由于他手不释卷，勤奋不懈，终于在1931年7月以应届第一名的优秀成绩毕业。

求学路上披荆斩棘

石港老镇里上年纪的老辈人还记得，朱汇森1931年秋师范毕业后，被石港小学（南通县第六国民高等小学）校长陈举涓聘任为四年级级任老师。在他当年的学生张国华（石港中学离休教师）的记忆中，朱老师面孔清癯，身体瘦长，常身着灰色雪耻布长衫，戴一副金丝眼镜。举止文雅，言语清晰，经常是满面笑容，学生们感到他非常和蔼可亲。朱汇森老师谙熟乐理，能弹一手古琴。他用一手颜体楷书批改作文，很是俊丽，他常对学生面批指导，因此同学们的写作进步很快。那时正值"九一八"事变后，朱汇森老师还自编抗日救亡教材，激发学生的爱国热情。朱汇森老师在那一代学生中留下了极好的印象。

在石港小学执教一年后，经在金陵大学读书的哥哥的介绍，朱汇森去南京任教。然而到南京后情况有变，他当上了《新南京晚报》的记者，还兼了好几个报社的驻（南）京记者。虽然在京城里当了记者，但他总还是觉得当时的职业有违自己的志向，不久他辞掉以上记者职务，到南京八巷小学担任了五年级级任老师。

生活的道路上总会有磕绊。半年后，学校换来一个新校长，一口气解聘了18名教师，其中就有朱汇森。被解聘的教师个个不服，朱汇森和另一名被解聘的老师被推举去见教育局长。朱汇森理直气壮地说："我们被解聘的全都是考甲等的，而一位考绩丙等的女老师，听说是局长夫人的同学反而被续聘了，叫我们怎么心服呢？"局长强词夺理："你们光说自己好,如果有本事你们参加考试!现在教育局正要招考校长和教师呀!"朱汇森一气之下,真的报考了校长岗位,且以第一名被录取。可是到口试时,碰到的还是这位局长主试,局长大人心怀芥蒂,把他降为教师录用,分发到钞库街义务小学任六年级级任去了。

不久,南京市教育局派来一位督学,指名要看他的教案和所批改的作业。三天后,教育局长找他谈话:"你笔试的成绩很优秀,可是口试时说话太直率,所以只被取为教师,我以为你会因此而气愤,不肯好好教学,没想到你教学很认真,批改作业很仔细,实在可取,现在我给你留了一个学校,你去当校长吧!"就这样,他戏剧性地于1934年当上了汉中路义务小学校长,后调为宫后山简易小学校长。1936年,他通过南京(教育行政类)普考,被调任到有24个班的大学校——四所村乡村小学任校长。

1937年卢沟桥事变爆发,朱汇森参加了教育部战区教师四川服务团,撤至汉口,后撤到重庆。翌年,教育部在几所大学成立师范学院。他虽年近三十,孑然一身,但仍决心继续升学。于是,捡起丢弃了七年之久的英文、数学等课本,在工作之余重新温习功课, 1939年终于被中央大学师范学院录取为第一名,不过,当时他已经是大龄的新生了。

抗战之际生活异常艰苦,朱汇森在大学靠奖学金补贴生活,后又不得已在重庆市立中学半工半读兼差——当教师并兼教务主任。忙碌时他几乎无法分身,白天吃不饱,晚上还得在桐油灯下开夜车。大学四年,他没买过一本书,课本向同学借,资料靠图书馆。就这样苦学硬拼,他终于读完了大学。

为台湾地区教育呕心沥血

1943年7月朱汇森如期从中央大学师范学院毕业。毕业后,他被分到教育部任视导员,负责特种教育工作。1948

年，举家迁台，他进了台湾省教育厅任秘书。

朱汇森很注意言传身教。1952年，他任台湾省立台南师范学校校长，但却从无架子，十分平易近人，他经常深入学生，学校里几乎每个学生的名字他都能随时叫得出来。在台南师专，他每年给毕业生题字，常用"铁肩担教育，笑脸对儿童"这句话，来勉励学生热爱教师职业，现在，在台南大学（前身为台南师范，台南师专）纪念百年校庆的铜钟上还刻有朱汇森的题字："春风化雨"和"百年树人"。

朱汇森勇于探索教育新路。1958年8月，朱汇森又调回台湾省教育厅任第四科科长，负责改师范学校为师专事宜，他选定台中师范学校为第一所改制的师专。1960年起他兼任台中师专校长，经过不懈努力，终使该校校风日趋开朗，他的实践，为台湾的教育改革开创了新的途径。

朱汇森为官稳健。由于他具有稳定踏实的作风，认真负责的态度，加上过人的才华，因此常为上下级所称道，故而连续获得提拔。1967年，他升任台湾"教育部"社会教育司司长，进而任常务次长、政务次长，1978年以67岁高龄成为台湾"教育部"部长，到1984年5月整整当了6年，成为台湾历任"教育部长"中任期最长的一位主管（他的前任李元簇、后任李焕，在卸任后不久曾分别担任台湾"副总统"和"行政院长"）。

朱汇森在"教育部"部长任内屡有建树：如建立资优生保送升学制度；疏通专科毕业生深造渠道，准许以同等学力报考研究所；研订大学入学考试方案，实施联招新制；延长以职业教育为主的国民教育，造就基础科技人才；筹办空中大学，为社会人士提供进修机会；实现了县市办国民教育，省和"中央"办大专院校的目标等。由这些创新机制里源源不断培养出来的人才，后来都为居亚洲"四小龙"首席的台湾地区经济持续腾飞做出了贡献。这其中，朱汇森自然功不可没。

朱汇森一生勤学。他自幼勤于笔记,长年来每天记日记,读书必记卡片。他的口袋里总是装着两个小本子,一个是用以记录公事有关的法规、数字,供演讲和质询时查阅,另一个作报刊摘记和读书心得,能随时记下好句勉励自己和别人。1984年5月,朱汇森以73岁高龄退休,但仍不离书丛,每日出入"国史馆",他打算将该馆藏书逐一翻阅,校对勘误。后来,他又被任命为台湾"国史馆"馆长。

朱汇森一生著述颇多,其代表著作有《教育社会学》《教育行政学新论》等。

"故乡不可见兮,永不能忘"

然而,使朱汇森终身遗憾的是,自去台湾地区后,他一直未能再重新踏上故乡的土地。

由于年轻时紧张求学,后又延至战乱,再后来则由于海峡两岸阻绝等诸多原因,故自20世纪30年代初去南京谋发展后,朱汇森竟至一直未能回过家乡。虽漂泊在外,然浓浓的乡愁总是萦绕在他的心头。1938年,在求职遭遇种种曲折后,他曾经录下石港耆宿、书画家、原石港民众教育馆(存在于1930—1935)馆长沙仰三先生的打油诗调侃:

人来求我般般应,我去求人事事难。

天若有情天亦怒,弥陀终古不开颜。

在抄录该诗后,朱汇森还有感而发,赞"仰公(沙仰三)为人热情,坦荡交友,凤重信义",同时联系自己辗转在外的艰难,吐露心中难平块垒:"现代之人情浇薄,伪诈多方,是以深恶痛绝也。"

2005年夏,居住在台北寓所的朱汇森收到从海峡对岸——他的老家石港飞来的"鸿雁",原来是他当年在石港小学工作时的老同事沙集成的外孙朱伯泉(石港小学教师)向他问候和联谊的信函。岁月悠悠,世事沧桑,95岁的朱老在给这位晚辈小老乡的回信中不胜感慨,"家乡美俗,仰之

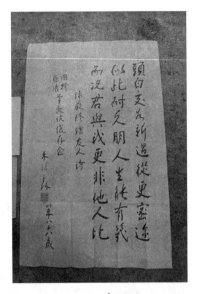

弥高,渐生疏离……"是的,那个梦中的家乡小桥下的流水依旧还在潺湲吗?还有那运盐河畔夜班船纤夫的号子声,那古朴迷人的石街,那童趣缭绕的长巷……它们都还是那个模样吗?

晚年的朱汇森,常常徘徊在台北淡水河边遥望着故乡沉思……

2006年2月8日,朱汇森因胃癌在台北市逝世,享年96岁。朱汇森去世时,正值台湾陈水扁"台独"浊流疯狂泛滥之时,两岸往来温度骤降,在北京的大侄朱侃(朱伯渊之子,北京重型机电厂高级工程师,厂研究所所长)辗转经泰国才得以进入台湾地区而奔丧。

"葬我于高山之上兮,望我故乡;故乡不可见兮,永不能忘。"是的,故乡的运盐河水也只能嗟叹着,载着深深的历史抱憾而默默地流向远方……

(陆子森)

诲民不倦沙宗炳

沙宗炳,字仰三(曾以耜翁、欠翁为号)。1899年7月26日出生于江苏省南通县石港镇一个"家本清贫,世以诗书为业;族非名望,代多科甲之人"的旧式家庭。

沙宗炳上代里出过几任大官,家中收藏名人书画甚多,其幼年喜好涂鸦,常画虫鸟和骏马以娱乐同伴。12岁时,于宴席前对着客人书写六尺中堂,被乡人誉为奇才。道人陈渠怜其聪颖,即向他传授画法。当时安徽有丐帮途经通州,他们饶有兴趣地观看其为亲属贺寿而现场作画,并给以很高评价。沙宗炳少年时代画作《晋枣图》,被至亲视作珍品而收藏。光绪年间,扬州名画家张之溶逗留南通,沙宗炳经常给其资助,所以,他得以收藏张氏诸多画作,沙宗炳对这些作品认真临摹,逐步得其奥妙。就这样,经反复临摹名家之作,沙宗炳书画艺术日益见长,二十岁时已声名鹊起。

沙宗炳青少年时代,正值新学汹涌之际,他对家庭逐渐生有落后于时代之感。他曾弃学私塾,瞒着家人私自奔赴县城(南通城)就读于新式学堂,毕业后回石港小学任教,教学成绩斐然,深得社会舆论推崇。后又赴南京东南大学读书,期间在吴梅教授带领下常在夫子庙、秦淮河等地参加"潜社"诗词元曲的创作唱和活动。同时参加的有唐圭璋、段熙仲(后来皆为南师大教授、著名唐诗宋词研究专家)、冯国瑞(兰州大学教授)等老同学,他们之间的友谊一直延续到人生最后。

沙宗炳好学,他常说:"人的一生是在不断学习,活到老学到老,哪怕是一件微小的事情。"由于好学,所以他知识渊博,历史、文学、诗画、书法、自然、生活等无所不知,且很精通,人问之,从无被难倒者。沙宗炳不但博学多才,而且秉性忠实，慷慨助人，为人师表。

东南大学毕业后，沙宗炳再返家乡。1930年联合一些志同道合的友人和有志青年，从教育入手共同为振兴家乡而努力。1930年在家乡利用原东岳庙（在现石港医疗机械厂附近）改建创办了民众教育馆，这在南通县（除县城外），实为地方成人教育的先声。沙宗炳在主持民众教育馆工作期间，一面开展抗日宣传工作，一面利用广泛的人脉，开办各种训练班培养人才，如农业训练班推广栽培技术和新品种；手工业训练班传授藤编、竹编、棉织等技能以扩大就业机会，还热情宣传石港农村手工特产"毛靴儿"的御寒优点，帮助农民扩大其销路。

沙宗炳在民众教育馆积极倡导健康的文化活动，例如开办民众识字班，妇女夜校，开办石港体育场，聘名拳师传授国术，开办同乐茶园，组织棋类、咏诗等比赛，购置无线电收音机传播科普知识，还成立了石港新闻通讯社并发行报刊……这些有声有色的活动，使古镇石港呈现一派新气象，一时领风气之先。沙宗炳所进行的这些活动，激发了当地民众的爱国热情和民族精神，引导很多青年人学到了谋生的本领，并树立了远大的人生抱负。

在举办民众教育馆期间，沙宗炳筚路蓝缕，深谙当时社会的人事艰难，他曾写打油诗自我调侃：

人来求我般般应，我去求人事事难。

天若有情天亦怒，弥陀终古不开颜。

1935年因民众教育馆停办，沙宗炳再次赴南京工作，任职于国民政府交通部。不久抗战开始，随政府西迁重庆。在重庆期间，先后任职于教育和交通部门。其时，他与于右任、叶楚伧、陈铭枢、齐白石等均有往来和酬唱，同乡朱汇森（后曾任台湾"教育部长"）是他的得意门生，同他往来亦频繁。抗战胜利后沙宗炳回到南京。

沙宗炳先生晚年留影

沙宗炳给商衍鎏等的诗书作品

沙宗炳的画

新中国成立后,沙宗炳一直生活在南京大杨村,平时以诗书画自娱,每有所得总是非常高兴。然每有所得之时,也是每有所失之际,其佳作显现时,友人见之即跃跃索求,沙宗炳割爱馈赠,甚至连草稿亦无例外,绝无半点吝啬,反以为乐事。沙宗炳寓居南京时,常给世人题诗作画,这些作品在沙宗炳后人沙定民、沙甲先生收集出版的《沙宗炳诗书画选集》和《沙宗炳诗书画选集(续)》中多有展现。

新中国成立后,沙宗炳和南京地方名家常有唱和,他在诗词方面很有造诣,这可在他给中国末科探花、著名文史专家商衍鎏等的诗作(见图)中窥见一斑:

梅花飞雪杏初秋,竹叶浮香酒半盅。
高会风云欢二老,及时雨露润群峰。
忝参末座惭司马,当代贤声重士龙。
小草向荣今得荫,青苍百尺爱杉松。

近年,沙宗炳书画作品在互联网上常有热议,并被冠以民国名家美誉,其作品竞拍价格不菲,这些宝贵的艺术珍品,常被名士行家购买收藏。

沙宗炳晚年酷爱养花。在大杨村小院中,种满了各种花草,一年四季不断花,即使在严冬,犹有蜡梅爆着金黄的骨朵,惹人怜爱。沙宗炳持家力求节俭,对自己生活则认为有粗茶淡饭足矣,自己上下穿着皆布衣,常足蹬布鞋。他对家人要求也极为严格,故儿孙皆学有所成。沙宗炳对他人极为慷慨,1966年,他的两个学生去外地"串联",盘缠不足,他毅然出钱襄助。沙宗炳晚年寓居大杨村,结交了不少朋友,他们中有知识分子,也有工人,有老年人,也有青年人,他们对沙老都很敬佩,生病中,前来探望他的人络绎不绝。

沙宗炳先生于1974年12月10日因病逝世于南京大杨村寓中。

(陆子森 朱伯泉)

鹅奖主王礼贤

王礼贤,1922年12月19日生于石港镇,原名葛庸生。1943年入赘湖州王家,随岳家改名王礼贤。国际美术家联合会书法委员会会员,浙江省书法家协会会员,曾在湖州市双林墨河画苑工作。少年时开始从清末状元张謇门生郁斯俊学书法和古文，由临习张謇《狼山观音造像记》大楷入手，继习王羲之、欧阳询、褚遂良等历代名家小楷法帖，故擅长小楷。1943年曾得到丰子恺甥女周志澄赠送的其父周印池生前临习过的《汉碑大观》，苦学多年，其隶书也颇见功力。《文汇报》《解放日报》（海外版）《中国书画报》《浙江日报》为其做了专题介绍。《中国书画报》《国际书画名家精品选》《北京世纪之交书画作品展》入编其作品。所书小楷《唐代中日交往诗》被日本东京国立博物馆收藏。小楷《茶经》4部被日本、韩国、中国台湾等国家和地区最高茶道组织收藏。小楷《曹雪芹风筝谱》为中国美术馆收藏并被中国台湾汉声出版社影印出版，中国佛教协会重编《观世音菩萨普门品经三十二应相》由其配书经文，木刻后印刷出版。曾获"国际金奖"，由世界书画家协会加拿大总会发给奖状和金鹅奖座一尊。被世界书画家艺术认定委员会审定为一级书法师。

所建王礼贤艺术馆坐落在古朴幽雅的练市万兴公园内,"王礼贤艺术馆""文艺荟萃"两匾均由中央文史研究馆馆长启功先生书题。在红毯铺地、绿绒掩壁、占地百余平方米的艺术馆内,悬挂在墙上和平放在书柜内的王先生的小楷书作与精良藏品无不散发出传统文化的气韵。还有那用放大镜才能看得清的蝇头小楷等,都是王先生的精良杰作,无不使观者叹服。

馆藏名家字画甚多,轮番供展的书法作品有钟鼎、石鼓、甲骨、秦篆、汉隶、行、草等;画作有人物、山水、花鸟等,或墨或彩,栩栩如生。展出的还有光绪甲午状元张謇为南浔籍光绪癸卯举人蒋婴宁所书的墓志铭拓片以及王先生与书画大家们往来的书札和艺术资料等。

弈界"憨大"李湛源

李湛源(约1730—1790),本名海门,清代通州石港人,秀才,精通围棋。

下棋是一种技艺竞争,高手胜低手,顺理成章,是所必然。然而,也有高手故意败给敌手的,这就叫"让"棋。为什么要让棋呢?无非是让的人可以得到被让的人一筹好处,或者作为卑贱者对高贵者献媚的一种表示。所以,明乎此理就不难推论,谁不肯让棋,谁就会成为倒八辈子霉的"憨大"。

在清道(光)、咸(丰)、同(治)年间,南通就有这么个憨大。此人名叫李湛源(源字又做"园"),是个知名度很高的围棋国手。他自从战胜了同乡人、棋艺造诣极高的十八国手之一的周新恒以后,名噪大江南北,乃至声闻京都弈界。

李湛源年轻时读过书,但并不热衷于功名。他唯一的爱好,就是围棋。道光六年(1826),周岱龄就任通州知州,曾对读书人进行了一次考试。将近中午时，李湛渊便交卷了。周岱龄颇惊讶他才思敏捷，便浏览了一遍试卷，觉得文章不怎么行，打量了一下李湛源，随意问问他能干些什么。李湛源却正儿八经地回答道："擅长围棋！"州官也是个喜欢下围棋的，一时来了兴致，便吩咐下午来对局。李湛源如约与州官下棋。双方相持了好一阵，周岱龄鼻尖上沁出了汗珠，手指不停地弹击他的乌纱帽，总是举棋不定。李湛源则全神贯注，始终丁是丁，卯是卯，弈来头头是道。一位在旁观战的师爷，几乎暗示他让棋给州官老爷，可是李湛源置若罔闻，我行我素，并不因为对方是父母官，就曲意奉承，以博取欢心。州官中途休战数次，要懂围棋的属下出出点子，晚饭后甚至要这些参谋上阵参与谋划，千方百计，力求一逞。而李湛源仍然熟视无睹，无动于衷，寸步不让，一目必争。终于，时报三更，周岱龄看到李湛源毫无让棋的表示，既惭又恨，只得挥袖罢弈，阴不阴阳不阳地说："我下不过你！"李湛源棋下赢了，仕途功名却输掉了。

不肯让棋，李湛源是一以贯之的。他在献技京师期间，与名手李昆瑜并驾齐驱，被称为"二李"，使清代围棋呈现中兴盛况。当时，王公大人以及八旗子弟等权贵，一方面灯红酒绿，醉生梦死；一方面琴棋书画，附庸风雅。他们位尊权重，下棋也想高人一筹，而且特别喜欢找名手下棋。以"赢"名手为荣耀。这当然要有背后的"君子协定"——达官贵人出钱赢棋，围棋高手得钱输棋，各得其所，皆大欢喜。偏偏李湛源不吃这一套，不肯同他们对弈，实在推不掉，照收对局利钱，但决不让棋。而且在下棋时，他不戴帽子，不穿鞋袜，旁若无人，一心投子，把这些老爷、少爷杀得落花流水。这班权贵输得脸上无光，就暗中托人去通关节，说只要让一两步，就可以送多少多少白花花的银子。李湛源有时也口头上答允他们，可是摆上棋，他仍旧真刀真枪，格杀毋论,让对方一败涂地而后快。权贵丢了丑,派人去责问他为何不守诺言。李湛源笑答道:"去,谁要你们那些不干净的银子!"

当然,那些达官贵人,那些"人情练达"的帮闲,对李湛源只能连连摇头。然而,也有那么一些并不"世事洞明"的朋友,却跷起拇指夸奖说:"围棋高手不靠下棋谋私谋利,也只有这位李湛源!"

李湛源一生就是这样在弈界纵横驰骋,所向披靡。只是社会不容他那豪放不羁、桀骜不驯的性格,说到底就是恨他不肯"让"棋,弄得很多权贵大丢其脸。后叶落归根,于乾隆五十五年穷困潦倒,病逝石港。与人合著有《授子谱》留世。

(余学广)

音乐奇才辛丰年

把琴谱塞进行军的背囊

在中国,只要涉猎古典音乐的人,无人不知辛丰年。《丰年音乐笔记》被认为是最合适的古典音乐入门读本。吴祖强曾经这样评价:在中国评价古典音乐,辛丰年是最权威的。

辛丰年原名"严顺晞",传说是年羹尧的后人,为避难逃至通州石港,并把"年"改为"严"(南通话中这两个字发音相同)。

他的父亲严春阳是孙传芳的部下,1926年期间,曾任上海淞沪戒严司令、淞沪警察厅长等职,后又兼任商埠卫生局局长。石港人称其"严大将军"。北伐军迫近上海前夕,严春阳自行解职,在上海淡水路法租界里做起了寓公。

严春阳在老家石港镇上(今天石港中学操场西侧)建了

一幢别墅，"这也是石港历史上第一幢现代化的大楼"。

这座洋楼，严春阳生前未曾住过，他打算"下野之后，将其做成医院，造福乡梓"。然而，这一切未能遂愿。抗战期间，南通沦陷，这座楼成为难民收容所，后又成伪军团部。解放战争中，则被国民党占据。《南通县文史资料》这样记载，"敌军（指国民党）大本营设在镇东南角严春阳家的楼房里"，因为战争，这座楼也基本被毁。

这所故居，辛丰年和"兄弟姐妹们也仅仅住过一次"。

辛丰年从4岁到10岁时，一直在上海生活，家庭教师中有复旦大学教授王蘧常先生。1937年抗战爆发后，辛丰年在家自学，在教科书中读了关于贝多芬《月光曲》的故事，从此迷上音乐。

对于自己的军阀家庭，"辛丰年有一种根深蒂固的羞耻感和赎罪心"，20世纪三四十年代，南通有一个名叫"青年艺术剧社"的小团体，以地下党员曹从坡为主聚集了一批进步青年，其中就有辛丰年。

1945年4月，年仅22岁的辛丰年，从南通经上海辗转至苏中解放区，参加了新四军，并自行改名"严格"，以示脱胎换骨之意。

为什么要参军？辛丰年生前有过回答，他说："主要是受到《罪与罚》的影响，书里没有写革命，但写出了当时人间那么多不平，让人看了非常激动，就成了我追求光明的动机。"

在那些艰苦转战的岁月里，辛丰年一直对他的音乐忠心不二。每到一个地方，他就拿起笔记本到处采集民歌。他甚至偷偷地与尚在国统区的家人取得联系，托人把钢琴谱带出来，塞进行军的背囊里。

从通州到如皋，从海安至盐城，从苏州到杭州，从厦门到福州，辛丰年随军走到哪里，就将音乐带到哪里。

带着扁担在书店扫货

　　无论在什么时候,都能以赤子之心面对"美",都能怀抱热情赞叹生命,辛丰年留给读者的,不只是欣赏古典音乐的门径,更是一种面对世界的态度。

　　新中国成立后,辛丰年在福州军区政治部下设的文化部任干事,还曾当过福州军区军报《解放前线》的副总编。

　　然而,到了"文革",辛丰年却因"混入军内的阶级异己分子"的罪名被开除党籍军籍,撤销一切职务,从福州被押往江西住"牛棚"。1970年被发配回南通,在当时的南通县石港区五窑公社砖瓦厂劳动改造。

　　其时,辛丰年的妻子因病去世,他把大儿子严锋带在身边,3岁的小儿子严锐放在常熟妻姐家。在严锋眼里,辛丰年的工作很累,"刚去时是一个很冷的冬天,父亲的工作是用手工做小煤球,供厂里的工人取暖",后来,"是用大铲子把煤屑铲到泥土搅拌机里,这是轮窑制造砖瓦的第一道工序,是很累的力气活"。

　　严锋回忆,有时候夜里醒来,会听到父亲的叹息声,"他以为我睡着了。他一直是很坚强的人,在我面前从来不会表现出苦闷,对周围的人也很和气"。

　　"文革"前在福州的家里,辛丰年曾买过5个电唱机,下放劳改的时候,他竟将其中一个剥掉外壳,把机芯藏在纸板箱里带到了乡下,"还带了几张唱片,但我从来没有看见他听过,或许把它们带在身边,对他更多的是一种心理安慰"。

　　到1976年,53岁的辛丰年终于得到彻底平反。复员改成转业,完全恢复原来的待遇。当组织上征询意见的时候,辛丰年主动提出退休,他"想把'文革'中失去的看书听音乐的时间补回来"。

　　退休手续一办完,辛丰年就拿起一根扁担,用补发的工资到新华书店里买书,从此一头扎进了古典音乐和书籍的世界。

从1978到1994年,辛丰年独自带着两个儿子,一直住在南通市区解放新村一间40多平方米、没有厨房和卫生间、两间卧室和书房混用的小屋里。1986年,63岁的辛丰年,花了2000多元钱买来了他平生第一台钢琴,开始自学弹琴。

父亲的选择,严锋这样理解:对于一个情感那样丰富的心灵来说,恐怕也只有音乐才能满足他的要求吧。

无论生活如何艰苦,辛丰年始终怀有一种对人间绝对正义的追求,一种刻骨铭心的悲天悯人的情怀。

在砖瓦厂改造的时候,在一个月拿23.5元"生活费"要养活三个人且自己的肚子也吃不饱的情况下,辛丰年和当地公社养老院里的一位孤老建立了很深的友谊,经常徒步好几里路去看望和接济他。

辛丰年就是那样一个极端的好人,好到音乐的程度,好到"此曲只应天上有"的程度。

20世纪80年代中叶,经过好友章品镇的推荐,辛丰年开始为《读书》写稿,开设了《门外读乐》专栏。

梦想处处都播贝多芬音乐

伴随着《读书》杂志的一纸风行,辛丰年的漫谈古典音乐文章影响了无数人。

在音乐资讯贫乏的年代,辛丰年以美丽的文字传达音乐本身的美好,加之其博通文史,熟谙音乐典故,文学之中贯穿着一种人生的通达之气,唤起了读者对音乐的向往之情。

《读书》杂志曾经盘点了20年来十大作者,辛丰年位列其间,其他九位作者分别是丁聪、陈四益、金克木、董鼎山、王蒙、刘小枫、费孝通、陈平原、汪丁丁。

1944年秋,《读书》才女赵丽雅专程到南通组稿,来到解放新村,登门拜访辛丰年。后来,赵丽雅曾写《辛丰年Symphony》一文,对此行进行了详述。

初见面,赵丽雅感叹,"他的谈吐、他的气质、他的风度,和他所热爱、所谈论的音乐,相差太远了"。面前的辛丰年,完全是"一个老农形象:一身褪了色的旧军装,包括褪了色的军帽和褪了色的球鞋"。

严锋曾以风趣的笔墨写道:"在辛丰年的读者圈子里——一支以大学生、音乐爱好者和白领丽人组成的风雅队伍,这些人大概宁愿把辛丰年想象成头戴无檐帽,嘴叼粗大雪茄的文人骚客,就像徐迟那么英俊——对不起,让你们失望了。"

让赵丽雅印象深刻的是,"这位当代隐者的居所,一桌、一架、一凳、一榻,唯陋而已。倒是中央一具黑钢琴,显得过于辉煌——像是陋室中的不谐和音"。

那次见面,曙色中,主客初会,从容对谈,直到黄昏。赵丽雅为之感叹,"他似乎不知为名也不知为利,脱俗而毫不知觉自己的脱俗"。

对于自己的音乐评论写作,辛丰年曾经这样谈道:"国内爱好音乐的人,能够接触的音乐资料太少了,因为我们出版的中文资料很有限。我做的工作假如可以算是音乐普及工作的话,就是从资料里'批发'出来,然后自己消化消化,尽量地'零卖'出去。"

严锋曾在《我的父亲辛丰年》一文中,对父亲写作有过生动描述,"他写得太吃力,他总是一遍一遍地修改,每改一遍就要认认真真地用圆珠笔重新誊写一遍"。

诗人桑克在微博上写道:"睹其文字,未闻乐声,即可想象音乐之美。"这是一代读者的共同记忆。

2013年3月26日中午12时20分,享年90岁的辛丰年老人在家中因突发疾病辞世。

辛丰年老人去世前,严锋用手机播放了两首作品给他听。第一首是舒伯特的《军队进行曲》,老人激动地打起拍子来。第二首是陈歌辛的《蔷薇处处开》,老人边听边讲起陈歌辛的生平,兴起处哼唱起来,他说:"想不到我临死前,还能听到这么美好的音乐。"

辛丰年曾经梦想,城市里到处都在播放贝多芬的音乐。

人生的一幕一幕场景,悲剧的、喜剧的、无悲无喜的,都只是平平常常的经历,尽可化作一道长河,绕山而流,这正是"辛丰年"所指挥的"symphony"。

(苗蓓)

清代诗人齐学裘

齐学裘（1803—约1881），字子贞，又字子冶，号玉溪，晚号老颠、痴白、在家颠和尚、天然头陀、扣虱道人、漷湖渔隐、笑笑先生等。安徽婺源（今属江西）人。生历嘉、道、咸、同、光五朝，道光年间金匮县知县齐彦槐次子，"以诗名著江左，文人咸相引重，以为绰有父风云"。工书画，有《蕉窗诗钞》《劫余诗选》，又有《见闻随笔》《见闻续录》等著作。辛酉（1861年）初，因太平天国战乱，从宜兴避至通州石港北庄女婿于昌遂（汉卿）家，前后三年。虽然家园破碎，九死一生，但寓居石港乡间，过着相对安定闲适的生活。期间与逃难文人及当地文人交往，结鱼湾诗社，登山赏花，酬唱无虚日。其婿亦能诗，所以"舅甥无日不吟诗"，"回忆卖鱼湾，倡和乐朝夕"。从中可以看出他吟唱的卖鱼湾风情、古迹及作者复杂的情怀。

对于齐学裘的诗，其诗友评价甚高。仁和（浙江县名）沈西海在序中说："……已刊《蕉窗诗钞》三十六卷，大江南北莫不家庋一编。"其婿序曰："仲宣（王粲）七哀之作，子美（杜甫）北征之篇，尤足俾贤豪。"静海（海门）陈筱山题词："几同杜老江头哭，不减灵均泽畔吟。"常州汤乐民题赞："律细格高，离骚气味，殆与李杜齐驱，几同苏黄并驾。"这些评价虽有溢美之词，但基本上是符合作品实际的。齐诗学杜，主要像杜甫一样真实反映其离乱之苦、郁勃之哀，且诗题或诗的起句，有意模仿杜甫"史诗"之作，往往记述某年某月，有关事件，即作夹注叙述。有人曾说杜诗不啻少陵自系年谱，苏轼也说"少陵诗似太史公书"。读齐诗，我们也有这种类似的感觉。

石港风物胜迹是齐学裘诗中的重要题材。石港土山曾有范仲淹、文天祥祭祠,直至抗战之前仍保留完好。齐诗有《三月十九日同丁月湖、马子良、王涵如诸君土山远眺感作,追和文信国公石港诗韵》《偶成,追和文信国公石港诗韵》,后者吟道:"终日山巅与水涯,旧游还忆玉钩斜。问余勾当平生事,不伴沙鸥便侣虾。"《十二叠前韵奉答陈筱山、丁月湖见和之作》中也提到范、文二公:"成山一撮休言小,祠宇流传万亿秋。"作者记崇川风物、忠臣志士时刻萦怀,感召身心。如"天明鸟唤客,村店闻喧哗。维舟问何事?上岸买青虾。仿佛文信国,一叶落天涯。迢迢七百年,风物终无差。"风物依旧,人事沧桑,寄托诗人无限感慨。

乱离之中,诗人以诗钓为乐,很多诗都有随遇而安、寻觅生活情趣的达观精神。他以"石港卖鱼翁"自居,诗酒寄兴,不无豪情壮慨。如《张师筠过访北庄用其<僻居固穷不寐书怀四首>原韵作诗奉赠,即以订交》(之二):"人生何苦哭途穷,好把船停待顺风。有室不妨为泛宅,无家聊且寄孤篷。畅谈风月追诗客,浩荡烟波侣钓翁。相约卖鱼便沽酒,兴酣同唱满江红。"《鱼湾渔唱》也是一组写景抒怀的佳作。

渔家傲,春最好,负暄扪虱翻破袄。兴来鼓棹入桃花,饮酒不醉不还家。家是浮家宅泛宅,湖漏渔隐归不得。

渔家傲,夏更好,举网得鱼鱼已老。柳边薄暮追凉风,渔妇抱儿眠短篷。山歌水调唱不歇,那识人间有离别。

渔家傲,秋正好,一竿在手一家饱。芦花如雪飞上头,渔翁到老不知愁。秋水长天看一色,不问江南与江北。

渔家傲,冬亦好,风雪严寒偎稻草。孤舟蓑笠钓寒江,喜得鲤鱼尺半长。无求胜在三公上,我本渔翁习渔唱。

值得一提的是鱼湾诗社的唱和雅举。《张师筠明经和余六十述怀诗,即用其示疾、漫成、回村、移家四首原韵,作诗奉酬》之四云:"诗社何妨载酒从,筮之必吉断无凶。笔花灿烂光千古,意境巉岩深万重。闲似儿童斗百草,严如旗鼓战三冬。笑余老拙偏高兴,吟咏勤于夜关春。"《癸亥十月初七日沈君西海别我之金沙,设帐洪锡蕃家,赋诗六章送之》之二:"去秋同咏菊,吟社结鱼湾。卷轴琳琅积,天涯客思删。交情穷更笃,良会老尤悭。分手休抛泪,诗筒好往还。"癸亥是同治二年,可见诗社即在同治一年(1862)成立。从以上两首有关诗社的诗,我们大概可以看到当时诗社的宗旨、盛况及诗人间的情谊,可惜详细的情况不得而知了。诗人六十岁生日那天,鱼湾诗社诗人及亲友都来贺寿,诗人的一首七律中有句曰:"敢向骚坛做盟主,愿从酒国觅封侯。"从前句看,他似乎是诗社执牛耳者。《邗左李承白茂才过访鱼湾,长歌奉赠》中道:"鱼湾避地已三年,朝夕相从惟二仲。"("二仲"指汉代羊仲、裘仲二人,后用以指廉洁退隐之士。)诗人自注"二仲"谓丁月湖、陈筱山。这二人应该是诗社的主要成员。其他社员主要以通州人为主,还有静海、吕四和浙江钱塘人。丁月湖名澴,号莲芳,石港人,工书法,善画竹石,爱好工艺,制作能记时间的印香炉,有《印香炉谱》存世。由此可见,齐学裘在石港交游的都是风雅俊慧之士。诗人回到故乡,仍有诗作寄怀诗友,如《寄怀鱼湾诗社诸友十叠前韵》:"乘来宝筏得通津,小住鱼湾好避尘。福地保全天下士,骚坛多半难中人。燕劳易散东西翼,桃李难忘烂漫春。更有成山常系恋,贤祠高峙海之滨。"诗中鱼湾诗社多次出现,如"骚坛旗鼓鱼湾张"(《砚还歌》),"卖鱼湾上结鸥盟"(《赠马子良》),"鱼湾同避地,相见恨何迟"(《赠张秋田茂才》)。所以高望曾在他诗集的序中说:"一时留鸿爪之痕,千古记鱼湾之胜。"

诗人在体裁上主要以歌行为主,语言晓畅。他自己认为"拙诗乱后多危苦,为人称道新乐府"(《绩溪程竹庵茂才避地通州刘桥，访余石港场，长歌题<劫余吟>，作诗赠之》），又说"好诗无过口头语"，足见他是元白一类语言风格。但诗境沉雄、幽雅，并无浮艳粗俗之态，自谓"要得风骚雅，无为巴里粗"（《论词有感》）。所以他的诗在江南江北享有盛誉。在稿本上，《鱼湾渔唱》上有女婿于昌遂的眉批曰："起拟去傲字，作五言何如？"他的意思是"鱼家傲，春最好"，拟改为"鱼家春最好"的五言句。裘批道："留傲字便成唱调，不可去也。""唱调"即是新乐府易唱的形式体现。

齐学裘还有一事与石港有关，那是他在女婿家见到一部《红楼梦》，上有王鲁生（复）老秀才批语，读后"赞同不已"。但他赞叹的不是此小说，而是赞同王鲁生批语以淫词小说视之的观点。他在《见闻随笔》中写道："余平生不喜看说部与淫词小说，……心知此书曹雪芹有感而作，意在劝惩，而语涉妖艳，淫迹罕露，淫心包藏，亦小说中一部情书。高明子弟见之，立使毒中膏肓，不可救药矣，其造孽为何如哉！因知淫词小说之流毒于乡房绿女、书室红男，甚于刀兵水火盗贼。世之好善者能收尽淫词小说，一火而焚之，其功德为何如哉！书此为天下后世好看淫书者鉴。"（见《红楼梦卷（下）》及《红楼梦大辞典》）齐学裘的这种看法并不奇怪，因为《红楼梦》一问世，盛赞及诋毁者皆有之，后来被刊为朝廷禁书。对此，我们不必苛求齐学裘了。

（徐振辉）

实业报国凌午桥

创办石港镇第一家机米厂"佑兴鼎"的凌午桥先生是一位爱国的民族资本家。

凌午桥先生祖籍南通县石港镇，1904年生，属龙，1982年辞世，享年79岁。

1923年年满20岁（虚岁）刚刚高中毕业的凌午桥满怀实业报国的雄心踏上了故乡石港镇。

地处江海平原腹地的石港镇从隋唐起，历经1500多年的发展，逐渐成为名闻遐迩的宗教中心、商业中心和鱼米之乡。

拥有全国最精美的十八罗汉雕塑和最大的如来佛塑像的石港广慧寺与玉皇殿、文庙等大大小小七十二个半庙吸引着海内外的大批信徒香客前来礼佛拜神，使石港镇的人气十分旺盛，商业也十分繁荣。有资金60万银圆的"源隆"杂货店是南北货的批发中心，誉满大江南北。石港镇周围密如蛛网的河道有着十分丰富的水产品，近在咫尺的长江、黄海，有着十分丰富的江鲜、海鲜，石港镇是江鲜、海鲜、河鲜的集散地；石港镇周围的农村盛产优质稻谷，尤其是粳米又糯又香。石港镇是一个地地道道名副其实的鱼米之乡。到过石港的达官显贵、大商巨贾、文人墨客声声赞誉石港是物产极其丰富的"金石港"。

石港镇四面环水，古运盐河绕镇而过，东连如东，南接南通，既通江又达海，水路交通十分发达。

凌午桥首先在石港镇北河边开了一家叫"佑兴生"的米店，他一边开店一边考察。在对石港镇仔细考察以后，凌午桥决定在石港镇办机米厂和榨油坊。他和颜勇田、张焘共同出资，在石港镇北河边南岸办起了一家机米厂——佑兴鼎，并且在河对岸建起了榨油坊和仓库,与机米厂相互呼应。民族资本工业的新芽终于在石港镇这块古老的土地上破土而出。不久石港镇成立了商会,凌午桥被推举为70家粮行的商会理事。

凌午桥身高约1米7,长方脸,戴一副金丝眼镜,是一个十分俊俏的"帅哥"。他虽然是老板,但平易近人,态度和蔼,对工人十分关心。佑兴鼎机米厂有个工人叫宋源。家里上有老母下有三个小孩,靠一个工人的工资养活全家相当困难。佑兴鼎开工有季节性,农民的稻谷收获了以后,工厂收的稻谷也多,开工的时间就长一些,没有稻谷收的季节佑兴鼎就会停工。停工时农民工可以回家务农,而家住在镇上的宋源就没有经济来源了。凌午桥找到宋源,对他说:"你有高小文化,会记账,可以在家里开个小米店。佑兴鼎开工了你还来上班,那时米店可以交给你家里人经营。"宋源高兴地说:"这办法好是好,可是我没有钱做本钱。"凌午桥爽朗地说:"没有本钱,你卖的米我全部赊给你,等你卖了米再还!"

宋源靠凌午桥赊的米开了个小米行,解决了全家人的生活问题。

1938年日本鬼子侵占了石港镇。但鬼子的兵力不足,不能长期驻守,只能白天不定期地来骚扰,抢劫。凌午桥让李福余利用鬼子不在石港镇的时间,暗中悄悄给新四军送粮。他们联系到北乡的一个叫朱九的农民,由他和新四军接头,运粮时由他做向导。新四军驻在北乡的水套子里,只能用小船运粮。一条小船一次只能运6到8担米。为了保密,船上先装米,米袋上再放糠袋子,让人看了以为是运砻糠的。工人宋源将一条棉被放在船头,自己一躺,活像是地主家的长工来买糠的。

朱九和宋源已经成功地秘密运送了六船,第七次运粮时，刚刚把粮袋和糠袋放好，就有人喊道："鬼子来了！"朱九将小船刚刚撑离佑兴鼎的水踏子，鬼子的一个掷弹筒就打了过来，弹片打中了运粮工人宋源的腰，鲜血直流。朱九、宋源和撑船的农民一合计，如果让鬼子追上了，不仅粮食会让鬼子抢走，而且大家都会被鬼子杀死，只有拼命撑船才是活路。三个人奋力撑船，迅速将船撑到了对面的小沟里，藏到芦苇丛中。鬼子找不到目标，乱打了几炮就走了。朱九和宋源将米送到了新四军手里。新四军立即给宋源治伤，救了宋源一条命。

　　日本鬼子投降以后，佑兴鼎恢复了正常生产。当时社会相当混乱：国民党军队常常抓壮丁、拉夫，土匪隔三岔五抓人"绑票"。佑兴鼎的工人往往是受害的对象。凌午桥先生看在眼里急在心里。通过考察，他看到南通市内相对稳定一些。1946年，凌午桥在南通市端平桥西的河西街建立了"天成"碾米榨油坊，将佑兴鼎的大部分工人带到新建的米厂，使工人免遭抓丁、拉夫、被绑票之灾。这些工人到了南通市以后，一直受到凌午桥先生的关心照顾。大部分人还是在米厂当工人，少数体力够不到的，凌午桥先生主动出面，也给他们找到了合适的工作。石港镇的佑兴鼎机米厂则全部交给了机师李福余打理。解放战争期间，凌午桥让李福余悄悄地给解放军送去40担佑兴鼎的大米，慰劳解放军。

　　1952年凌午桥先生回老家石港镇，顺便看看佑兴鼎的老工人。他来到老工人宋源的家里，想把宋源带到南通市去，但宋源因为家庭牵累太重走不了，他看到宋源家孩子多，生活十分困难，立即拿出钱来给予资助。

　　1956年凌午桥带头参加公私合营。他把天成碾米厂和榨油坊的全部机器设备以及资金毫无保留地拿了出来，受到了领导的表扬。由于他善于经营管理，不久被调到如皋米厂任副厂长，主管生产经营，直到1964年退休。

凌午桥先生有八个孩子，六女二男。他的家庭教育开明而严格。一是男孩女孩一律平等，一视同仁。二是鼓励孩子读书上学。他的八个孩子个个都上了高中、大专或大学，老五学历最高，读到武汉同济大学硕士研究生。凌午桥说，孩子要成为国家的有用人才，首先要有文化。他多次鼓励孩子们要刻苦学习，学好文化，学好本领。三是培养孩子的良好生活习惯，学会节俭，不允许乱花钱。孩子的零花钱他每月只给一次，从不多给。

他积极热情地支持孩子参加革命。八个孩子中的老大凌美华于1937年年末秘密参加了新四军办的苏中公学，不久老三凌菁华和老四凌茜华也秘密参加了新四军。他对孩子们的政治选择给予坚决的支持。凌午桥严格地为孩子们保密。直到新中国成立以后，才有极少数亲戚知道，凌午桥的孩子在共产党的部队里。

凌午桥先生生活朴素节俭，从不讲究吃穿。他的孩子个个都有出息，但他十分低调，从不在别人面前显摆。他的大女儿当了国家经委的高级干部，他从没有对任何人讲过，连他的许多亲戚朋友都不知道。他也从不向儿女们要什么。他只希望儿女们能为国家做好自己的工作、做出应有的贡献就行了。

凌午桥先生是从石港镇走出来的爱国的民族资本家，他对家乡对祖国的贡献永远被人们记在心里。今年是凌午桥先生诞生110周年，谨以此文献给凌午桥先生的在天之灵，作为对先生诚挚的纪念。

（宋为铭）

地球化学家曹添

（一）

1926年7月23日，曹添诞生于石港东大街（现160—162号）的曹姓钱粮行；属石港曹氏永思堂。其父曹昌钰（字佑谟）是一位开明士绅，诗书传家，热心公益，曾任《石声报》主编，并开办"红疗医院"，免费为穷苦百姓治疗小病。其母陈洁出身"三十里"望族，知书达礼，持家有方。曹添上有两位姐姐：大姐曹沛，后为我国第一代著名印花布纹样设计师；二姐曹澐，后长期辅佐丈夫、我国昆虫学奠基人尤其伟从事科研，亦成为专家。一家人和睦融洽，为曹添的成长创造了良好的家庭环境。

曹添7岁入石港小学求学。文山侧经常出现他苦读的身影，广济桥畔留下他从师练武的足迹。由于品学兼优，他连年被学校表彰为模范儿童，在乡里小有名气。

1938年南通沦陷后，石港也深受日本侵略者蹂躏。年底，石港小学被日寇烧毁。这之前的一天，几个日本兵与"和平军"前来扫荡，闯入曹宅搜索掠物，并打了曹佑谟。国仇家恨积郁于心，曹佑谟从此一病不起。

父亲逝世后，母亲带领曹添姐弟辗转南通、上海，投亲靠友，在艰难中度日。这更使曹添成熟起来，立志发奋图强，报效祖国。1946年高中毕业后，他同时考取了上海圣约翰、天津南开、北京清华等五所大学，最终他选择了清华大学。

（二）

曹添在清华就读于地质系，虽然这是一个在世俗眼中很苦的专业，但他认为，掌握找矿选矿的本领，为的是强国富民。因此一直刻苦学习，勤于实践，因成绩优异而受到教师们的器重。不仅如此，他追求进步，早在学生时代就参加了党的民青组织，带领班上同学，影响进步教师，参加党所领导的学生运动，组织护校斗争，迎接解放，并于1949年11月加入中国共产党。

1950年曹添从清华大学地质系毕业，留在母校任教。1952年院系调整创办北京地质学院时，他是建校筹备组成员之一。自此，三十年如一日，他为培养祖国的地质科技人才呕心沥血。他先后在北京地质学院、武汉地质学院开设过普通地质学、结晶学、矿物学、铀矿地质学、地球化学等课程；他很早就敏锐地觉察到地球化学是一门很有远景的新学科，参加创办了"放射性矿产地质专业"和"地球化学及化探专业"及一批岩测试和元素分析实验室，是最早提倡地球化学与化探相结合进行化探找矿的先驱者之一，奠定了地球化学专业体系，即以地球化学与地球化学探矿紧密结合作为专业建设方向，把专业办成理、工结合，理论与运用结合，相互渗透、相互促进的新型专业。还编写了国内第一本《地球化学》专著和教科书。他无视"文革"中对他的无理批判，即便在"四害"横行、科技凋零的极端困难条件下，仍组织教研室的同志坚持科研，参加了北京西郊环境质量评价这一首都环保研究项目，其中承担大气污染及其动态规律等研究课题，成绩显著，并在全国科技大会上获得国家科技奖。

从1960年地球化学专业创建开始，曹添就提倡并身体力行，将学生的生产实习与毕业论文紧紧结合社会和生产实际需要，纳入国家、部属重点科研课题的规划，让师生们得到严格的锻炼和严谨求实学风的熏陶；每届学生毕业论文的答辩均请生产部门或用人单位的同志参加，从严把关，审查评定，受益良多。

在1964年全国第一届矿物学、岩石学和地球化学学术会议上，曹添教授宣读了关于镁砂卡岩铜矿床中硼的地球化学论文，这是该学科的奠基之作；为了整个地球化学事业发展的需要，他不分分内分外，多次为地质矿产部和冶金部系统举办培训班，讲授"找矿地球化学"和"元素地球化学"，于1975年、1982年连续在权威刊物上开设专栏讲座，无私地发表包括38种宏量和微量元素在内的地球化学的最新成果，深受野外作业地质工作者的欢迎。由于他在地球化学研究工作中的杰出成就和贡献，先后当选为中国矿物、岩石和地球化学学会理事，中国地质学会勘查地球化学专业委员会副主任，担任《地质学报》《地质评论》等学术刊物的编委。

（三）

曹添除了担负繁重的科研、教学任务外，一贯服从组织安排，曾任北京地质学院第一任教务科副科长、生产实习科科长、地质系副主任兼党总支书记、中国地质大学研究生院院长等职务，挑起业务和党政两副重担。因长期超负荷工作，他积劳成疾，血压一直很高。1982年9月，曹添抱病带学生从海拔1500米的内蒙古狼山层控多金属矿区实习归来，马上投入即将在昆明召开的中国地质勘查地球化学专业第二次学术会议的准备工作，期间又夜以继日地为青年学者修改论文，赶在规定时间内发稿。10月初，学术会议如期举行，作为学会副主任委员，他不但大会必到，并在会议闭幕式上做学术总结；还参加分组讨论，抓住会议间隙与专家们交流。会后应邀前往成都地质学院解决科研难题。回北京后，又日夜加班，为5位研究生评阅学术论文，承担了5倍于平常的工作量。就在组织答辩前夕，他终因疲劳过度，血压升至220/130mmHg，突发脑溢血昏倒在工作台上，划出了生命的最后一道闪光。经医生5天5夜抢救，仍无回天之力，曹添于1982年11月12日逝世，终年才56岁。

这是曹添生前最后一张照片，1982年10月与夫人谭钰贞摄于四川成都

曹添为中国地质地球化学事业鞠躬尽瘁、不幸英年早逝的噩耗令地质界同仁扼腕痛惜。虽然时间过去了30多年，仍然怀念不已。中科院院士、中国地质大学原校长赵鹏大深情地赞扬曹添是"北京地质学院初期的筹建人，地球化学专业的创始人，学术思想深邃的学科带头人，求真务实敢于直言的共产党人"，并为曹添逝世30周年座谈会题词："深切缅怀曹添教授，秉承他的创业精神！"

(谭 天)

武林风云

武术之乡石港镇

武术是中华民族一份宝贵的文化遗产。清代乾隆、嘉庆年间（至今200余年），南通人王越群（字燕舟），集各派武术精华，反复揣摩，融会贯通，创造出一套别具一格的"太极元功王家手（拳）"。全套分成八模，每模各有八手，每手各有二十四五个动作。特点是：短小精干、好记易学；以柔克刚、变化无穷；防身健身、切于实用。太极元功王家手套路是民族武术中的优秀项目。

昔日王燕舟韬光养晦，非至万不得已时绝不以武自炫，非其人不传，历代相沿，久而益稀。稍后，石港人沙大川以"穿拿拳""进出拳"名闻远近，当时学习该拳术者渐多。清光绪三十年（1904），石港人胥以谦，字吉六，拜师李学群，专习王家手，得其精华，其功法娴熟，武艺超群，名噪武林。胥曾任国民党中央国术馆编审，著有《太极拳序》《穿拿拳图说自序》等武术专著，使王家手成为石港武术的主要流派，成为"太极元功王家手"的石港传人。

石港镇能承王燕舟衣钵者，只沙明、陈惠、张震三人，张目盲，陈不传人。沙明，文氧生，传其子笺五，笺五传许一贯，一贯传吴必有，必有传胥怀澄、李侠群，二人皆传胥吉六，吉六始初传徐祥禧（17岁）、王锦春（15岁）二人，后传关门弟子韩明华。"太极元功王家手"在金沙、石港等地先后有习武学生三百人左右，至今石港代代相传已历九世，其他地方已不多见。

20世纪30年代初，石港镇民众教育馆曾聘请安徽籍武术教师李世亮，来教导拳法及武术长短各项器械，称此拳为"外家手"。当时参加习武的近20人，后来因民众教育馆的停办而解散。在抗日战争前，石港小学体育老师胡启眉（金沙镇人），在高年级学生中普及武术、器械等教学。每个学生佩备一柄木制单刀，配以刀彩，当时所谓童子军，颇为威武雄壮。抗日战争爆发，学校被日军焚毁，此项课程也就无法开设了。

新中国成立后，石港武术多次组队，1984年成立武术协会参加省市比赛和交流，成绩斐然。因此，石港素有"武术之乡"的美称，武术成为当代石港四大特色文化之一。

（徐祥禧　王锦春　胥朝亮）

开山鼻祖王越群

王家拳又名王家手、太极元功，是以江海平原古镇石港为发祥地的地方稀有拳种。王家拳始创于康熙中期，从创始人王越群算起，300多年里历经九代传人已经自成一派。

清康熙初年，王越群出生在南通县兴仁镇。王越群字燕舟，是一个侏儒。身高只一米多一点，小小的个子顶着个大脑袋。兴仁镇上的恶少们经常凌辱他，叫他"鬼儿"，提着他的头发将他拎起来当猴耍，要他在地上爬，从胯下钻。王越群受尽凌辱气愤不过，决心去投师学艺。他听说山东多义士侠客，就只身来到山东。在山东一段时间也没有找到师傅。一次王越群讨饭来到一座庙门口,一个和尚给了他一碗饭,并且告诉他,河南嵩山少林寺有人教武术。

王越群来到少林寺,却被僧人挡在门外。王越群再三苦苦哀求,将自己所受的凌辱告诉了方丈,方丈这才同意收下他这个俗家弟子。方丈说,你个子矮,先天不足,要学好武功就要多练多吃苦。王越群想起自己所受的苦和所受的凌辱,无比坚定地应承下来。从此王越群练起了武功。别人练一小时的功,他要练两小时。和尚们白天练晚上休息,王越群白天练晚上也练,有时要练到半夜。方丈见他刻苦勤奋,不仅教了他一般的武功,还教了他常人难以练成的绝门武功。

十二年过去了。一天方丈对大家说:"你们练武已经不少时间了,你们的武功练得怎么样了?让我看看!"他指着少林寺近两丈高的围墙说:"你们当中谁能徒手冲出这座围墙就算满师了,就可以下山了!"

看着寺院的围墙,和尚们一个个摩拳擦掌跃跃欲试。练了五年功的和尚只爬到一丈就跌了下来,练了十年功的爬到一丈五尺也跌了下来,练了十五年功的爬到一丈八尺也跌了下来。和尚们一个也没有爬过去。只剩下王越群一个人了。王越群比一般和尚要矮二尺,他就要比大家多爬二尺才能到顶。王越群呆呆地看着方丈,和尚们看着王越群发出嗤嗤的笑声:"他能爬到一丈就算烧高香了!"

方丈微笑着对王越群点了点头。王越群立即会意地飞身而起,他虽然手短脚短,但手脚就像吸在墙上一样,很快就爬到墙头上,随后向下轻轻一跳,脸不红气不喘。和尚们个个十分吃惊。原来王越群已经练成了壁虎功。

方丈对王越群说:"徒儿!你可以下山了!"王越群再三恳求,不愿下山,方丈还是执意不允许。临走,方丈对王越群语重心长地说:"武德为先,终身牢记!"

王越群回到南通县以后,在石港镇住了下来。兴仁镇上的恶少知道王越群到了石港,又来寻他的开心。恶少们来拎他的头发想把他拎起来,可怎么也拎不动。恶少纠集了十来个混混拿着竹竿围成一圈一起来戳他。王越群轻轻一转身,顺势将竹竿一拨,混混们只觉得手上有几百斤的力压过来,虎口都震裂了,一个个倒了下去。恶少们这才知道,王越群练成了了不得的武功,从此再也不敢来戏弄他了。

王越群在石港立足以后,潜心研究太极拳、少林拳以及其他拳种,结合自己学武的心得体会,慢慢地创造出一套取百家之长的新套路新拳种。他给这新拳种取名叫"太极元功"。

太极元功共八大套,六十四手。其八大套是:

一,天火同人;二,穿闪神化;三,抖手神化;四,伏手神化;五,分身神化;六,出手神化;七,左右神化;八,生生神化。

王越群将八套拳反复揣摩,精益求精,自成一家。人们称这种拳叫"王家拳"或"王家手"。

王越群极讲武德,从不以武自炫。对徒弟的选择十分严格。他选徒的标准第一条是品德好,第二条是勤勉肯吃苦。故一般人来拜师他是不收的。在石港定居的几十年中,他只收了几个徒弟,主要传授太极元功。太极元功从创始人王越群起,第二代为张正(后失明)、沙明(字大川)、陈惠(字谷芳);第三代为赵乃城、沙笺五;第四代为许一贯;第五代为吴必有;第六代为胥怀澄、李侠群;第七代为胥以谦;第八代为徐祥禧、王锦春、韩明华;第九代为严卫红。其中以第二代传人沙明和第七代传人胥以谦对王家拳的继承创新发展贡献最大。

可惜太极元功六十四手目前只传下四十八手,其余均已经失传了。

(宋为铭)

一代宗师胥以谦

胥以谦

王家拳第七代传人胥以谦表字吉六,于1891年农历三月生于南通县石港镇,其父胥怀澄是王家拳第六代传人之一。

1906年胥吉六拜李侠群为师学习王家拳。1911年胥吉六拜平潮名儒邵文介先生为师,学习诗书文学。胥吉六天资聪颖,又十分勤奋,无论学武还是学文,学业进步都很快,是同学中的佼佼者。

1913年李侠群先生逝世,胥吉六便自己苦练王家拳,从清晨到半夜,一年四季一日不停。数年下来,其内功外功都日臻入化。

为了百尺竿头更进一步,1932年四十二岁的胥吉六决心到南京中央国术馆深造。为了能成为中央国术馆的学员,他把已经发白的头发剃光,粗一看,红光满面的他,活脱脱是一个二十来岁的习武青年。他武术功底深厚,顺利地考进了中央国术馆。1933年胥吉六任中央国术馆国术国考登记股股员。按照规定,股员们要抽签打擂,优胜劣汰。打擂一层一层地进行着。打到最后只剩下两个武生:一个是云南青年武生,一个是胥吉六。两个人开始了决定擂主的决战。

两个人打了数十回合不分胜负。云南武生打的是眠腿,胥吉六打的是王家拳,各有千秋。最后胥吉六以王家拳的顺水推舟势击败了云南武生的倒踢紫金冠,成为擂主。由此王家拳在武术界声名大振。

同年,胥吉六在中央国术馆以优异成绩毕业,并且留馆担任编审处编审。在国术馆工作的三年里,胥吉六一边勤奋练武,一边笔耕不停。1933年他根据沙大川创造的穿拿拳,逐节配上图画,完成了《穿拿拳图说》的编辑工作,并且正式出版。随后他又编写了《沙大川轶事》《八极拳》《对练三才剑》《太极元功》等著作,在武术理论研究上达到了一个新的高度。当时中央国术馆学员缺少教材,胥吉六编写的《练步拳》成为国术馆学员的必修教材。全稿刊登于《国术周刊》127—135期。

当时日寇的魔爪已经从东北伸向关内。中国人体质弱,被洋人称为"东亚病夫"。为了提高国人的身体素质,胥吉六决定从武术的宣传普及工作做起。此后的多年中,胥吉六工作之余把他的精力放在两个方面:一是编武术书,将原编的书整理出版;二是进行武术指导。

中央国术馆编辑主任金一明在胥吉六编写的《穿拿拳》序言中写道:"……复观其走拳一路,低若平沙落雁,高如紫燕穿云;收则鹰飞敛翼,若鸷鸟之将击;放则弩张剑拔,似激矢之离弦。苟非历练功深者焉能如此。或谓拔剑挺身,虽登峰造极亦不过一人敌耳,不足以挡当代科学战争之利器。然集亿万之拳师,从事疆场,最后五分钟之决斗,则其胜负之数不待筮龟矣。今欲唤醒神狮,奋袂而起,舍书即是

拳，拳即是书……"这一序言不仅反映了胥吉六武术功力的深厚，也从侧面道出了胥吉六武术救国的心声。

1942年胥吉六从任职的西安回到故乡石港，开始了武术普及工作。由于当时石港已经被日本鬼子占领，他的武术传授工作只能在暗地里进行。1945年日本鬼子投降以后，胥吉六在家乡大张旗鼓地传授武术。他在家里开了私塾，既讲四书又授武术。这一年夏天，徐祥禧、王锦春成为胥吉六正式录取的弟子。胥吉六尽其所学，热心传授王家拳，共教大小套路12套。徐祥禧、王锦春二人虚心学习，勤奋练习，武术功夫突飞猛进。胥吉六要求弟子们冬练三九，夏练三伏，贵专持恒。在胥吉六的精心指导下，徐祥禧、王锦春苦练数十年，终于成为王家拳第八代传人。

随着蒋家王朝的覆灭，古镇石港到处呈现出欣欣向荣的景象。武术的传播也迎来了灿烂的春天。1951年，六十一岁的胥吉六到陈窑小学担任小学教师，既教文化课，又授武术课。武术课的内容以王家拳的基本动作为主。胥吉六成为南通县乃至江苏省在学校里使用乡土教材的第一人。1954年，胥吉六离开学校回到石港镇专门传授武术，在群众中做武术的宣传普及工作。

功夫不负有心人，普及工作迅速见到了成效。1958年胥吉六带领一群学子先后参加了南通县第一届人民体育运动会和南通专区人民体育运动会，进行了十分精彩的武术表演，受到领导和群众的一致赞扬。1959年，胥吉六出席江苏省第五届人民体育运动会担任武术裁判。由于胥吉六在普及武术方面的突出贡献，他被选为南通县第三、第四届人民代表，第三届政协委员。1964年胥吉六被聘为南通县体育运动委员会武术教师，在金沙镇专门传授武术。1972年，82岁高龄的胥吉六收韩明华为关门弟子（现为通州武术协会会长）。1973年，胥吉六作为特邀代表到江苏省沛县参加了江苏省武术比赛。1974年，84岁高龄的胥吉六作为特邀代表参加了在南通市举行的江苏省武术比赛。

胥吉六先生得过许多奖状，但他更欣慰的是有数千武术弟子。一位友人赠送给胥吉六先生的诗中写道："惟君之才号双绝，江东今始见英雄。"文武全才的胥吉六先生以其拳拳的爱国心为提高国人素质，为发展王家拳贡献了毕生精力，作为第七代传人，胥吉六不愧为一代宗师。

（宋为铭）

千里追寻觅铜棍

第二代传人沙明，字大川，通州石港镇人。年少时读书十分勤奋，中过秀才。但身体羸弱，骨瘦如柴，手无缚鸡之力，常为人耻笑，说他是"弱不禁风的纸糊书生"。沙明决心练习武功以健体强身。乾隆初年，他拜王越群为师。王越群见他人品正，决心大，就收他当了徒弟。由于沙明学习太极元功极其刻苦认真，深得王越群真传，成为王家拳第二代传人。

沙明在深刻理解太极元功精妙的基础上，取太极元功的精华创造出一套"穿拿拳"。穿拿拳套路手法变化莫测，短小精悍，既得太极元功之妙，又有沙明自己的创新，故称为"沙氏穿拿拳"。《穿拿拳》于1934年由王家拳第七代传人胥吉六整理编写，由商务印书馆正式出版。沙明还创造了二人对练的"进出拳"，是王越群徒弟中最出名的一个。

王越群去世以后，他爱用的兵器——铜棍却不见了。这铜棍是元代所制，王越群一生十分喜爱。沙大川跟师傅学武时多次看师傅舞过，这铜棍怎么会不明不白地丢了呢？他决心替师傅把铜棍找回来。可一点线索也没有，茫茫人海到哪里去找呢？他走南闯北，千方百计地打听了十几年，终于得到了确切消息：师傅的铜棍被一个戏子拿走了。这一天沙大川又得到准确的消息:这个戏子到了江南的一个大剧院。一得到消息沙大川立即赶到了江南。

沙大川买了第一排的票进了大剧院。那个戏子正在演《鲁智深醉打山门》这出戏里的鲁智深。这戏子的唱功武功都不错,博得观众阵阵喝彩,而沙大川在台下只是浅浅一笑。这戏子见沙大川不但不喝彩,还冷冷地笑,立即停演,请沙大川也演个鲁智深给大家看看。沙大川答应第二天来演。这戏子端详着沙大川,呵,完全是个瘦瘦的文弱书生。戏子想,这么个文弱书生要演鲁智深,谅他也演不起来。到时候演砸了,看我怎么收拾他!

第二天演戏的时候到了,剧院里座无虚席,个个等着看好戏。快开锣时,沙大川才慢悠悠地走来。看客们听说一个文弱书生要演武生戏,个个捧腹大笑。不一会儿台上锣鼓声大作,舞台上蹦出一个莽撞的花和尚来。这花和尚声音洪亮,唱腔高昂激越,武功超群,动作洒脱。比原来那个戏子强多了。这戏子看了心里暗暗发毛,暗想:一定要治一治这个不速之客。

本来台上花和尚饮酒时饮的是水,可这个戏子拿来真的烈酒让"花和尚"喝。沙大川明知道是真酒也毫无顾忌,举杯就喝。本来打山门时用的是木头做的假铜棍,这戏子却拿来一根三十多斤的真铜棍让"花和尚"舞。沙大川接过铜棍一看正是师傅丢失的爱物,心中十分高兴,随即脱掉上衣袒胸而舞。一根三十多斤的铜棍被沙大川舞得呼呼生风,人影不辨。沙大川边饮边舞,酒酣时步履踉跄慷慨悲歌,把个花和尚鲁智深的性格表现得淋漓尽致。台下的掌声喝彩声不绝于耳。这时候这个戏子才心悦诚服了。表演一结束,这戏子立即摆下盛宴,向沙大川道歉致谢,并表示愿意当沙大川的徒弟。

沙大川摇摇头,这才把替师傅找铜棍的事稍稍透露了出来。戏子听了立即高高兴兴地给沙大川献上了铜棍。沙大川连夜带着铜棍回到石港。

（宋为铭）

衙门擒猴保平安

乾隆十二年（1747），淮南通州分司衙门内养着一只巨猴。猴高四尺左右（约1.3米），十分矫健敏捷，力大无穷。一天养猴的差役稍一懈怠，那巨猴竟然逃出了笼子。巨猴在衙门里到处乱蹦乱跳，一会儿跳到桌上，一会儿跳到梁上，抓了东西就乱撕乱扔，衙门里被闹得沸反盈天乱七八糟，而且随时可能伤人。十几个差役忙得满头大汗也捉不住巨猴。分司大人郑靓平时与沙大川有交往，深知沙大川武艺高强。他眼看拿巨猴没有办法，立即让人去请沙大川。

这一天沙大川正好到朋友家去祝寿，穿着蓝色的绸袍子，戴着系红缨的侠客帽。分司衙门的差役找到沙大川，把情况对他一说，沙大川衣服也没有换就匆匆向衙门赶来。分司老爷郑靓早就焦急地在大门外等候。沙大川来到衙门里一看，问："大人是要活猴还是要死猴？"

"不论死活，只要除掉这只畜生，我一定重谢！"

沙大川点点头。他抬头一看，猴子正坐在房梁上吃着抢去的桃子。沙大川一走近，猴子立即跳了下来，用前爪向沙大川袭来。沙大川迅速闪过。几个回合以后，沙大川发现，原来猴子对他头上的红缨十分感兴趣。沙大川一面与猴子过招，一面等着机会。就在猴子又跳到房梁上时，沙大川故意将帽子斜着向空中抛去，猴子一见，立即腾空跃起，去抢那红缨。猴子的眼睛只注意到上面飞着的帽子，两只下肢垂在下面。沙大川快步向前，迅速用双手各抓住猴子的一只后脚，猛地一拉，只听见一声怪异的惨叫，猴子被从下面向上撕成两半。鲜血飞溅,把沙大川的蓝绸袍子染得通红。郑大人一见猴子这么快就被杀死,十分高兴,立即请沙大川更衣洗浴,为他摆酒庆贺,并对他重重酬谢。

(宋为铭)

为民除害斗恶虎

东北人张虎贩卖百灵鸟为业。这一天来到江海古镇石港,在东河沿贡家客栈住了下来。

张虎武艺高强,生性喜斗好胜。论硬功他一掌能劈一块大青石,论轻功,他轻轻一跺就上了几丈高的屋顶,在瓦上行走如履平地,一点声音也没有。他十分好色,从关外到江海平原一路数千里,所过之处他看上的女子,夜晚必去采花,从逃不过他的掌心。被他蹂躏的女人不计其数。江湖人称他"恶虎"。

这一天他来到石港的一家茶馆。在茶馆里喝了茶不给钱,与店小二争吵起来。言语不合,张虎立即眼睛一瞪,随手拎起店里贮钱的毛竹钱筒,抡圆了向店小二头上打来。这贮钱的毛竹钱筒用老毛竹制成,有五尺多高,碗口粗细,因为用得时间长了,紫铜色的外皮已经磨得十分光滑。这钱筒贮了半筒钱,也有上百斤重。如果打到店小二头上,那将是头颅粉碎,脑浆四溢。就在这时,在一旁喝茶的吴锡朝急忙用手臂一挡。这一挡,那毛竹钱筒立即爆裂,千百只铜板小钱飞得遍地都是。原来这吴锡朝练的是子午掌,每天子时午时在石港北极阁正殿西廊石碑上练掌功和肘功,练了三十多年,在石碑上留下了一掌一肘之印。

吴锡朝救了店小二一条命,可吴锡朝的右肘也被震麻了。吴锡朝心里明白,来者内功十分了得!张虎见吴锡朝多管闲事,愤怒地对吴锡朝破口大骂,吴锡朝不敢还嘴,从茶馆里匆匆出来，找到了沙大川和他的师兄陈惠。陈惠正在打摆子（生疟疾），勉强跟着沙大川一同去找张虎。

沙大川见了张虎抱拳施礼以后，好言相劝，让他放店小二一马。张虎自恃勇武，哪里将这两个文质彬彬的人放在眼里，一定要揪住店小二不放。

沙大川委婉地说："大侠！你的武艺十分高强，今天幸会，我们就以武会友，能否交交手试试？就当是游戏罢了！行吗？"

张虎见有人要和他比武，浑身来了劲，咄咄逼人地说："好！我就不与那店小二玩了，就陪你们去玩玩！不过动起手来拳脚不长眼。要试试完全可以，不过要先立下生死状，打死打伤一概不追究对方的责任！"

沙大川说："好！"当时就立下生死文书。双方约定到东堂子巷口去交手。

沙大川、陈惠一起来到东堂子巷口。张虎也来了，穿着一身皂衣，更显得十分英武。通报了姓名以后，张虎傲慢地说："你们两个一起上吧！免得我多费功夫！"沙大川微笑着说："还是让我先来领教吧！"沙大川与张虎一交手就施展起本身绝技——裙边腿。裙边腿又猛又快，可张虎施展轻功，脚不点地，裙边腿怎么也踢不到张虎。而张虎的双拳迅速翻飞，一而再再而三直取沙大川的面门。沙大川知道对手功夫确实十分了得，要不是自己躲闪得快，早被他打伤了。他奋力踢出了一套裙边腿以后，张虎迅速后退。张虎从关外打到关内，从没有遇到这样好的腿功。要不是自己有草上飞的绝顶轻功，早被沙大川踢倒了，心里暗暗佩服。见张虎一退，沙大川迅速大喊了一声："谷芳！"谷芳是陈惠的字。陈惠听到沙大川大叫，眼看沙大川处于劣势，也顾不得自己生病发热，立即跳到张虎面前，举起右拳向张虎肋下打去。张虎早有准备，运足了内功只等陈惠上当，想要陈惠这一拳打下去，手骨完全粉碎。

谁知陈惠也运足内功,一个就地"坠金砖"打了下去,同时大叫了一声:"去吧!"

当张虎挨到这一拳时,才知道自己估计错了!这一拳重达千斤!张虎当时就被打倒。张虎一边倒一边叫:"好大锤!这才是锤!"这时张虎的两根肋骨已经被打断。倒在地上的张虎叫道:"过三十年再见!"随即由两个随从扶着他慢慢地走了。

两个月以后,一个老人来到石港。这老人的灰白胡子根根笔直硬如钢针,恰似刺猬的刺,两目炯炯,闪着神光。让人一看就知道是功夫绝顶的武林高手。他下帖子要见沙大川和陈惠,并且言明,他就是张虎的父亲。

沙大川和陈惠商量:来者不善,善者不来。这必然是父报子仇来了。是福不是祸,是祸躲不过。两人略做了点准备便一起和老人见面了。

一见面,老人恭恭敬敬地抱拳施礼以后说:"我那不肖子张虎没有出息,被二位英雄打伤,没有走出山海关就死在途中。听我儿的随行人员说,张虎临死还在大声呼叫:'沙好腿!陈好锤!'连叫数声气绝而亡。我这个孽子自以为武功高强,一生作恶多端,死有余辜。我虽然早就想除掉这个孽子,但一是居心不忍,二是我已经年迈力不从心,现在二位英雄打死了他,我不但不怪罪二位,还要感谢二位为民间除了一害!"说完老人深深做了一个揖。

沙大川和陈惠忙说:"不敢当!不敢当!"老人接着说:"我这个儿子的武艺还算不错,20多年来纵横关内外十三省没有遇到过敌手。现在被二位打伤致死,可见二位英雄绝不是普通的武林人士,所以不远千里而来,表达感谢佩服的诚意!"沙大川和陈惠连忙打招呼,并且请老人暂住到沙大川府上。

老人和沙大川、陈惠每日切磋武艺，相处十分融洽。老人还让沙大川和陈惠介绍战胜张虎的经过，一字不提替儿子报仇。数句以后，老人临行，沿沙府厅前的阶石走了一圈，步行之处，石面都碎了，最后飘然而去。

（胥以谦　宋为铭）

金枪匹马许一贯

太极元功王家手第四代传人许一贯，约生于清乾隆后期，原来是北方人氏，为北京某镖局主的外甥。自幼在镖局学武练功，经过镖师中高手们的指点，以及本人长期以来刻苦锻炼，学得一身过硬的好武艺，特别擅长枪法。一箩米放在面前，一个扎枪，米箩立即离地跃起。若是枪尖扎在墙上，一个花子周圈七个窟窿。自谓有万夫不当之勇，曾经多次向舅父讨差，意欲押解镖车外出，藉此以武会友，见见天下的英雄开开眼界。舅父因为他年纪还小，没有允许，并且要求他继续努力刻苦用功，要求在武术武功上做到全能多面，同时还要学习行规行话，广交朋友，这样方能外出走镖。许一贯认为自己有绝顶的武功，天下无敌，一再向舅父要求出门走镖。镖局主拗不过，亲自挑选了一批有经验的亲信车夫，发给一支镖银，交给许一贯解往江南。许一贯骑上骏马，手执金枪当先开路。一路上威风凛凛，毫无阻碍。正在得意之际，领班车夫向其禀告已过镖局所辖地界。按照惯例，各镖车要插上镖局字号的旗帜方可通行，而许一贯坚决不许插旗，催车继续前进。走至一处山口，迎面走来一骑，坐着一个小青年，手执长枪拦住去路，口称留下镖车饶你性命。许一贯欺他是一孩童之辈，不放在眼下，更不答话，拍马向前举枪便刺。青年不慌不忙将手中枪向来枪一扎，许一贯的金枪顿时离手，飞向天空，眼见得一辆辆镖车被小青年吆进山去。他自知罪责重大，只得落荒而逃，流落江湖，卖艺为生。辗转来至通州一带，闻知石港拳师沙大川的大名，知其武功绝顶，特来投师学艺，以求深造。而沙大川已故，因此拜在沙大川之子沙笺五名下为徒，学习太极元功、王家手、沙家拳等武艺。经过沙师认真指教以及本人虔诚地勤学苦练，竟能学得太极元功之精华，即小架内功拳，而充实了他原来所学的武功之不足，同时在石港授徒传艺。

以往的镖局与武林是有联系的，许一贯所失落的镖车经过交涉，早已安然无恙地到达了目的地。数年以后镖局派出寻访许一贯之下落的人员到达石港，将其接回。许一贯在石港镇留下了一段佳话，在武术界代代相传，其所练之枪法传至第六代传人李学群，因其早逝而失传。

（徐祥禧　王锦春）

一头难剃姜大必

姜大必，清朝乾隆时人，与石港沙大川、陈惠等，同为通州拳师王燕舟之弟子。擅长太极元功王家拳，并且练得一身过硬功夫，能够做到意到功至，运用自如。后世曾流传一句歇后语："姜大必的头——难剃"。这是比喻磋商一件事不容易达成协议的意思。而原来的情况，据前代拳师口口相传：姜大必到剃头店去剃头，因为是下雨天，披着一件蓑衣进店，雨水溅湿了地面，剃头的小师傅很不高兴，叫他把蓑衣脱下来放到外面去，态度不太礼貌。姜大必不计较，坐下来剃头。那时候男人有辫子，边幅是用剃头刀剃的，剃头师傅拿剃头刀剃了几下，刀卷了口，连换了三张刀都卷了口，只得停下来磨刀。恰巧老师傅回店来了，得知此事，连连向姜老先生打招呼，姜大必收功以后，小师傅剃头的时候并不异于常人。

（徐祥禧　王锦春）

群雄大战宁波帮

1927年，淞沪警备司令部司令严春阳在老家石港修建一幢三层洋楼，施工的全部是浙江宁波人。用钢筋、砂石、水泥砌楼房，石港人可是乡下人吃海参——头一回。因而前往观看的人很多，也难免与施工人员发生些口角纠纷。

一天，南大街歌腔巷开茶馆的保虎臣也去看"稀奇"。他拿了一种建筑材料在看，被工头看见了，冲上去就是一拳，打得保虎臣满脸是血。保虎臣身材高大，也懂得一些三脚猫功夫，平时也喜欢动手动脚，平白无故地被打了一拳，哪能服气。于是，操起地上的钢筋与宁波人打了起来。宁波人将保虎臣团团围住，其只有招架之功，无还手之力。

那天，石港武术界小有名气的胡志曝（胡福）也在施工现场玩，听说宁波人几十个打一个，快把保虎臣打死了，哪有见死不救的道理。于是，一边吩咐人去街上叫弟兄们，一边操起脚边的条凳，去解救保虎臣。宁波人见有人来救，全部停了工，投入了打斗。当时，胡志曝想，如果被他们围在中间，腹背受敌就要吃大亏。于是他一面打，一面退到南北走向的陇坝上，将几十个宁波人打落到坝两边的河里。这时，街上的援兵也赶来了，其中有义昌酒店的醉拳高手花汉其、竹厂的猴拳高手宋双以及冯彪、吴老虎等10多人。大家一起上阵，各施自己的绝招，双方打得难解难分，警察局的警察来了也无法控制局面，直到对空鸣枪警告，双方打斗才停息下来。事发后，出面调解处理的是地方知名人士、严春阳洋楼施工的监工凌质人和地方保正、青帮头头周二群。

第二天，宁波人在十字街西边的亲民茶楼出资请吃茶，双方握手言和，成了朋友。此后施工的两年中，宁波人和石港的武术界经常在一起，以武会友，互相切磋提高，留下了一段武林佳话。

（吴大兴　丁永祥）

全国比赛获金奖

1984年春天从北京传来好消息：即将在全国范围内举行地方稀有拳种的录像比赛。

拨乱反正以后的石港镇到处生机勃勃、欣欣向荣，武术这一民间奇葩也在阳光下争妍斗艳千里飘香。王家拳第八代传人徐祥禧、王锦春一得到比赛的信息，立即行动起来。他俩带领徒弟们反复练习，联合录制了一盘《王家拳四十八手》的录像带送到了南通市。经过层层评比，过了一关又一关，《王家拳四十八手》送到了江苏省体委，江苏省体委又将许多录像反复筛选，决定将《王家拳四十八手》送往北京，参加全国各地方拳种的角逐。

担任地方稀有拳种录像评委的是全国最有名的武林高手。经过评委反复评选，最后王家拳以其手眼身法步的灵巧配合，以其手肘胸脚膝的自如运用，以其对内家拳和外家拳的兼收并蓄，以其对形体精气神的全面练养，力冠群芳一枝独秀，获得了金奖。从此王家拳名震大江南北，享誉长城内外。江海平原上的古镇石港也由此迅速成为全国耀眼的体育明星——国家级武术之乡。

（宋为铭）

街市风貌

街巷地名

石港镇地处通北,历来是通如边境一个较大的商品集散地。四周广大农村,土肥水美,物产丰富,尤其是西北乡村属水网地带,盛产水稻、河鱼。自然条件得天独厚,经过勤劳、勇敢、智慧的农民群众世代劳作,因而石港很早就享有"鱼米之乡"和"金石港"之美称。这里有如此丰富的农副产品资源,除自给自足以外,必然作为商品进行交换,于是形成了繁荣的贸易市场。

(1)东大街:扁豆巷 西司巷 东司巷 文庙巷 土山巷 东岳庙巷 游民收容所 都天庙巷 曹家巷 长坝 东南河边 八鲜行 堂子弯 周家河房 官盐栈 影壁墙 双榆树

(2)西大街:丁家巷(元宝店) 胡家巷 颜家巷 洪家巷 偷鸡巷 三元宫巷 二川门巷 华表口 通庵巷 西来庵巷 龙王庙巷 南河边米行 接官亭 杨家渡 鸦行 杨家场 花子沟

(3)南大街:丁家巷(中义昌酒店) 米市桥东市河边 文庙河影壁墙贝壳场 中浴堂巷 五隆街 竹厂街 银锭桥巷 刘家巷 苏家巷 塔宝巷 王家巷 丁牌楼巷 场官巷 草市

桥东西市河边　南宋家巷　庵堂西巷　庵堂东巷　罗家巷　人杰巷　小四牌楼　洗笔池　砚台地　育婴堂　电灯厂　严庄　凌园　望云楼　松邻酒家　存松别业　马家园田　保家坟　盐仓巷　丁家渡船口　苏家渡　船帮　杨家井　灰地　歌腔巷　轿子巷　西河边　砖瓦行　木厂　麸子场　鸡鸭行　野大门堂　曹家巷（胥家糟坊）　南庵巷　老人院　麻瞎子巷

（4）北大街：东当巷　回觉庵巷　土山河　城隍庙巷　前宋家巷　华严庵巷　后宋家巷

店铺商号（民国前后）

十字街向东（南街面）

新文华文具店	迎晖门	沈宪文馄饨面店
邵太和铁店	复昌和布店	王金理发店
苏闰鞭炮店	刘九经裁衣铺	许邦彦裁衣店
陈炳文锡匠店	通济桥（东石桥）	朱万顺炒货店
文庙巷北口	泰昌衣庄	江涛糖果店
乾元堂中药店	水龙局	徐标茶馆
吴凤宝银匠店	陈领老太茶馆	徐昌富布店
张文俊煎糖店	周全炒货、糖果店	吴泉记杂货店
时永盛青山海味店	朱万顺麻油店	凌桂昌纸马店
同裕衣庄	张永富豆腐店	杨松记理发店
季月波测字店	李家伞店	钱淮山布摊儿
九如斋茶食店	孙思迁刻字店	伞店
张永大茶叶店	孙奎酒店	杨同兴白酒坊
石小校外操场	泰兴和杂货店	董广隆青山海味店
宋宏记鲜肉店	大有门（东二川门）	陈源盛青山海味店
厉福新灯笼店	巫义盛杂货店	孙盘酒店
圣桥路	扁豆巷北口	唐源盛鲜肉店
王涛米店	马合兴香店	沈兰玉磨、碾坊
天宝源银、玻璃店	毛金花饭、酒店	刘汉光杂货店
唐如松车行	三元斋帽店	陈文元杂货店
张万寿米店	曹家巷	于伯扣豆腐店
南山堂中药店	张映湖茶馆	
朱义兴百货店	孙隆伞店	

十字街向东（北街面）

于联记青山海味店　　成耀堂百货店　　通济桥、迎晖门

街市风貌

东恒兴酒、熟肉店	碧霞宫	蒋生伞店
佑圣观	王振和炒货店	张元和铁店
夏家老虎灶	刘家香店	石小校
中华帽店	张泉记盐酒店	严怀德理发店
江炳锡店	分司衙门	王炳记青山海味馆
耿采芹草行	东土地祠	土山巷
一林丰栈房	张家泉豆腐店	陆道泉车行
姚卷皮匠店	北武庙	李恒丰布店
秦益卿粮行	老虎灶	昭武院
裕泰衣庄	德馨祥茶食店	张惟记茶食店
芮森隆染坊	东司巷	陈小泉酒店
赵红所麻团店	芮森隆染坊	胡爵儿烟纸文具
复祥泰衣庄	朱三泰花行	时永盛醋坊
王勇面点店	颜扣点心店	庄长贵染布店
陈聚兴肉、海货行	骏顺杂货店	东岳庙
文舫斋笔店	沈兰玉面点店	曹钱粮房收田赋
伞店（李巷内）	尹金库匠店	袁家香店
大豫公八鲜行	张湧元铜匠店	吴合兴杂货糖果
益太和茶叶店	羌裕兴油行	居恒记八鲜行
东二川门	陈福骏鲜肉店	凌昌记花粮行
大豫公酱坊	孙家笼板店	张勇金花粮行
四合春茶点店	丁家犁头店	张隆泰机坊
都天庙巷	刘家茶食店	刘伯砻坊
严文元茶食店	源兴祥蜡烛店	方福泰什货店
西司巷	薛生茶馆	陈树生粮行
王达四纸马香店	警察局	东祭祀坛
吴处皮匠店	朱万隆麻油店	杨龙碾坊
王金理发店	宋同春杂货店	
都天庙	广慧寺	

通济桥沿南河边至电灯厂

张和记八鲜行	老虎灶	包荣记米行
徐源泰八鲜行	张仁和糖坊	凌耀记花行
杜德标粮行	徐世明竹行	王长记笆斗店
陈涛米行	小四牌楼	久大公八鲜行
蒋林茶馆	永昌和粮行糟坊	育婴堂
宋伯闰盐栈	东浴室	曹家巷南口
春生和八鲜行	邹家祠堂	陈玉林草行
苏灼亭茶馆	吴新之花行	开源纱厂
裕福昌酱坊	老虎灶	曹裕和五洋店
葛泉记八鲜行	曾三草行	永大公八鲜行
沙荣理发店	协太丰八鲜行	久记电灯厂
袁二杂货店	周家客栈	曹坤酒店
豫生油饼店	东庵	文庙河出口
堂子弯	贡隆顺客栈	

十字街向西（南街面）

王松涛点心摊	朱树林百货店	丁奎青山海味店
蒋荫九酒店	张二炒货、水果店	马裁衣铺
颜二熟山芋摊	张彭年百货店	张志云镶牙店
蒋祝山布店	二吾照相馆	王松涛汤圆店
刘家祠堂	洪三大茶叶店	王炳辉染坊
得意春茶馆点心店	秦子良洗染店	姚焕成杂货店
永源祥茶食杂货	王元吉杂货店	孙复泰铁店
张源大元宝店	孙锦记理发店	人行道通往杨家渡
张源茂元宝店	颜家巷北口	沙树增石灰店
源隆永茶食杂货	偷鸡巷北口	通庵巷
丁家巷北口	王炳记铜匠店	徐同茂猪行

何二馄饨摊	老虎灶	鲍泉铁店
杭长银小作糖坊	徐子宰牛羊、皮坊	周月峰诊所
凌聚茂猪行	王苟理发店（巷内）	卜复兴糖坊
豫丰门	曹桂生酒店	齐涛轧花
顾五老秤纱店	保克贤花纱店	花增元酒店
丛家铁店	凌复盛鲜肉店	金企之粮行
二川门巷	凌宏元花粮行	陈养春花、粮、茧店
凌二宾杂货店	丛丙铁店	宋有余茶食店
李华生杂货店	陈生锡店	何天祥粮行
西土地祠	猪行桥（龙王桥）	文凤桥南首大河边

十字街向西（北街面）

周金奎百货店	钱三林（先）杂货店	天寿堂中药店
戴锦元鞭炮店	邮政局	凌文斗酒店
姚丙皮匠店	费永源杂货店	宋川炮竹店
罗金生点心、切面店	何树林（后）茶食店	汤继陈诊所
成立卿茶叶、盐店	王佑兴铁店	魏文友点心店
陈毛三理发店	洪家巷南口	张家玻璃店、紫铜匠
杨丙记青山海味店	丁桂点心店	刘家百货店
西水龙局	寿丰典当行	广润门
蔡如三炒货、馄饨店	张少春库匠店	胡家巷南口
姚顺记香店	王淦裁衣店	西义昌糟坊
季三元漆匠店	也吾照相馆	将军庙小巷
华表口	朱湧兴布店	得利春茶点菜馆
沙建雄布店	陆盘酒店	豫丰门
史川库匠店	裕德隆水芡店	凌源记花行
王大金理发店	丁家酒店	于汉章裁衣店
徐泽均油店	龙王庙	三元宫巷通后宋家巷
刘树生馄饨店	王恒源钟表店	高松元馄饨摊

街市风貌

赵德新皮匠店	保银酒店	南北高桥土地祠
刘吉和香店	宋隆和香坊、粮行、砻坊	沙家石灰店
猪行桥	刘家小百货豆腐店	汇源公机坊
齐耀武花行	刘道义牛行、屠宰	文凤桥

十字街向南（东街面）

新文华百货店	邵元皮匠店	宋惟记布店（后）
协成兴海鱼行	陈玉林鱼行	孙咬（巷内）铁店
李金帽子店	季元茶馆	苏民记杂货店
生活商店（先）棉布店	黄桂生理发店	施天宝银楼
源隆南北杂货店	宋洽昌鲜肉店	和春堂中药店
洪宝珊布店	郑宝云秤店	源隆栈
信大（届）杂货店	杨秋岩米店	宋从周中医诊所
钱复兴鞋子店	宋彦记绸布店	李稼青诊所
宋复昌布店（先）	江丙锡店	裕昌祥（先）酱货店
集和杂货店	草市桥	宋野航纸马店
松寿堂中药店	单金标炒货、水果店	小小商店（织袜子）
纪百货店（后）	聚乐园茶馆	花耀田（后）茶食
裕昌祥酱、酒、粉子店	周连生炒货店	曹道青山海味店
黄清水果摊	中西大药房	陈翠红茶馆
中和永茶叶店	李魁水面、点心店	凌复盛鲜肉店
冒永兴青山海味店	陈思坤客栈	徐恒泰青山海昧、酱店
苏家巷西口	王银鸾熟肉店	老虎灶
王金如马子店	吴四点心店	冒大湧、冒金根青山海
王义成丝线店	王家铜匠店	王坤轧面店
长春药房	纪隆泰青山海味店	马家碗店
南水龙局	钱复兴鞋店（先）	顾美泉鲜肉店
徐绍记鱼行	歌腔巷西口	陈监泉酱店
丁玉昌（声）裱画店	费恒兴鲜肉店	米市桥

场官巷西口	来熏门	何进花粮杂货店
黄顺记锡店	赵德采理发店	凌耀记青山海味店
丛二侉饼摊儿	徐志超青山海味店	钱汉点心店
稽征处收田赋	营桥	羌娥姑豆腐店
曹家巷西口	胥复茂酒店	邢家油店
丁锡九熟肉摊儿	刘银昌银匠店	南义昌酒店
钱家老虎灶	施家木行	邱家香店
李湧豆腐店	源生和纸马杂货店	管家铁店
陈恒顺酱货、豆腐店	张家老虎灶	王涛点心店
	丁道元酒店	董四姑百货店
赵宏小炒货店	麻瞎子巷西口	陆家皮坊
王泉铜店	盐仓巷西口	项建贤粮店
张记水菸店	郁合昌香店	关岳庙
邓隆裕香店、糟坊	管大同铁店	

十字街向南（西街面）

杨陈兴鱼行	陈迪记河鱼行	丁裕丰碗店
沙绎如鲜肉店	王芳华裁衣店	袁锦泰纸马店
丁牌楼巷东口	冒义兴水面点心	塔宝巷东口
恒春堂中药店	陈试及酒店	唐寅谷麻团店
洪聚昌茶叶席子店	孟洁尘百货店	永顺和海鱼行
秦忠义豆腐店	冒义兴面粉、五洋店	潘瑶坤库匠店
王恒茂鱼行	德馨祥茶食店	王金点心店
张汉清水果店	刘福昌百货摊	裕福昌酱园
徐金百货摊儿	顺昌云百货店	太和堂中药店
立大兴茶食店	胥复茂酒店	草市桥
中和春茶叶店	季二保酒、熟肉店	彭俊碗店
赵红小百货店	一林丰水烟、烧酒店	回春药房
杨玉老太熟肉店	丁云祥碗店	恒源昌茶烟酒杂货店

裕兴隆水荶店	小巷	王记伞店
王家巷东口	徐伯庸青山海味店	营桥
恒源昌百货店	宋柱草粮行	羌月华粮店
中乂昌酒店	曹天生（巷内）皮坊	王东记鲜肉店
丁长庚百货摊	陈明涛锡店	邹合记青山海味店
凌开基酒店	周金山青山海味	王燕台什货店
刘百林青山海味店	施志义（巷内）木行	胥天锡粮店
王禹卿布行	野大门堂	邹永成杂货、草行
轿子巷东口	季湧泉理发店	孙金元百货摊
黄永盛（茂）海鱼行	保家草行	吴珍南货店
张夕珍袜子店	羌金炒货店	袁锡奎染坊
张新田酒店	潘家库匠店	南庵巷东口
顾汉章（乔）鱼菜店	钱家铁店	何道记酒店
翁门三点心店	张福宝百货店	保信记杂货、酒店
李宾谷诊所	周四铜匠店	都土地祠
唐寅谷夜宵点心店	胥天福粮店	王宏生百货店
同福堂中药店	王大松炒货店	刘金花粮行
丁丙理发店	于宏记丝线店	管湘生粮店
米市桥	来熏门	孙二水铁店
李建章诊所	包季复耆坊	赵锡理发店
陈官伯酒店	赵家理发店	陆家杂货店
宋伯茂鞭炮店	施家中药店	
秦扣茶馆	丁金元青山海味店	

十字街向北（东街面）
（广济桥内东河边）

季丙理发店	殷长老虎灶	曹东帽子店
董楚声信局	吴广才糖果店	陈谷奎铁店
周启谷酒店	拱极门	张和尚油池、点心店

街市风貌

207

北盛茶馆	吴志勋皮匠店	陈福元糖果店
朱元记草行	季同（巷内）香店	郑锦记印刷厂
宋源兴花粮油饼店	王家缸行	一林丰栈房
杨家裁衣铺	东当巷西口	陈松如铁店
回觉庵巷	姚顺（巷内）记香栈	镇福裁衣铺
宋源兴草行	陈顺板船行	吴生猪行

十字街向北（西街面）
（广济桥西河边及桥外）

黄春记面馆	郁合昌香栈	李文记杂货
郁合昌香店	张三子陶器店	拱极门
朱锦记陶器店	孔琴轩（先）茶馆	晋仁安诊所
殷长茶馆	西虹桥	吴书农草行
杨涛青山海味店	李福源粮砻坊	陈鸿记（先）八鲜行
宋存一粮草行	凌桂昌（后）纸马店	广济桥内西河边
保克治南货店	佑兴鼎机坊	李勇记青山海味店
圜丰粮行	张永兴猪行	吴广如（后）酒店
凌佑兴（先）洋纱行	唐源昌豆腐店	葛兹生粮行
韩长记鲜肉店	宋立斋木行	凌春记纸牌坊
邓领老太茶馆	永泰福猪行	广济桥 上真殿
诚泰（后）机坊	顾洽记杂货店	顾洽记粮、砻坊
花隆兴青山海味店	广济桥外东河边	陈长庆草行

米市桥北塊向西五隆街（北街面）

杨毓海熟肉、车行	陈义兴锅店	转弯向北
吴锦坤茶馆	阚海菜馆	偷鸡巷南口接官亭北
全福斋茶食店	复源兴油、铁炭店	顾丙点心店
陈家轧面店	施春懋绸布嫁妆店	杨家熟肉店
李长点心店	李万兴菜馆	源泰和铁炭店

街市风貌

范家针店	福隆斋茶食店	陈照其肥料行
丁家巷西口	元吉杂货店	顾承基杂货店
陈恒顺油饼店	源隆栈	凌小乔粮行
宗正泰灯笼店	邹信泰杂货店	张复兴青山海味店
杨宝祥银、百货店	凌光志杂货店	韩景康诊所
陈恒顺酱园豆腐店	李振铎米、砻坊	孙广隆杂货店
周涛裁衣铺	张慎琴水菸店	顾大生杂货店
刘吉和香店分店	洪文斋茶食杂货店	转弯沿猪行桥河边向北
二川门巷南口	西盛茶馆	凌德昌猪菜行
源振兴刀具店	德兴昌铁炭店	毕慕陶水菸、熟山芋摊
转弯向西	陈履九接子行	吴绍维粮行
蒋伯英（巷内）茶馆	陈广泰茶食、杂货店	西来庵巷西口
宋家锡店	顾宏基粮行	吴蓉记粮行
许福锡店	吴淮记粮行	吴成记粮行
曹万盛杂货青山海味店	源生泰杂货店	
戴锦元鞭炮店	吴绍贤粮行	

米市桥北塊向西五隆街（南街面）

盛琛肉店	路不拾遗桥	王玉山裁衣店
银定桥	钱川林铁店	钱海泉鲜肉店
朱润记青山海味店	陈家杂货店	叶福庆点心店
张香太酒店	刘网老太小杂货摊	徐四白铁匠店
杨六箩筛店	顾家理发店	陆德昌酱园青山海味店
转弯向西	宋川酒店	接官亭
张金铁店	陈寿皮匠店	李照其铜匠店
王景山鞭炮店	转弯向北	吴合兴豆腐店
滋生堂中药店	杨家酒店	钱小金鲜肉店

209

米市桥南块向西竹厂街
（水关桥桥南沿河至轿子巷）

裕福隆（先）水菸杂货店	顾进生竹行	银定桥路
丁松（巷内）肥料行	沿河边转弯向南	源隆栈房
王记米店	翁门三磨坊	陈庆鸡鸭行
胡春林（后）杂货店	可宾楼菜馆	邓隆裕香栈
宋茂才竹行	陈连草、肥料、板船行	施家木行
蔡万和糖坊	木行桥	姜隆茂磨坊
姜德林理发店	鸿运楼菜馆	陈恒顺磨坊
宋全生竹行	陈进初（先）碾坊	徐景湖诊所
苏家渡船口	施春茂木行	杨长记纸牌坊
吴绍成米店	王裕兴竹、石灰行	陈恒顺酱坊
宋三寿竹行	陈伯（后）碾坊	孙达利纸牌坊
沙小成鲜菜行	朱张四木匠店	朱家轿行
巫家竹行	徐星竹行	马扣卷圆料匠
高四老虎灶	船帮	杨松林小贩、豆芽菜店
宋广汉磨坊、晒麸店	张道肥料行	

米市桥向东市河两岸
（文庙河边御葬坟河边）

徐连老太老虎灶	张同兴纸牌坊	管家花饭店、丝网
文庙巷	陈和尚点心店	御葬坟河
何扣纸牌坊	米市桥东市河南边	消防局
胥复茂（先）酒店	文庙河 影壁墙	龟儿桥 中浴堂巷
文庙	濂泉茶馆	杨伯仁诊所、私塾
金谷村茶馆	李庠生熟肉店	水仓
夏振之（后）粮酒店	过歌腔巷、南至宋家	中浴堂
周祥顺石灰行	巷、海角村茶馆	胥复茂糟坊（胥善伯）

街市风貌

范海理发店	龟儿桥	杨炳泉皮匠店
魏家客栈	印宏恩丝线店	中孚照相馆
胥复茂糟坊（胥石芝）	松邻酒家糟坊	郁坤鸡鸭皮坊
王复盛菜馆	巫家小车儿行	吴广生炒货店
江万盛客栈	胡荫轩诊所	吴合兴油店
胥复茂糟坊（胥平之）	陈师泰诊所	

水关桥北块沿河边至米行角

吴昌四粮行	杨松茂粮行	包少卿粮行
刘惟吾草行	接官亭	蔡际良草行
姜淦粮行	金松青山海味店	吴仅韩粮行
顾德甫粮行	包均记粮行	范丙记草行
沙锦培（先）粮行	严道茶馆	朱信记青山海味菜行
朱瑞麟粮行	陈秀章粮行	吴子玉粮行
陈和顺八鲜行	包季福粮行	颜德茂粮行
朱友记（后）青山海味店	张生老虎灶	朱继章粮行
苏道明杂货	吴仅唐粮行	米行角

（陈淦良 徐祥禧）

鱼 市

　　石港的鱼市，分河鱼和海产品两种市场。河鱼市场集中在十字街朝南到米市桥街道的东西两侧。每天早晨，热闹非凡。河鱼行家有王如、杨四、洪长春、徐锡生、陈育林等六七家。渔民将出售的鱼虾，发排在鱼行门口，任顾客挑选。顾客挺讲究买活鱼，尤其是鲫鱼、黑鱼。称鱼的行商，都讲信誉，除价格公平外，从不扣斤压两，反映了通北地区民情淳厚。至于海货市场，当然以买卖海产品为主，但也兼及湖产品的销售，则集中在石港东街河边。过通济桥沿河边开设的海货行，有居恒记、凌二琪、葛瑞芳、张丙春、凌耿庵、徐四等五六家。来自栟茶、洋口、苴镇等地的海货和兴化、东台、宝应等里下河湖鱼和河藕的货船，都靠这些行家代客买卖，包括批发和零售。成交后，行家抽取佣金，每元五分行佣。每天清早，东河边沿岸站满了顾客。在通如边境集镇中，鱼市贸易要算石港市场最繁荣。

石港市场的蔬菜，是靠近街头的菜农入市供应的。新中国成立前，多数菜农上市，采取肩担步行沿街叫卖方式。在石港的早市上，菜农的叫卖声不绝于耳，此时全镇一片市声，热闹非凡。抗战前，石港街上有十八家肉案子供应猪肉。这些屠宰商人做生意也颇为讲究信誉。所谓"抬头看人，低头斫肉"的市侩作风在这里行不通，大家要议论，弄不好，看人行事的做法会砸掉自己的饭碗。

米　市

石港农村盛产水稻，农民收获的粮食，除留足口粮、种子和饲料外，多余的粮食，就作为商品入市出售。农忙过后，西北一带农村的农民，都习惯用小船载粮到粮行出售，同时购回些日用品。小船一般都靠在西河边接官亭、猪行桥一带和北街广济桥东面。石港的粮行，在抗战前有近80家，规模有大有小，营业额有多有少。粮行把收来的稻子碾成米，有的自运到南通城出售，也有的被粮贩转手外运到其他市镇，石港的粮市是通北有名的大市场，是大家公认的。

草　市

石港的西北农村乃至岔河以南一带，荡田很多，成片的大面积荡田，一眼望不到头。荡田长的茅草、荡草，农民们除留作火草、盖屋草外，多余的都及时入市出售，成为农家一项常年收入。石港的草行，西街有刘家草行、范丙草行、宋照、周二草行；北街有宋六、宋存一两家草行；东街有耿采芹、张六、曹寿岩等草行；南街有草商刘全、宋四等户。这些草行都是代客买卖，解决居民户的炊事柴草以及点心店、茶食店需要的柴草。也有草贩子用大船收购柴草运往南通、金沙、二甲及海门、启东等地。

在石港的南街，距西河边300米处有个地方称为草市桥。用"草市"冠地名，可见昔时石港的草市有一定规模和名气。石港东北一带农村，如石东乡、石北乡、沙坝乡等，以良田种植庄稼为主，荡田很少，所以农民即使有草入市，也仅是肩担步行，数量远远不能同西北农村相比。

苗猪市场

石港的猪市有名，苗猪市场更是闻名江北。因为石港的农村是"鱼米之乡"，粮食富足，有了粮食，就为养猪提供了有利条件，石港西北农村直至岔河以南的通如边区，农村中的一项主要副业是饲养苗猪。

每月初一、月半、二十五，为石港的苗猪期，加上正月十三（阴历，下同）上灯节、正月十八落灯节、清明节、三月二十八元帅庙会、五月十八都天庙会、六月十九观音庙会、重阳节、冬至、腊月初八等，全年有近50个苗猪期。逢到苗猪期，西街猪行桥南北，一河两岸人山人海，猪叫声不绝于耳。石港的苗猪市场常集中在猪行桥南北河两边。猪行桥河西有凌聚茂猪行、徐余猪行，河东有凌六、姜复茂、徐涛等猪行。其中凌聚茂猪行营业额最大，历时最久。据了解，该猪行有200多年的历史，行主叫凌蛇，经营苗猪生意，南到海启，北达栟茶、浒零，有营业用房三十多间，猪栏数十只，屋后有块接近整亩的空场。每逢猪期,河里停满船只,他家里里外外前前后后都是买卖客人,该行长期聘用账房先生达人山,还雇用职工顾泰、佘扣等数人。

我们可以从凌聚茂猪行在观音会期的营业情况,推测石港苗猪市场概况。六月十七下午,就有海、启一带的买客到达该行,在后面空场上搭起三台板厂,为六月十九做生意做好准备。六月十八清晨,就有苗猪和母猪来行待售,六月十九整天代客买卖。老板凌蛇兄弟三人和固定职工四五人,加上临时聘用的工人共有十多人参加营业,记账的就有三人。从六月十八起到六月二十止三天猪期,能获毛利400多元,除掉各项开支,一个会期能获净利润200多元。在20年代前后200多元利润收入是十分可观的,因为200多元就是十担皮棉的代价。依此推算,全镇五家猪行,全年近50个猪期,我们大约可知石港苗猪市场的盛况了。所以石港的苗猪市场,在江北是有名的。

石港的许多行商和各种商店及小本叫卖者之间,都有互相联系和依存的关系。因此石港市场淡季不淡,旺季更旺。

(张国华)

中和春茶庄

位于石港镇米市桥南。光绪年间,石港有家中和春茶庄,经营管理有方,有一套"严进宽出"的生意经,生意越做越兴隆,发展成为石港镇三家大店之一。现就我们所知的这家茶庄的一些情况,回忆如下:

中和春这个店号重在"春"字。春,字形中含三人,说的是这爿茶庄是三人合股开设的。取了这一店号,就有一位老先生经过揣摩,撰写了一副对联贴在店门上,上联是"中财生道声势华夏",下联是"和风被日喜报新春"。这副对联嵌"中和春"三字,并且把希望开店能和衷共济、发财致富、有益社会、声名远扬等意思都说出来了。

中和春是家股份店。股份老板即创始人,都是安徽人,这里习惯叫"徽帮人",第一位叫柯朗仙,安徽歙县水竹坑人;第二位叫程纯卿,安徽休宁县石门人;第三则是程伯盘、程哲夫兄弟二人合一股,也是休宁县人。三一三十一,这三方面的四个人组成三股作店东。创建茶庄后,股东老板不驻店,店务都委托管事先生即经理统管。

中和春茶庄有一支人数较多的职工队伍,正式工和临时工总数有60多人。最重要的是经理和管账管钱的。能够记得的经理有三任:第一任周纪灿,也是茶庄创始人之一,有能力,有威信,死于1927年;第二任方国璋;第三任洪少章,是抗日战争以前出任的。管账管钱的分别是洪仰苏、程杏林、吴小楼。就大体而言,全店包括后来扩充的分店共有正式职工40多人,其中经理1人,水客2人,内账1人,外账2人,工场间8人,管水烟1人,管草席1人,学徒3人,店内营业员26人,以及厨工2人。另外还有拣茶叶的临时工20人。这些职工大都忠实可靠,以店为家,克尽职守。这正是中和春茶庄能日益兴盛的基本力量。

中和春店址坐落在石港米市桥南首第三家,坐西朝东,两间平房店堂,正对着苏家巷子口。店堂进门是曲尺形木质柜台,里面有上下两层的货柜,陈列锡制茶叶罐,另有贮货的缸,罐内和缸内都有包扎好的石灰放在里面吸潮。店堂里另有货架,上面摆草席。天花板上则挂着雨伞。柜台正中竖着近一人高的金字招牌,闪耀着"中和春号"四个大字。货柜顶上挂有横匾,一幅标明经营主要品种:主营徽州名茶、水烟(含皮丝),兼营细席、笔墨、木炭、鞭炮、油漆、雨伞。另一幅是店规店约,为常见的"货真价实""公平交易""童叟无欺"一类的话。店堂里面有批发部，主要是茶叶、水烟、草席堆栈20余间房屋。另外还有烘茶叶和拣茶叶以及织席子花边等加工场。后来又两次扩建了两幢楼房，四关厢式的院子，计50多间。这样，中和春茶庄有店房（含少量职工生活用房）近100间。

石港原来有一家小茶叶店商号王益泰，因种种原因经营失败，不能再维持了，就将商号的"王"字去掉，后面添上"和"字，店号改成"益泰和"，并盘点存货，将店面和库存全部转让给了中和春，成为一爿分店。这样，中和春扩大了营业规模，在石港商界的地位也有了相应提高。

中和春茶庄是一家股份制的私营民族工商企业，股份老板于当时从事经商活动，被社会认为是爱国守法的茶商。抗日战争以前，顺从当局的需要，经常出钱求安。抗战爆发，适应抗日救亡的形势，一直遵章纳税。一位曾在中和春工作近20年的老职工回忆说，店里一向响应当局号召，该出钱时肯出钱。比如社会性的劝募、捐款、赈济贫民、其他各种慈善福利事业及市镇建设等方面，中和春总是向源隆、一林丰看齐，出最大的份子，从来不肯落后。还有，中和春同另两家大店一起，通过合法合理的经营活动，不仅为整个石港市场树立了良好的商风商德，还对活跃石港金融市场、平抑物价等起了举足轻重的作用。

抗日战争期间，中和春号经营呈现不景气状况。抗战胜利后，一度似有转机，但不久内战发生，国民党军队、还乡团占领了石港。国民党统治日趋腐败，通货膨胀，苛捐杂税，民生凋敝，中和春号再也支持不下去了，不得已而歇业，店中人员逐渐离散，于是这爿经营几十年的茶庄，在石港不复存在了。

（洪宝松　戴礼）

源隆杂货店

店址在米市桥的西首。抗日战争前，石港镇有爿规模较大、经营项目甚多、货真价实、声誉颇佳、生意兴隆的南北杂货店。一提到它，许多商店和四乡群众无不知晓，这就是源隆南北杂货店。

这爿店的创业人是安徽省徽州府的富户汪姓。汪在平潮做过几年店员，光绪二十五年（1899）到了石港，和几个商人合股开了爿小南货店，商号叫"合利丰"。两年以后合利丰拆了股，他的儿子汪久良接替其父在米市桥南首的坐东朝西门面开业，取商号为"源隆"。

源隆开业的第二年，即光绪二十八年（1902）夏季，霍乱流行，石港一带染病身亡者很多；又值大旱，河水干涸断航。这时，有3只装满南北杂货的大船，在前往东台的途中，搁浅于石港镇。货主见这一带霍乱猖獗，一怕传染，二怕货物久滞蚀本，故将三船货物贱价售予源隆。彼时死人很多，连棺材都卖缺了，供收殓用的"纸张"（棺材里的陪葬品和做道场用的迷信品的统称）很紧张，物以稀为贵，源隆号购进的这三船杂货高价出卖，获得了暴利，资本日益雄厚。由此在当地南货业中崭露头角。

此后，经过十几年的精明经营，源隆号的职员、店房、购销门路及货物品种诸方面都有较大的扩展。老板汪久良善于用人，初期聘用的总管事叫吴二胖子，名震辉，石港人，汪久良对他颇为器重。1930年吴震辉去世，由汪福茂任经理，最后由张瑞继任。总管钱财的叫洪明臣又兼内账房，外账房叫胡春林。供销也有专人，如派出马叔宽常驻南方，负责在杭州、宁波、温州等地采购；在北方如山东、河北、甘肃、武汉及东北等地，也都派有"水客先生"（采购员）。本店的门市部、批发部、各栈房、加工作坊也都有专职的"管事先生"。此外小倌（学徒）、扛棒（搬运工）、勤杂工及饭司务等，配备齐全，各司其职。源隆鼎盛时期的1930年前后，雇用的"先生""伙计"人数多达168人。这些人绝大多数来自汪久良的家乡安徽歙县或休宁县。由于都是亲戚故旧、同乡邻里，又是来到客地谋生，因此这些人办事勤谨。所以源隆号的店规井然，经营得法。由最初的一爿小型零售店，逐步扩大经营业务范围，发展成为一家以批发为主的大字号。

  这家店经营的项目，相当于现在的日杂、副食、蔬果、五化等各类商品。细开品名有四千多种，真所谓是"山珍海味、南北杂货、贡果茶食、土特产品，一应俱全，四时不匮"。与其有批发业务往来的客户，除石港四周的百多家"下店"（固定供货的零售店）外，还有远及如东县各大集镇的商家。至于零售业务，石港四乡的民户凡到镇上粜谷卖柴，都要到源隆号带点"回头货"，故源隆号的店门内外，天天都是"人来人往，其门如市"。

  源隆的店面并不大，店房只有两开间的门面，看上去很狭窄，而从门面往里，则店房、栈房、加工场等用房却有400多间。其他固定资产折值约10万元（银圆，下同）。源隆的流动资金，在鼎盛时期约有60多万元。至于营业资金以外，源隆还有多少资产，外人就难以估数了。仅举一例：1931年源隆号在通州端平桥南首的张得记钱庄，一次就存入现大洋8000元。不久，这个钱庄倒闭，但因钱庄主人是汪久良胞弟汪鲁眉（源隆号二老板）的连襟，这笔存款也就一笔勾销。可见源隆号的资财确是雄厚。

  为了夺取市场，源隆注重商业道德。不仅本店信誉日增，对石港镇其他各店也产生了一定的影响。源隆号的经商盈利，确有它的窍门。

此外，源隆在全盛时期，老板汪久良还抽出资金，在石港严春阳家的楼房旁建办了一座"久记电灯厂"。（当时的电工师傅叫李金，现仍健在。）这项事业，既是源隆本身经营规模扩大后的需要，同时也给石港镇上商家提供了方便。

抗战发生以后，沦陷区社会动荡，经济凋敝，物价飞涨，商人中有囤积居奇者，甚或资敌赚钱者，而源隆号仍然以诚经商，更不会为了赚钱而资敌。在石港被敌占领以后的恶劣环境里，源隆号有时也不得不与恶势力周旋，当敌伪企图胁迫店主汪老板出任汉奸"维持官"时，汪老板立即举家迁避上海，决不为了保自己的身家而屈从民族敌人做汉奸。汪老板离店出走以后，源隆的财产与业务，全都委托凌、徐两职员代理，继续经营。但在敌伪的统治下，敲诈勒索，征收苛捐杂税，滥发伪币，源隆的经营日敝、资金日枯而逐步陷于勉强维持的状况。

源隆是一家爱国的商店，对抗日民主政府的征税法令，向来按章遵守，秘密缴纳税金。不仅如此，店中职工为了支持抗战，还掩护与协助抗日民主政府的税务干部，在敌占区开展征税工作。如税务干部、共产党员葛勋同志，就是在源隆号以及另外几家商店的掩护下，在石港进行征税工作的。此外，他们还冒着日伪封锁、禁运的危险，向缺乏物资的抗日根据地大量运销印刷用纸和其他军需用品。

抗战胜利，石港解放，源隆号的经营重新有所转机。可是不久内战发生，蒋军、还乡团又抢占了石港，民生凋敝，"法币"贬值，物价腾飞，市场萧条，捐税重重，源隆号再也支撑不下去了，店员也逐渐离散，各谋生路。到解放战争结束前后，这家经营了近半个世纪的南货业中的大商号，仅剩下房屋等一些固定资产而奄然歇业！

（戴礼　张国华）

寿丰典当

在石港镇西大街北首,一所建筑的门墙上有一个高两米左右的"当"字。此院落前面是三间朝南的店面,屋里是一排与一般商店不同的、有一人多高的长柜台,再向里,是生活用房和各种货房60多间。里面堆砌了假山,栽植了花卉树木,还有较宽敞的庭院以及安全井(备盗时将贵重金银丢入)、更楼、茶楼。这就是寿丰典当。

这家典当,由姓温的和姓程的老板合股经营。姓温的原在金余镇开设了一家源昌典当,由于经营有道获得了盈利,便抽出七万余元与程家的三万元,于民国七年年初,来石港镇开设了这独家典当。那时从金余抽调了业务骨干10多人前来组店,姓温的委派亲戚温星潘任总管事(他死后由其弟温

雅清接任），设有管钱（账房）、管仓、管首饰等管事先生，另有头柜、二柜、三柜、开票、打се、徒弟等管业人员以及勤杂工、厨师、更夫等30余名职工。这些人都是温、程二家及其亲好友介绍来的。其店规店法较为严明，职工表现好的，可提升职称，增加工薪。如三柜提升二柜，二柜可提升头柜，徒工提升职员，并适当增加薪俸等。如果侵犯店方权益，侵犯规章，就给予处分，直至辞退。在薪俸方面，除总管事外，较高的每月20元左右，一般十几元，徒工每月1~3元不等。膳食由店方供给。

这家典当，主要接收当衣着、首饰、金银铜锡器等物。两间二层楼上，多安放防潮防霉变的物品，金银首饰等细软物品有专柜收藏，铜锡器陈列在具有安放架子的货房里。这些典当的货物，定期翻晒、检查，每天有三个更夫打更守夜以防盗窃。

来典当东西的人，把货物交给掌柜的估价后，由发票号开具"当票"，记明件数、特征、典当金额和利息等，然后持票到账房先生处取钱，打仓人把仓打好，编上号码交管仓员登记，分类管理。

典当的物品，一般按货价的20%~30%喝价，若再赎回者，常常无甚争论计较之意。没有赎当打算的，往往要讨价还价、争论不休。

到当铺典当货物的对象，一般是经济较窘或很窘的农民或市民，他们抵挡不了天灾人祸，在走投无路、借贷无门的情况下，往往不得不将家中可当的衣物器皿典作钱用，以解燃眉之急。有的在经济上长期陷入困境的急穷户，入冬当夏季的衣着，赎取御寒的衣被，次年入夏又再赎再当。也有少数因生意买卖，用金银首饰等贵重品去典取现钞，变死货为活钞使用的。当然还有其他各种原因典当货物的。

当时典息为每月贰分（全年利息为24%），赎当时规定

"月不过五",而"当"后的五天内或满一个月的又五天赎当,这五天就计一个月的利息。如第二个月第六天赎当,将计算三个月的利息。但这与当时的"火把钱""打儿钱"及"八登十""七登十"相比,还不算高利。那时典当期限为两年,过期满当由典当"拆当",衣物服装卖给衣庄销售,金银首饰卖给"银楼",铜锡器杂物常由本地或外来的贩子收购。典当行业,逢到荒年,穷苦百姓收入减少,典当者就多,获利就厚;丰收年典当者就少,获利就薄。这家典当除去开支,净获利润一般年八厘左右,此款交股东按股分红,同时也按"二八开"提成一点给职工。

抗日战争爆发,战火燃烧到了石港镇,这家典当和其他行业一样,遭到致命的打击。此时不但无人来当物,还有鬼子、杂牌军、土匪等来敲诈勒索,收取苛捐杂税,加上货币不断贬值,仅仅两年左右,寿丰典当不堪承受就垮了台。最后老板发放了一部分遣散费,员工就各自离去,经营了25年左右的寿丰典当就这样倒闭了。

(孙鹏飞/文)

四季茶馆

"言对青山青不青,二人土上说原因;三人骑牛牛无角,草木之中有一人。"这是旧时流传在石港街上的一只灯谜。谜底是"请坐奉茶"。"柴米油盐酱醋茶",开门七桩事,茶是其中之一。茶叶含有丰富的微量元素,常饮茶能消食除腻,利尿解毒,杀菌除臭,减肥健美。

人们视茶叶为清静圣洁、吉庆祥和之物。亲友登门,以茶相待;男婚女嫁,以茶为礼;砌房造屋,茶叶奠基;祀神谢土,酒茶为祭。茶与人们日常生活有着千丝万缕的关系。

古代的石港人和江南常熟人、苏北扬州人有同样的饮茶习惯。清晨起来洗漱完毕泡上一壶茶，小饮几杯，然后再用早餐，即所谓"皮包水"。夜晚到浴室洗澡，即所谓"水包皮"。由于石港人爱好饮茶及古镇街市繁荣，店铺兴旺，茶馆业在石港很发达。到清末民初，镇上已有：陈泉生、陈领姑娘、蒋林、徐标、张金、吴锦坤、蔡如、叶老、金谷村、李有泉、秦扣十一家清茶馆店；濂泉、海角邨、复兴社、聚乐园、季元、北盛号、可宾楼、得意春、得利春九家荤素茶馆；还有接官亭、龙王庙、十字街、米市桥、草市桥等多家供应热水泡茶的老虎灶。每个茶馆有临街店铺数间不等，设四到八张方桌。店内陈设简洁明了，环境优雅。他们所用的水都是由卖水挑夫包下来的，按挑路远近，每担水两三枚铜板，有时也用天水泡茶。清茶馆每天早上开门营业，只卖茶，中午生意很忙，下午茶客不多。荤素茶馆上午供应茶点，下午有晚市，晚上有夜市，供应过路的夜饭和包办的筵席。

　　茶馆是茶客们高谈阔论、说古论今的好地方。镇上居民和乡村上街赶集的喜欢到清茶馆坐坐，五枚铜板泡一壶客茶，时间不限，闲暇无事的人喝半天也可以。边喝边聊，上至时局变化、市场动态，下至名流轶事、闺门秘闻。从天下大事说到鸡毛蒜皮，拉家常，谈山海经，七嘴八舌，争先恐后，畅所欲言，添油加酱，头头是道。听的人点头晃脑，津津有味，或握着烟台，或烟杆传递张三李四，烟火不熄。适时茶馆来了提篮小卖，将缸爿（菱耳）、烧饼、馒头、五香烂豆和糖果瓜子送到桌前让茶客购买品尝。有的老年人最喜欢到茶馆消闲，一坐半天。茶馆里养鸟，馆内外有挂鸟笼的钩子，爱好养鸟的人，清晨提笼外出散步，再到茶馆喝茶，观赏八哥、鹦鹉、画眉、百灵、黄雀、芙蓉等名贵鸟种，群鸟弄舌，相互竞歌，增添乐趣，有的鸟主则洽谈生意。金秋时节，茶馆内各式盆景千姿百态，如诗如画，金鱼摆尾，蟋蟀争斗。三教九流，聚集会友，抽头聚赌的，也有游手好闲之人到茶馆推牌九、摸纸牌,也有的象棋好手到茶馆以棋会友,交流技艺。

当年,瓦木匠、油漆匠、扁篾匠、裱画匠、厨师、裁缝等手工艺人常到茶馆,打听门户;作坊、工场的小商贩也常到茶馆打听行情,探访价钱;乡邻上街买卖仔猪、壮猪、鸡鸭禽蛋,以及进行粮草交易的也常到茶馆"歇脚";还有牛行、牙行(注:代客买卖抽取佣金)、船户也惯坐茶馆洽谈交易。如乡邻居民之间发生了矛盾和纠纷,也把茶馆当评理的地方,叫吃"讲(音"港",谈、说之意)茶"。矛盾双方到茶馆当众评理,一方赢理,分文不给,得意而归;另一方理输了,茶烟点心一切费用全部支付,为当时调节民间纷争起了积极作用。茶馆作为古时的社会场所,也是当时政界要领明察暗访、军警宪特探听虚实的地方。旧时,石港的戏曲活动很活跃,各个时期剧社和票友都把茶馆当作演唱的理想之地,常聚在茶馆演唱传统段子,有板有眼,既为茶客增添了乐趣,更受茶馆店老板的青睐。因此,茶馆里的戏曲活动非常活跃。一些走江湖跑码头的艺人,到石港住在客栈,吃喝在茶馆。通常以扬州说书艺人较多,也有唱道情小调,以卖艺为生的。还有走街串乡测字打卦算命的,牵猴要狗玩把戏的,卖蛇药的,挑货郎担子收废旧卖粥糖的,都来茶馆喝茶小歇。农历初一、月半、二十五和每年五月十八、六月十九茶客最多。

复兴园茶馆(也叫北盛茶馆)是清末民初石港街上较有名气的茶园,地处十字街北首,坐东朝西,有店铺、堂屋、作坊、便房,房屋高大,古色古香。店主葛雨声,经营四时汤点,天水茗茶,茶香味美。该店为荤素茶馆,供应的应时汤点有蟹黄包儿、鸡汁汤饺、白糖炸糕,非常出名,每天顾客较多。上午经营茶点,下午则有淮扬说书,茶客边品茶边听书,别有一番乐趣。另外,草市桥北首的聚乐园茶馆、西街得意春茶馆、米市桥西首的可宾楼茶馆等都因环境优美、经营有方,生意颇为兴隆,在通如一带非常出名。这充分反映了当时古镇石港的兴旺繁荣。随着抗日战争的爆发,兵荒马乱之中,古镇的人民再也无心在茶馆里品茶聊天,许多茶馆也被迫歇业关门。繁荣的茶馆业成为古镇石港一段难以忘怀的历史。

(张国华)

糟 坊

从前镇上有九家糟坊。南街胥家复茂糟坊、东河边葛家永昌糟坊、西街二川门凌家西义昌糟坊,这三家糟坊都是清代祖传的产业,每家糟坊历史都很长。

这三家糟坊中,南街胥复茂固定资产最多,该糟坊有作坊房屋近百间,天井广阔,有大缸百余只,酒坛三千多只。每年夏收后收购小麦六十四石,初夏造曲,新秋季节收购糯米制黄酒,每年用糯米均在七百石以外。新稻登场后,开始酿制生醅酒,每坛老秤五十四斤,每十八石糯稻换生醅酒一百坛。

农历十月开始酿制熟醅酒,叫仿绍酒,石港人称它为无灰酒。初冬酿制的熟醅酒除一部分随时批发外,一部分库存待次年开春直到伏天出售。仿绍酒酒香可口,酒客赞不绝口。

石港的九家糟坊,以"复茂"资金最雄厚,营业额最大,其余几家糟坊只合"复茂"一家的规模,所以说石港街上的糟坊每年要用糯米近两千石,产酒一百万斤。石港酿造的黄酒,在南通城里也有名气。

(孙鹏飞)

石港徽商

　　清末徽州人外出经商，足迹遍及全国各地，并建有同乡会组织，如旅沪同乡会、旅通同乡会，被当地人称为"徽帮"。

　　一个男孩子十四五岁跟家乡（徽州）人外出学生意，二十岁上下回故乡结婚生子后，再外出谋生。清代皖南山区交通闭塞，没有火车、轮船，他们从家乡坐民船起身，从新安江经富春江到杭州，再由苏州过江来江北，大约要历时半月至二十多天。来石港的徽商分为两种，一种是来石港年代久远，在石港已扎根落户，在徽州置有房产；另一种是客籍商人，其家人都在家乡种田持家。当时在石港有这样几家徽商：

　　源隆和骏顺南货店，在清末民初时规模较大。源隆有流动资金60多万，店主汪久良、汪鲁眉两兄弟经营货栈七个，职工170多人。骏顺南货店资金颇多，开设在石港东大街，由自家兄弟二人轮流掌管，抗战时停业。

　　中和春、王益太两家茶叶店，经营名茶和草席。锡罐上用黑漆标明茶叶名称，如龙井、明前、雨前、银针、毛尖、武夷、云雾、祁红、屯绿、普洱、珠兰、雀舌、旗枪等，包装雅致，美观大方，古色古香，货真价实，信誉很好，生意兴隆。

　　从十字街向东有五六家衣庄，为徽商程封川、程警干几人所开设，主要经营拆当服装、衬衣、寿衣等，生意也很好。抗战前，他们的资金雄厚，经营有方，增添了古镇的繁荣。

（张国华　孙鹏飞）

民国商会

北伐战争时期，国民政府也在石港建立了地方政权，商界相应建立了商会组织。民国十七年（1928）创办发行《石声报》三日刊，两年后更名为《正谊报》。商会会址设在东街佑圣观的财神堂，设会长1人，事务员2人，理事若干人。下属的各行各业都设有理事，张伯礼、凌旭初先后任会长，成耀堂、徐少卿为事务员，负责协调各店家商事，发放行帖（即现营业执照）等事务。

杂货店是街上最多的店面，有四十多家，大的有源隆、骏顺、一林丰。汪久良是源隆南货店的大老板，也是南北杂货店的理事。

京货店（即布店）有宋复昌南店、北店，宋登瀛是复昌和的老板，是京货业的理事。次之有达利镜、陈恒森、朱湧兴等六七家。

屠宰业理事为宋植夫，全镇共有肉案子（肉铺）18家；鱼果业有鱼行、八鲜行等七八家，海货摊、水果摊有三十多家，理事为凌季昌。

棉业有花行五六家，理事为宋海秋。

粮业有粮行七十家，理事为凌午桥。

香烛业有香烛店四五家，理事为刘克丰。

茶点业有茶馆和烫水炉子二十多家，理事为刘世宏。

中药店，有东街的乾元堂，西街的天寿堂，南街的松寿堂、同福堂、和春堂、长春药房、松寿堂药店，五隆街的滋生堂，十字街的恒春堂及中西药房—回春药房，理事为季警夫。

酱醋豆腐业的理事为陆祖庚。

酒业有糟坊九家，理事为凌锦支。

衣店业理事为程封川。

商会商号中的源隆、一林丰、中和春、骏顺、寿丰典当、生活商店、佑兴鼎为石港商界七大商号。印有五角纸币，纸币正面图案是抗倭寇英雄曹顶，纸币反面印有七大商号印章，限镇内找零流通。七大商号出面，能为其他店家、行业及百姓经济等事项的责任担保。

石港商会平时活动正常，主要是议货价，较准斗斛、衡器，制成价格表，各商家门前均须贴之，同时兼管印花税。抗日战争时期才解散。

（张国华　徐祥禧　孙鹏飞）

商会新闻报

1928年秋，石港镇商会常委宋登瀛为了发展商会工作、沟通市场行情和发布商业界新闻，与汪久良、宋海秋、曹佑谟等发起筹办《石声报》，得到商业界和地方人士的支持。《石声报》办起来了，社址设在东岳庙后楼（旧商会内），由曹佑谟任主编，方润六任总务，秦镜明负责发行。该报为四开四版，三日刊，编好稿件，送南通竞新印刷公司排印。开始发行数为每期500份。后来由于当地新闻来源不多，头版内容常常是借用县内各报所编的国内外大事或地方要闻，移版印出，这样，《石声报》与县内其他报要闻相同，加之三日刊，新闻不新，订户逐渐减少，零售推销展不开，报社经费困难，再加上报社人事变更，《石声报》创办不到一年就停刊。

《石声报》停刊后，商会并不就此作罢，继续设法办报。1930年《正谊报》问世，报头由唐启宇博士题字，商会主席张伯礼的儿子张秉刚任主编。《正谊报》八开版，三日刊，内容比《石声报》充实，1931年年底由于张秉刚到外地工作，《正谊报》即停刊。

1926年，葛伯寒办了一张小报，名字叫《大雷》，每周出一期，刊登文艺作品，也有讽刺性的文章，由唐闸生生印刷公司承印，彩色套版。由于订户稀少，经费困难，只出了三期停刊。

1932年，石港办起了《石港新闻通讯社》，社址设在民众教育馆内。由石港民众教育馆主任王逸南兼任社长，方润六负责编辑、采访、缮印。三日发稿一次。举办《石港新闻通讯社》的目的是：把地方新闻传播出去，石港民众教育馆以此与各报馆交换报刊，充实书报阅读室，方便民众阅读。1934年，王逸南调任平潮民众教育馆长，该通讯社即随之结束。

夏振之曾在《南京通讯社》担任过外勤记者，熟悉新闻业务，于1934年组建了一个《新石港通讯社》，向南通县各报社发稿，同时向当地机关、团体、大商店发行新闻稿（油印）。1936年间因故停办。

抗日战争前，石港人中从事新闻工作的有：葛润斋，任上海《民国日报》驻京记者；钱炽祥，任《南京日报》编辑；宋序英，主编中央《农业周报》；方润六，在《南京通讯社》工作；邹右僟，在南通《通海新报》当记者。此外，石港还有一批知识青年被南通各报聘为通讯员，经常向各报投稿。

（沙雨苍）

开源纱厂

石港开源纱厂，为民国九年（1920）创办。其旧址在今石港镇食品收购站南面，石港中学东边，老运盐河分出支流的地方，东、南两面临河。

这家纱厂的创办人为施进之、于伯周。施进之，石港人，当时在唐闸广生油厂工作，对创办工厂颇有门路；于伯周，骑岸人，拥有较多的田产，曾担任乡董。他们采取集股投资的办法，共集资三万元，分为六十股，每股五百元。于伯周拥有较多的股份，因此一般人都认为这家纱厂是于伯周办的。

纱厂占地面积25亩左右。厂门面向运盐河，西式表门，门旁有值班室，河下为石驳码头。南面一长排为引擎室和车间，共三十多间；北面一排为办事室、工作室；中间比较开阔，靠车间处为皮棉堆放场地，其余的则为几方花圃，由走道分开。由于地处半村半郭，环境比较幽静。

机器由广生油厂领班曹丽生经办。先向河南孟津县裕源制造厂购回由农商部注册、特许专售的铁木纱机30架，每架有纱锭52支，价格每架50元，计1500元；然后仿照这种机器自制50架，价格和买回来的相近。全厂共有纱锭4160支。这种纱机每架用一人管理，每架每天出纱4斤，全厂每天可出纱320斤；如果日夜分班操作，则可出纱640斤。另有弹花机3架，也是河南裕源产品，每架价格50元；有摇纱车8架，与大生厂的相同，每架价格28元。厂内有50匹马力引擎一部，用煤油发动，购自上海英商茂成洋行，价格7510元，可带动纺纱机240架，而全厂只有纺纱机80架。于是，购回可供600盏16支电灯用电的发动机一部，机价1000元。厂内用电灯200盏，其余的则供给镇上的商店、机关用电，每盏电灯每月收费八角，可收入320元。

纱厂于民国九年秋季新花上市后开工。全厂分考工、营业两大部，设总经理、营业主任各一人，技师四人；一人负责引擎间，是宁波人董爱玉；其他三人分担各种机器维修，由河南孟津请来。全厂工人最多时有140多人，其中包括运棉工人、杂工等。现住石港镇一居六组的老人丁汝明，就是这个厂的运花工人之一。工人的工资一般每月十元。所用原棉,除就地收购外,还从华丰公司采购运回。由于有了这家纱厂,附近有不少农村妇女进厂当了工人,农民出售棉花也比先前方便,镇上也较先前繁荣。

开源纱厂生产的棉纱用"渔翁得利"牌商标,其质量与铁机纺的12支纱相似。由于质量较差,缺乏竞争能力,因此销路不畅,造成亏损。这家纱厂勉强维持了三年多,便在1924年年初停办。所有纺纱机器拆卸下来,转让给其他纱厂;厂房、引擎、发电机则由镇上大商号源隆的老板汪久良买下来经营发电,厂名改为"石港久记电灯公司"。因为当时时局动荡不安,经营也是断断续续。至1942年夏天,引擎和发电机毁于战火;以后,厂房也被陆续拆除,现在已无遗址可寻。开源纱厂的存在,为期虽然不长,但它曾经起过积极作用,还是值得一提的。

(吴仅唐 徐景初)

"佑兴鼎"米厂

在推动民族工业发展的先驱清末状元张謇的带动下,一批民族资本家纷纷投资兴办工厂。石港的爱国资本家凌午桥先生就是其中一个。

1923年年初,高中刚刚毕业的凌午桥满怀实业救国的宏图大志,来到家乡石港镇。他在石港镇北河边首先开了一家叫"右兴生"的米店。他一边开店,一边对石港镇进行全面考察,准备开办一家米厂。凌午桥先生选址石港镇不仅因为石港镇是他的衣胞之地,更重要的是石港镇本身的优越条件。

石港镇素有"金石港"的美誉。从隋唐起,石港历经1500多年的发展,已经从一个普通渔村逐渐变成名闻遐迩的鱼米之乡和商业重镇。它不仅是江鲜、海鲜、河鲜的集散之地，而且是南北干货的经销中心。其中最大的一家商店"源隆"，是南北货批发中心，有资产60万银圆（约合现在的人民币6000万元）。其规模之大可想而知。石港镇四面环水，水路交通相当发达。古运盐河绕镇而过，既通江又达海。盛产优质稻谷的金家庄、三角渡、孙家窑，都离石港镇不到10公里。在当时，办厂的自然条件可谓得天独厚。石港镇有七十二个半庙，是方圆数百里的宗教活动中心，无论春夏秋冬，礼佛求神的香客充斥大街小巷，人气极其旺盛。

　　1923年深秋，由凌午桥、颜勇田、张焘三人合股的"佑兴鼎"机米厂在石港镇北河边南岸建成，并在河对岸建了榨油坊和仓库。民族资本工业的新芽在石港镇这片古老的土地上破土而出。

　　佑兴鼎机米厂占地1000多平方米，坐南朝北，紧靠着大河。临河建有专用的用条石、青砖石灰砌成的踏步，宽有3米多，可容挑着米箩的工人对面上下。

　　工厂分经理房、账房、锅炉房、蒸汽机间、机米车间、仓库等几个部分。机器房里用的是32匹马力的蒸汽机，半埋在地下，主动轮又大又重，直径有一米五。锅炉房的蒸汽通过粗粗的管道送过来，推动蒸汽机巨大的活塞，从而带动主动轮转动，同时发出巨大的"咔嚓咔嚓"的响声，几里路外都能听到。

　　佑兴鼎的机器由技师李福余管理。李福余早年在上海学徒，有一手好技术。一天下午，李福余在佑兴鼎附近的一家米店和人下象棋，一个锅炉工慌忙跑过来说："老师傅！锅炉烧了半个钟头，蒸汽还是供应不足，蒸汽机发动不起来！"李福余放下象棋来到锅炉间，先加了几铲煤炭，又用铁钎子使劲捅了几下煤灰，炉膛里立即掉下许多火红的煤渣。李福余拿起一只面盆从河里舀了大半盆水，浇在那火红的煤渣上，只听见"嗤嗤"一阵响，立即冒起了一团白雾，白雾穿过炉膛迅速变成一团蓝火烧在锅炉的底部。只听见"嘭"的一声响,蒸汽机的活塞被推动了,随即蒸汽机发出"咔嚓咔嚓"的正常运转的声响。锅炉工用佩服的眼光看着李福余师傅,李福余放下面盆又去下棋了。

佑兴鼎开办以后,农民可以直接用稻谷来换米,用菜籽黄豆去油坊换油,大大方便了群众。在佑兴鼎的带动下,石港镇先后又开办了"汇源公"等3家米厂和纱厂。凌午桥也积极谋划准备扩大佑兴鼎的规模。石港镇的民族工业呈现出一派欣欣向荣的景象。

但是战争的阴云遮住了天空。日本鬼子大举侵华,抗日战争全面爆发。1938年日本鬼子侵占了石港,到处烧杀抢掠。汇源公等工厂纷纷关门歇业。萌芽不久的石港镇民族工业遭到了严重的摧残。

佑兴鼎的老板和工人全跑光了。日本鬼子在厂里看到一堆铁机器只好哇哇直叫,什么油水也没有捞着。不久新四军东进,驻在离石港不远的北乡。佑兴鼎负责人凌午桥、李福余暗中和新四军联系上,在日本鬼子撤回南通时就悄悄给新四军送粮。

1945年日本鬼子投降以后佑兴鼎恢复了正常生产。但好景不长,国民党军队来了后要粮要油,佑兴鼎维持不下去,只好常常停工。国民党军队一走,李福余就让工人把秘密存放的大米40担暗中交给了解放军。

石港镇解放以后,佑兴鼎机米厂重新开工。不久佑兴鼎迁往南通市并入"天成"碾米厂。李福余先生因肝癌于1952年病逝。

(田玉)

郑锦记印刷所

1937年，石港镇北街有一家"郑锦记"字号的印刷所。这家印刷所是一对夫妻经营的，男的叫郑锦和，女的叫陆永珍。郑锦和曾在一家印刷所当过五年工人，学到一套印刷手艺。后来，辞退回乡，自筹经费，购买了一台脚踏式圆盘印刷机，开办郑锦记印刷所，为镇上的工商户和远近客家印刷一些名片、发票、收据、表格之类的小型印件。

1940年新四军东进，石港镇解放了。梁灵光同志被任命为南通县抗日民主政府县长，接管了原国民党南通县政府。县政府派人到郑锦记印刷所印刷各种表格、账册、账单、"二五"减租用的契据、征公粮用的"粮串"等，同时还为粟裕部队印刷了宣传品。先后到郑锦记印刷所接洽印刷事项的有董世平、梁郁华、刘雄先、张慎修、王志刚、冯志远、丁冲等同志。

1942年，南通县处于敌伪"清乡"的中心地区，日军侵占了石港镇。印刷品在抗日战争中具有独特的作用。当时，我方没有印刷机构，通过我方干部对郑锦和、陆永珍宣传抗日救国的道理，郑锦记印刷所在敌占区内继续为我方印刷迫切需要的印刷品。他们把机器安装在深院处一间小屋的角落里，并设法消除印刷机件撞击的响声。每当深夜，在人们熟睡之际，他们就秘密地印制起来，然后打好包，做好各种伪装，由陆永珍及其弟弟陆永祺，通过多种渠道，混过敌人的岗哨，冒着生命危险运往据点外我方的联络点。后来，梁灵光县长为了安全印刷，派张慎修、刘雄先二同志动员郑锦和夫妇把全部印刷机器用品连同他们的家转移到抗日根据地来。在民兵协助下，于1942年上半年搬到石港镇西南、原四安区的摇手弯王明道家的一间不为人所注意的小茅棚里。

机器又悄悄地运转起来，完成了上级交来的一个又一个印刷任务。

在摇手弯这地方不到一年，日伪对我中心区大举"清乡"，烧杀抢掠，这里已非安全场所，在党的安排下，又搬到石港北乡崔家庙附近的黄家庄。后来，日伪的魔爪又伸向黄家庄，印刷所再一次转移，搬到杨曹乡的芝麻窑季德杰家。有时搬上船流动印刷。前后五年左右，一共搬了十多个地方坚持游击印刷。最后，把机器安装在一个极狭窄的窑洞里，日夜不停地印刷各种印刷品。这年暑天，陆永祺赶印公粮调查表，因劳累过度，加上窑洞里又闷又热，不幸患病，由于缺医少药，这个20多岁的小伙子结束了宝贵的生命，为抗日救国做出了贡献。

当时，印刷工作量很大，任务又很紧迫，陆永祺去世后，由陆永珍的三弟陆永昌来接替当帮手。在那战斗十分紧张激烈的环境里，为了保证印刷任务的顺利完成，民兵们日夜为他们站岗放哨，时刻守卫着支援抗日的印刷所。

1945年8月14日，日本政府宣布无条件投降，抗日战争取得了最后的胜利。10月8日，石港镇再次获得了解放。郑锦记印刷所在漫长的抗日战争中，坚持抗日救国，在共产党和抗日民主政府的领导下，完成了一个个印刷任务，为夺取抗日战争的胜利，做出了贡献。

（戴国荣）

水上交通

该地区古老的水上交通线主要有三条：一是"东河"线，从掘港经马塘、西亭、阚家庵到南通城，习惯称为"东河"；二是从石港经四安到南通，称"中河"；三是从岔河经石港西河边到刘桥、唐闸达南通城，石港人称"西河"。

古老的水上交通工具，主要分民船和货船。民船是六角门舱的篷子船（原是场官来往用船），货船是驳船，这些船只均为木壳，民船载客20~30名，货船载货6~10吨。石港到南通有两条六角门舱的客船称邮政班船，隔日定班航行，每天上午8点钟在石港西河边接官亭码头开出，当天下午4点到达南通城东门小石桥，乘客上岸；船装货载客于当晚8点返航，凌晨4点可达石港。这两个航班的船主分别是王和尚和葛道士，他们办事认真，不出差错，包括账房沙老先生，都有很好的信誉。他们工作十分辛苦，每船四把纤，船主指挥，老板娘掌舵，风雨无阻，确保安全正点，日班乘客每客船钱三角（指大洋，又称银角子），夜班每客四角。而货物运输船主就多了，大约五家，货物以棉花、南北杂货居多，生猪次之。运棉花的业务，每年早秋最为繁忙，因为南通大生厂、永安厂、三泰和、陆万昌、颜德记等棉商和纱厂急需棉花，而石港又是南通地区棉花的主要产地之一。与此同时，浙江绍兴人鲁镇福用两头尖的木质"快船"开通石港至南通的隔日船班，这种船是用摇橹的方法使船快速行驶，航道中间省掉了甩板过桥、河面狭窄而竹篙撑行的麻烦，大大缩短了航行的时间，故称"快船"。

民国二十三年（1934），南通城里张瑞生置办了机动船，当地人称"汽船"，开通南通至掘港的航线，中途停靠石港东河边。这种船有两艘，一叫"云龙"，一叫"云飞"，每船载50~60客，人货同载，大大缩短了来去时间。抗战爆发后，战乱中停航。30年代后期，南通大达轮船公司的小火轮开通了通掘线，石港自然是招呼码头之一。每天下午一时许，小火轮停靠石港东河轮船码头。码头设在东河边吴慎记花行前。

总之，石港水路交通盛况超过了陆路交通，当时通石之间、兴化里下河地区与石港之间货物交流频繁，东、西两河船只云集，来往如梭，据说当年词作家史白同志"千条船来万条船，千条万条来往如梭穿。除了解放区，别处哪儿有"的歌词，就是根据石港水上交通盛况创作的。

邮电局

清末民初，石港在城隍庙东首设有民信局，董处琛经营，主要业务是传递民信，也办汇款，汇款主要目的地是南通各钱庄。邮寄的信、款经信差（邮递员）用布袋装封，背起来送达金沙、南通、掘港等地，一般数日跑一次。北伐以后，国民党政府在石港十字街西首设立邮政局，可以办理单挂号、双挂号及平信邮递业务，也办汇款业务，同时可代订阅报纸杂志。邮政局设局长1人，职员1人，邮务员1人，每天由邮务员押运，搭乘石港与南通之间的班船传递，再由南通转发全国各地。石港成了解放区之后，抗日民主政府接管了邮政局，留用了旧职人员，直至石港彻底解放。

和邮政比较起来，电信发展缓慢得多。清末民初这里没有电话电报。到1924年开始拉起了电话线。从金沙沿土路竖起了一排杉木电线柱，蜿蜒到石港，总机设在场官衙门内，只有十数门。装电话的只有石港区公所、镇公所和源隆南货店、一林丰水烟酒栈、佑兴鼎机米坊、凌佑兴花行、凌源记花行及宋元兴花行等十余户。1940年新四军东进，为了坚壁清野，打击日寇，将五总至石港的电话线、柱全部拆除。抗战胜利后，电话线路才重新恢复。

（张国华　张茂华）

箩班脚班

石港的箩脚班历史很长，多少年来没有固定的组织，是一班体强力壮的人自由组合起来的。他们中分为箩班和脚班。做箩班的是运输上卸货物，做脚板的是帮人家送葬收殓。近代箩班头子葛二川，挑箩的人有老王二、徐顺、季照、戴桂等十余人；脚班头子是徐灿，做脚班的人有徐毛、庄长、张中、郭大仁等七八人。

箩班交易以米行机坊、班船码头和镇上的几个大商号如源隆、一林丰、中和春等为主，为上卸货物最多，而且常年不分季节。脚班交易不如箩班，常常无事可做，空时就协同箩班干活。每年到了秋季，稻棉上市，刘桥颜德记、三泰和、平潮陆万昌，上海永安纱厂都到石港开秤收花。本镇花商凌源记、凌耀记、朱三泰、宋海秋等的花行开秤收皮花，石港近八十家粮行收新稻，再加上佑兴鼎、汇源公、李福源、张隆泰四家机坊，每天的粮棉上卸、进出，数量很大，单靠石港箩脚班二十人左右的劳力是不够的，所以每年新秋到冬季要增添临时劳力参加上卸运输。

箩班人虽无组织，但个个都很讲义气，信誉很好，再急再重的活，他们只要接下，没有到时不能完成的。通掘班汽船每天下午四点左右到石港，箩班人不管有货无货，货多货少，不管起风下雨，天天都能提前赶到接官亭码头等候，从不拖延班船时间。汽班船的账房沙家老先生（沙龙翔的父亲）负责收发，他说："通掘沿途这么多码头上卸，最硬的是接官亭箩脚班。"所以每次在石港结算箩脚班上卸费，一是从不差错，二是特别客气。

旧时箩脚班人吃的是苦力饭，一年四季不管春夏秋冬、风霜雨雪，脚穿草鞋捆绑腿，身披肩布。旺季每天劳费不超过一元,淡季只有几毛(角)钱一天。上下货物无机械,全靠扁担挑和杠子抬,肩担步行,劳动强度大。

箩脚班的生活俗话说是"硬碰硬的生活"。石港箩班上力气最大的是葛二川,肩上的肌茧有拳头大小,他挑市斛一石半米(225市斤)从北门广济桥到南街草市桥不换肩,除了他没有第二人。后来,一批青壮年很佩服他,学练挑担本领,时常挑衅与他比肩。碰到上卸忙时,青壮年们也主动帮"葛大力"挑几肩。一度还以师徒相处,真是苦中有乐。

(张国华 葛其华)

民间风俗

迎神赛会

旧时石港寺庙甚多,有七十二个半之多。随着寺庙的建立,逐渐就有了迎神赛会,且随着寺庙的兴盛,其规模不断扩大。石港几乎常年不断迎神赛会,规模大小不一,其中最为兴盛的是农历三月廿八的元帅会、五月十八的都天庙会和六月十九日的观音阁庙会,并称"三大庙会"。

三月廿八日元帅会

农历三月廿八日是元帅堂的庙会期,举行迎神赛会。届时,庙里将神像请上大轿,由赛会的执事鸣锣开道行会。敬香的香客很多,其行会规模,虽比都天庙、观音庙会要小,但盛于其他寺庙。

庙会期,各方做生意的人都要赶来石港,其中有做糖人儿的艺人、卖胡琴的艺人,有走江湖打莲花落的、唱道情的、相面打卦的,有江南过来卖镗锣、铃儿及各种玩具的担子,还有许多花木商人设摊进行苗木花草的买卖。

值得一提的是,会期苗猪生意特别兴隆。猪行生意的繁荣,带来了茶馆、菜馆、酒店营业的兴盛。

五月十八都天庙会

石港都天庙建于明崇祯年间，内供奉"都天大帝"，亦称"金容大帝"，即唐武将张巡。据史料载："张巡（709—757），唐邓州南阳（今河南）人。开元进士。安史之乱时，以真源令起兵守雍丘（今河南杞县），抵抗安禄山军。至德二载（757）移守睢阳（今河南商丘），与太守许远共同作战，在内无粮草、外无援兵的情况下，坚守数月不屈。睢阳失守后，与部将南霁云等同遭杀害。"其忠烈震天地，泣鬼神。安史之乱平息后，唐肃宗敕封张巡忠烈，为都天大帝。后人建寺庙，塑神像，将其供若神明。

庙会的前几天，那些远近的生意人就开始张罗进驻了，大小客栈为了应付从各地来的客商，在房间爆满时，要在客厅和过道里增加临时铺位，被子还要到附近人家租借。石港老镇四面环水，坐船来赶庙会也是古镇一道独特的风景，在北街头广济桥东西，东街头通济桥（东石桥）南北，河面上停靠着大大小小的船只，到了傍晚，河面桅灯闪烁，给人以无限遐想。

庙会的序曲一般从五月十三就开始了，那些从外地赶来的百戏班子为了招徕看客，总是踩着高跷，穿红戴绿，在西洋鼓乐队吹打引导下，进行引人驻足的行街表演。老镇上的大人小孩，总是跟随在后面看热闹，常常一直跟到石港小学大操场上。那里，用帷子封闭的百戏场（能容几百人观看演出）里鼓乐震天响，总是让人们对即将开始的神奇庙会演出充满了向往。

农历五月十八日庙会这一天，各家商号的屋里门外都挤满了人，生意兴隆，特别是杂货店、饮食店、客栈等，顾客盈门，应接不暇。外地赶集的有山东、浙江、江西、苏杭等地客人，什么瓷器木器、山珍海货、雕塑、绸缎布匹、装饰用品、耕作农具等，应有尽有。其他还有打百戏的、变戏法的、玩杂耍的、唱道情的、打莲花的、测字算命打卦的、看病行医卖狗皮膏药的、玩拳术练武术的、捂点儿玩扑克的、抽红绿签押得得儿的等，五花八门铺天盖地而来，蝶飞蜂拥而至。

庙会由庙里住持道士和地方上的头面人物组织。会前一天，都天王爷神像必经之途必须清除污秽，点柏枝，做烟熏，用水冲洗，谓之"洁道洗街"。

夜里，按照当时官府的升堂仪式，进行所谓"点卯执衙"。这时，所有旗牌执事、乐器吹鼓手、扮判官小鬼的以及曾经生病许愿烧肉香的人，都赶到都天王爷的神像前跪拜"进庙香"。会期一早，庙内钟鼓齐鸣，鞭炮震天，香烟缭绕，细吹细打，极为热闹。首先是三棒锣上街，各店铺卸天棚，收摊点，摆香案，一片虔诚肃穆。出会时，仪仗队是全副銮驾，前面是一对金龙，分别盘在两根红漆柱子上，称为鳌头。其次是两只大幡，"肃静""回避"及官衔牌以及旗、锣、伞、扇，兵器金瓜、钺斧、朝天镫、挝、长枪、大刀、神船、神马，还有青狮、白象、麒麟、八洞神仙等，这些锡制品工艺讲究，人物神态自然，栩栩如生。神轿周围有提炉、托炉香烟氤氲，轿前是细吹细打的十番音乐，轿后有八面威风旗和押轿人。队伍庞大，绵延三里有余。整个队伍，以烧"马伕香"的为前导，人数多达数百人。"马伕"们跳跃着前进，腰间围挂着的铜铃叮叮作响，队伍中还有荡湖船、站肩、踩高跷、舞龙灯等，许多是民间戏曲中人物，其他还有扮的地方鬼、小头鬼、白无常、黑无常、醉汉鬼等，精彩纷呈。这些参与者和表演者，有的是为了还愿，有的是有钱人雇来的，也有的是为炫耀自己的殷实富有。他们设立公馆，张灯结彩，摆设香案以及盆景古玩、珍奇雕塑，供神轿停靠休息，也供人们观赏。行会队伍每行进到一处，都要绕公馆一周，神轿也要到公馆落座，供主人参拜献菜。这时龙灯、杂耍、高跷、站肩、荡湖船等都要表演一番。

大概从上午九点多开始,街上就开始人流涌动,十点后进入高潮。石港南北大街上几乎塞满了赶庙会的人群,个个跑得满头大汗,北面十字街东西是窄窄的石街,只有三四米宽,要想从东到西跑个单趟,这短短的三四百米没有一两个小时是跑不到头的。人多天气热,火了那些路边的临时茶摊,一天下来,每个摊位也能挣到几百大碗的茶水钱。

各家商号的屋里门外都挤满了人,特别是百货店、杂货店、饮食店等,顾客盈门,应接不暇。庙会期间那热闹的景象,宛如《清明上河图》所描写的场面。

值得一提的是,庙会期间苗猪生意特别兴隆。石港西街头有专门的猪行,因几百年来苗猪生意的繁荣,带火了那一带茶馆、菜馆、酒店的营业。每逢庙会,还有三、六、九逢期(传统的赶集日),那些从十里八乡赶来的人们带着小猪,有用扁担大篮挑着的,有用独轮小车推着的,那里简直成了苗猪的世界,另外,还有主人用绳牵着,用鞭子赶着公猪和母猪前来配种的……赶庙会的人们总喜欢在买卖做完后再坐在附近泡茶温酒,还有的则带着老婆孩子去里大街看更热闹的场面。张海楼先生曾作《渔湾竹枝词新编》一首,诗中曰:"五月炎天人若狂,四乡八镇来烧香;行灯赛会连台戏,十八高潮起十三。"从诗句中可窥见当年庙会盛况之一斑。

行会结束后,都天王爷要到"娘家"——东岳庙看一夜的戏。20世纪40年代后期,这一清规被打破,都天王爷除去东岳庙看戏外,还可到关帝庙、城隍庙看戏。戏毕后起驾回庙谓之"回辕"。如遇天黑回庙,各种执事上都要挂上彩灯,有数百盏之多,火树银花,名谓"亮火回辕"。这时,都天庙会宣告结束,历时六天的"老郎会"也随之落下帷幕。

六月十九观音庙会

明朝天顺中建的大慈阁,供奉的是观音大士的神像。每年农历六月十九日,是观音大士的诞辰,为庙会之期。

据《海曲拾遗》卷一中载："明天顺石港海滨间，有双铙相合随潮而至，渔人得之，一铙跃波逝，一铙中座金身大士像，提鱼筐，邑人巫星台迎供于阁，著灵有响。每六月十九日赛会，士女以彩线金银物悬诸座，谓之挂线。"清地方文人黄金魁曾作《渔湾竹枝词》曰："海上浮来一片铙，金身大士今乘潮；家家膜拜求儿子，挂线莲台十万条。"无巧不成书，上海豫园主人潘允端办漕运，疏浚淮河，挖得沉香木观音像一尊，乃于明万历廿八年建沉香阁于园中。一个浮于海上，一个沉在河底，真是无独有偶。

观音庙会期间，庙中布施麦饭，供食者消灾降福，同时也备绿豆粥，供香客祛暑。每逢会期，从清晨到傍晚，前来烧香礼拜、求子祈福、许愿酬神的香客连绵不断。

庙会除宗教活动外，也呈现出浓厚的商贸性质。庙会期间，各类商品一应俱全，从郡庙东侧，经广济桥至大慈阁，临时货摊商棚，鳞次栉比，形成一个规模很大的交易市场。最突出的是两个行业——瓷器业和木器业。

观音庙会还有一个文化特色，就是群众性自发的山歌比赛。庙会正值盛夏季节，烈日炎炎，人们烧香礼拜后，便寻一方凉爽之地休息唱山歌。旧时，曾有清代地方官到现场评奖之佳话。张海楼先生在《渔湾竹枝词新编》中曾吟道："六月十九观音会，木客瓷商赶集来；更有年年山歌赛，农民高唱乐开怀。"正是当年热烈场面的生动写照。

石港的迎神赛会除上述三大庙会外，还有每年清明或农历七月半的"盂兰会"等。这些名目繁多的庙会年复一年，传承到现在的只有农历五月十八日的都天庙会和农历六月十九日的观音庙会。然而这几大庙会早已脱去了迎神赛会的彩衣，成为单一的商品交易会，是城乡商品交流、活跃经济的集市贸易佳期。

（张国华　丁永祥）

毒月期间不说亲

明清以来,南通地方旧的民间习俗中,有"毒月不说亲"的风俗。

何为"毒月"?民间认为每年农历的五月、六月,天气酷热,灾害频发,百毒入侵,百病肆虐,人们易生疮疖、痈疽、疟疾、暑湿(中暑)、感冒(热伤风)、痢疾(绞肠痧)、红眼病、湿疹(痱子和脓痱子)、带状疱疹、足癣(烂脚丫)、下肢静脉曲张(老烂腿)、中耳炎(害耳朵)等10多种疾病,是谓"毒月"。在科技落后的年代,老百姓认为这两个月群魔当道,只能"驱邪"和"避邪",别无他法。

"毒月"驱邪活动最典型最集中的时段就在五月端午节期间。端午节孩子身上挂香袋(将香的粉末装在小布袋里),脸上、四肢涂抹黄色的雄黄酒;如果孩子经常生病,还要到附近寺庙拜僧人"寄身",将僧人赐赠的红色丝线"索子"戴上脖子。大人们要在家门上方悬挂艾草(苦蒿)、菖蒲、大蒜头,阻止邪恶入侵,这种习俗一直延续至今。他们每天在钟馗和其他菩萨面前烧香磕拜,求佛镇邪;家底厚实的人家照例还请木偶戏班子在堂屋唱三天钟馗捉鬼之类的戏,这往往成为左邻右舍孩子们最快乐的去处。也有人家请巫婆跳神驱邪。"毒月"里家家在二梁上悬挂围大如筛的盘香,日夜焚烧,延绵不断,驱除晦气,长达半月有余,甚至延续至农历七月半。而到农历七月半,"毒月"才算过去。至于民间"毒月"避邪的方式,主要是不在烈日下从事户外劳动,不起房造屋,不办喜事,不杀生,不吃荤,不远行。这里尤其忌讳的是绝对不说亲。

说亲,就是媒婆为青年男女的婚姻大事牵线搭桥。旧社会的红娘比较难做,"做得好,(男女)两边谢,做得不好,挨两边骂"。为什么还有人乐此不疲呢？因为有"吃18桌"和双方"谢媒"的物质诱惑。初说、算命、回访、押帖、结婚，这期间包括陪同男方青年去女方送春节、端午、中秋节礼，每次活动媒婆都坐吃双方，一般约坐18次桌面，婚礼筵席还坐首席，拿双方递给的红包。

　　媒婆如果觉得男女双方般配，便先征求双方家长同意，去女方索取女子时辰生日，写在红纸条上，送到男方家里的灶台上方"灶君菩萨"面前，表示所写情况真实无欺，请灶君见证。这种红纸头叫"小帖子"。小帖子送到灶台的原因是灶君菩萨十分诚实，民间有谚语"灶君菩萨上天——有一句说一句"即是佐证。男方拿到小帖子之后，就设宴请算命先生上门，当着媒婆的面给男女双方的结合算吉凶，若凶则免谈；若吉，须过10天或者8天以后，媒婆上男方家门询问家中是否平安。若不平安，则请媒婆通报女方，婚事不成。若平安无事，媒婆就到女方通报，"恭喜吉祥"，双方亲事初步敲定，但仍然可以反悔。男方得到媒婆关于女方的认可信息后，就选择吉日，宴请媒婆和有文化的先生，由先生代写一种叫作"媒红纸"的婚姻文书，表示明媒正娶；如果是男方入赘，则叫"招婿纸"。这样的媒红纸就叫"大帖子"，确定大帖子的活动叫"押帖"，此后双方不得反悔。在媒婆陪同下，男方家长或者男方请口齿伶俐的亲戚（如姑、表、叔、伯）到女方"提亲"，与女方家长共同在媒红纸上签字，也可加盖指印或私章，约定完婚日期。之后，媒婆常常游走在双方家庭之间，为完婚需要的种种繁文缛节极尽口才，直到男女双方家庭都满意为止。于是，作为男女结婚的重要前奏——"说亲"，就算完成了。

　　和旧社会比起来，新社会的青年就幸福多了。今天的男女婚姻自由，也没有了封建的繁文缛节。幸福生活来之不易，我们要好好珍惜啊。

（张茂华）

降雨解旱求神龙

从明末清初直到20世纪20年代末期,"求雨",成为石港地方民间龙文化的一道独特风景。

石港是著名的"粮囤子",故向有"金石港"的美誉。清乾隆之后,时政日渐腐败没落,农村水利年久失修,旱涝灾害日益严重。至清末民初,这里逢大雨陆路能行船,遇大旱数月河底干裂,农民只能在河底挖井维持生计。为了争水,邻里常发生纠纷,因而成为社会不安定因素。石港地区严重的自然灾害有清咸丰六年(1856)大旱,庄稼死光;光绪二十八年(1902)的旱灾,河底干裂;民国二十年(1931)水淹四乡;民国二十二年(1933)三个月无雨。旧时民间有"囤天河多无水囤(今志田村一带),杨家河深水不深(今北乡杨家桥一带)"的顺口溜,表达了老百姓无奈的心情。在久旱不雨的情况下,老百姓只好求助于传说中的神龙,自发组织盛大的求雨活动,祈求降雨解旱。

求雨活动由当时的地方名流、商会会长张伯礼及知名人士沙景尧等七八个人赞助资金并组织求雨活动领导班子,进行"随缘乐助,功德无量"的宣传,发动开明士绅、商业大户出场出钱出力。他们组织人们在东通济桥、西猪行桥、南营桥、北广济桥各塑一条泥龙。泥塑巨龙横卧干涸的河底,龙头直径一米多,高高地搁在桥头河岸上,龙身四十余米,为淤泥拌石灰做成,坚硬牢固;龙角由粗树枝制作,挂有红绿彩绸;龙爪、龙脊、龙尾为草木麻丝和石灰泥制成,皮球作眼,木材与贝壳作齿舌,张口处十岁孩童可直身进出。口齿之间有一大球。蚌壳、蛤壳排嵌全身,是为龙鳞。乌嘴、花眼、白牙、红舌、灰身和米色爪甲,均用油漆抹成,骄阳下匍匐蜿蜒,熠熠生辉,张牙舞爪,栩栩如生,如神龙天降。

龙头前供有玉皇、龙王等纸马及果品、茶食、米酒、豆腐、肉盘三牲，燃烛烧香，焚化黄钱元宝。一米多高5到9层的宝塔高香，烟雾弥漫，香飘数里。供品全由老百姓中的代表、被称作"盼水妈"的自觉贡献。她们磕头膜拜，求神开恩，为民解难，消灾降福。为了扩大影响，组织者挑选十多名不足十岁的男童，赤身裸体，通身涂满泥浆，只露出脸上的七孔，扮成水鬼，手举雨伞在烈日下走街串巷，高呼"响雷打闪下大雨，乌阵陡暗平地三尺……"营造满城风雨的气氛。长长的求雨队伍先至玉皇殿、龙王庙烧香拜佛，道士念经，然后上街游行。街道两旁悬挂大幅四字联语，黑纸白字或者黄、白、绿三色条幅（火红色不吉兆），分别写有"石燕高飞""商羊起舞""兴云布雨""大降甘霖""平地三尺""有求必应""风调雨顺""国泰民安""消灾降福"等短语。古镇内外人头攒动，商贩遍布。远近十里八乡，百姓闻风云集，热闹非凡，蔚为壮观。一直要等到一场大雨淹没龙身，送神上天，活动才算最终结束。

　　这样的求雨活动，至20世纪30年代后期，因为战乱不断，也就自然消停。随着社会变更和发展，石港这种民间龙文化便在破除迷信之中消失了。

（张茂华）

灯彩熠熠闹元宵

　　南通灯彩在历史上就久负盛名，元宵又是传统的灯节，真是火树银花不夜天，千灯百彩放光明。清代文士李懿曾在其百首《咏通州》乐府词中有这么一首：

通州好，灯火灿元宵。彩殿月明云锦烂，
铜街香簇马蹄骄，乂嘴玉笙调。

这首词把元宵灯节的繁华景象描绘得淋漓尽致。

记得儿时,也曾不止一次地去逛元宵灯会。确实,"五夜元宵"那几天,不仅如俗语所说,"家家户户挂红灯",而且大街上也是灯连灯,人如潮。寺庙里更是灯火辉煌,把平日替人家做"法事"的各式灯都张挂起来,五色缤纷,光彩夺目。庙灯中有这么一种"大壁灯",在二尺来宽、三尺多高的木绷上糊上纸,绘上些宣扬轮回报应、劝人改恶从善的画儿,向人们宣传儒家的教义。还看到一只较大的圆形"走马灯",在灯的白纸外壳上映出《十八罗汉斗悟空》的戏文,一个个罗汉与悟空交锋,滚的,趴的,倒的,而孙悟空手持金箍棒,显得那样神采奕奕,威风凛凛。四周的观众看入了迷,连声叫好。

规格盛大的灯彩聚会,要算1935年的元宵节了。金沙、石港等地都举行了"行灯"活动。那可以说是一次"灯彩大赛"。各式各样的小灯无奇不有,最吸引人的是各大商号出资制扎的灯彩。一般用五六尺见方的座架扎成"鳌山",上面装饰无数的纸花和小型彩灯。说是纸花,其实是用通草片染色制成,如同鲜花一样娇艳,映着彩灯,熠熠生辉。鳌山正中留出一方舞台,用以表演扎成的戏文。那些用通草做面孔、绸布做服装的戏中人物,有手有足,安上机关,还可以活动,要比普通的木偶漂亮得多。记得"施天宝银楼"开始扎的是"高射炮兵打飞机"。那黑铅皮炮筒里真能发出一颗颗亮闪闪的炮弹哩!原来炮筒里可以安上一种叫"雪炮"的小焰火,有人在暗中点燃便可将"炮弹"发射出去。后来又扎了"狄青招亲",狄青与百花公主还真能挥舞刀枪"厮杀"一场。"胥复茂糟坊"扎的"水漫金山"也是匠心独运,别树一帜:金山脚下,白娘娘和小青在小舟上挥动双剑,鼓动虾兵蟹将推波助澜。制作者巧妙地运用灯光变幻,使金山脚下真地像大水上涨一样。金山寺前,一方袈裟之后是合掌打坐的法海和尚,许仙藏在他的身后,不停地颤抖。一曲戏文,表演得惟妙惟肖。难怪传出了这样的顺口溜:"胥复茂、陈酒香。扎的'漫金山',灯彩真堂皇。看灯如同喝了酒,味儿要比别家强。"也不知是哪家,扎了个硕大无比的"钟馗戏蝶"。那钟馗足有屋檐高,身披大红袍,手执折扇,想去扑打飞蝴蝶,但总是扑不着。上面的伞盖四周安着灯,钟馗的腹中也亮着灯,钟馗的手脚上都吊着麻线,通过伞盖上安装的小滑轮,由人在身后操纵,可以手舞足蹈。至于那蝴蝶,是用铅丝绕成的弹簧系在伞盖前方,上下晃动,像在飞舞,设计得非常巧妙。其他还有"桃园三结义""定军山"等,加上无数五颜六色的小灯,配着鼓乐,一队一队,浩浩荡荡,不亚于"迎神赛会"。只要谁家点放爆竹表示欢迎,队伍就停下来表演一番。如此良辰美景,怪不得不等日落,人们就从四乡赶来看花灯了。

　　人们在谈论灯彩时,往往会提到那精美绝伦的"包灯",因为它是驰名遐迩的通州地方工艺品,后世的灯彩大都源出于此。包灯的创制者为明代崇祯年间的通州名士包壮行。他对于灯彩很有研究,能剪彩作人物、宫殿、车马,入夜则燃烛其中,远看俨然琼楼玉宇,神仙境界。包灯在清初就已经传到如皋、泰州、扬州等地。如皋名士冒辟疆曾在家举行夜宴,邀请好友观包灯,听琵琶,赋诗咏唱。乾隆五十六年(1791)元宵,浙江篆刻名家兼诗人黄易,还将包灯从扬州带到济南,请宾朋观赏。

　　包灯做工精细,它一般用金属细丝做骨架,外表为彩色薄绢,加上画饰,鲜如朝霞。在上元佳节如锦绣铺地,光彩璀璨。至于包灯的具体形状,据老一辈回忆:光绪初年一位灯匠曾扎了一架"吹箫引凤"的灯彩,有人物箫史和弄玉,还有楼阁、树石,特别是一只绚丽的凤凰在凌空翱翔。那就是按照包灯的要求制作的,精美绝伦。

　　南通是灯彩之乡,扎灯好手辈出。1984年4月,刘桥镇的民间艺人周广泉用一个半月的时间，精心制扎了一只灯彩：这只灯从底到顶共八层，两米高。灯的画面以《西游记》为背景。灯亮以后，孙大圣大显神威，降妖擒怪。虽是映出画面，却生龙活虎，令人赏心悦目。这只灯彩送往日本大孤参加东方民间艺术展览，获得好评。

（宋建人）

开工收工上梁酒

　　民宅建造过程中，建房的工资形式有点工和包清工两种，建房的主家有三餐不同于平常的酒是非办不可的，即开工酒、上梁酒和收工酒。房屋建好以后，主人还要办"收工酒"招待各位师傅，头道菜由主人亲自端上桌，各位师傅还要起立致谢，接着主人还要为师傅们斟酒发烟。敬酒从一席（首席）开始。坐一席的一般为当手（为首）的师傅，主人摆上桌的各道菜本来都是供师傅们吃的，但一般情况下师傅们唯独鱼是不吃的，这叫"鱼（余）在府上"，或叫"不吃主家鱼（余）"。但也有把鱼吃了的，这叫"吃了主家鱼（余）"，就是吃了主家才有余。有了这种谚语铺底，师傅们对主人端上来的鱼想吃就吃，而对主人来说，吃了我的鱼是我家发财，不吃我鱼还是我家发财。拿现在的话说叫"双赢"，真是不亦乐乎。至于招待老师傅的菜肴，就通北而言，20世纪各个年代的标准各不相同。50年代流传在民间的顺口溜"四大洋盘两碗汤，筷子一伸精大光"，60年代的"八大碗"，70年代的"四盘八碗"，80年代的"八盘八碗"，90年代的"四个六"。随着人民生活水平的不断提高，收工酒也越办越好，山珍海味，各式糕点，四季水果，应有尽有。

　　至于上梁为什么还要办酒，有很多说法。但总的一条是，因为上梁在建房中是一件大事，一般要选择吉日良辰，主人为了图个好吉兆,就宴请老师傅们,而老师傅们也千方百计说出许多吉兆的话,以讨得主人欢喜。上梁前,主人也要做好多准备工作,如在堂屋两边中柱上贴"竖柱正逢黄道日,上梁巧遇紫微星"的红纸对联,正梁上贴"福禄寿"三字。上梁前由房主摆设糕、粽、馒头,燃点香烛祭奠地皇菩萨,房主和上梁师傅叩头跪拜。上梁一般由两个师傅在梯子上将正梁安装到预定的位置上,主人还要包红包(喜钱)给上梁师傅,上梁时还要说富贵(口话也叫鸽子),鸣放鞭炮。上梁这天媳妇的娘家还要送来中堂匾对,烛台香炉,亲朋好友都要前来祝贺,房主摆宴热情招待,忙里忙外,热闹非凡。

形形色色僮子会

通州古为胡逗洲,是长江入海口的一块沙洲,于后周显德五年筑城建州。这里的初民是流落到此谋生的贫民和流放的犯人,由于长期的"五方杂处",各地民俗风情的交融和巫风的盛行,逐渐形成了通州一种独特的风俗——僮子做会。

多少年来,由于生产力落后,历代统治者腐败无能,及其他种种原因,挣扎在饥饿线上的广大劳苦大众无法抵御自然界给他们带来的各种灾祸,就将希望寄托在超自然的神身上,幻想神来拯救他们。加上历代统治者的倡导,民间对神佛鬼巫顶礼膜拜崇敬之至。神的观念在劳苦大众的头脑中占据了主宰地位,渗透到生产生活的各个领域:旱涝虫灾要请僮子做会,三病六痛要请僮子做会,即使丰收年成,同样要请僮子做会,为他们祈神禳灾。而田禾丰收以后的消灾会正是农闲,他们做会的目的,一是祈求神明继续为他们消灾,保佑明年有个更好的收成;二是为了在紧张的劳作之后轻松一下,娱乐娱乐,抒发心中的喜悦情绪。

僮子会的形式分两类，一是单家独户的，另一类是集体的。

早年间，南通乡间的习俗，家里有人生了病，受了惊吓，昏睡不醒，头疼脑热，或是胡言乱语的，总要请僮子来"叫叫"，人称"叫魂"，也叫"上僮子""僮子上圣"。病人家属要在神前许愿，如果家人病有好转，就得酒礼三牲，豆腐素供，香烛纸马，谢神还愿。还愿时病人家属要请邻居和亲人在鬼神面前担保作证，求神赦免，还要在保单上签字画押，同时还得参加还愿时的祭祀仪式。还愿的规模有大有小，一人保名"清叫"、化栏门。只要请一个僮子，供神马三份，设香炉烛台，供豆腐、三寸（肉）、酒和茶食。不敲锣鼓，不摇法铃的叫"叫魂"，又名"清叫"，前后只要一小时左右。设小坛门，不动锣鼓，摇铃轻唱，全程要两三个小时方可结束。二人保叫度关纸，请僮子二人，全程约需大半天。十三人保，又叫十三太保，小全堂。请僮子三人，敲锣打鼓，从早晨开始一直到傍晚才能结束。小全堂相当于"一表一圣"，僮子"还愿"的基本执事已经齐全，故称小全堂。还有"三表三圣""三表五圣""五表五圣""五表七圣"。规模最大的叫"九表十三圣"，历时三天三夜，参与的僮子数十名，执事十分复杂纷繁，花费巨大，非豪富之家无力操办。新中国成立前曾有一姓张的大户为讲排场，请僮子做"九表十三圣"，花了大半家产，扎的"库"像房子一样，厨房开饭从早上一直到深夜。场面之大绝无仅有。

另一种形式是集体的，是群众性的消灾纳吉保平安的仪式，叫"消灾会"。一般以村或某一行业为主体，由会首（乡绅、族长或德高望重的人）牵头，派人一户一户地收钱，这种自愿集资的形式叫"写字"。款子收齐后再约请僮子，商定价钱，确定日期，张榜公布，僮子便会如期而至。僮子会的名目繁多，约有五六十种。以神命名的有观音会、玉皇会、都田会、东狱会、灶君会、土地会、龙王会、水母会、财神会等。与老百姓生产生活相关的有开耕会：春天开耕之时感谢神灵的祭礼。青苗会：夏天种植时感谢神灵的祭礼。花棚会、丰收会：秋天收获时的感谢祭礼。消灾会；疾病流行时祈求消灾的祭礼。蝗虫会；驱除虫害的祭礼。求雨会：避免旱灾的祭礼。寿星会：祝贺老人长寿的生日祭礼。安土会：祈求住宅平安建成的祭礼。这些形形色色的会，总的目的无非是为禳灾驱邪求太平，故总称"太平会"。方圆数十里的老百姓蜂拥而来，比过年过节还热闹。太平会程序繁杂，节目精彩，除了唱神歌、酒歌以外，还有内外坛，文武场，说唱念做，音乐、舞蹈、曲艺、杂技，还有种种绝活表演，逗乐的莲花落和"着戏装，串古书，套语加唱词"的僮子戏，如《唐僧取经》《郑屠户上西天》《坐堂审替》《楚汉相争》等，大多是些劝人为善、积德修行、善恶报应之类的内容。虽然动作简单，表演粗糙，也没多少程式，但因语言风趣，且可即兴编词，将当地当时的人和事糅杂进去，常常逗得人前俯后仰，乐不可支，备受广大群众欢迎。

　　古人有诗曰："秋末最乐是农人，新谷登场笑语亲。准备蒸豚兼斗酒，大家明日赛灵神。""数杯香饭荐红莲，谚语喃喃祝告虔。但愿农田十分熟，明秋坛上竞烧钱。"

（沈志冲）

中秋月下猜戏谜

　　供月戏谜，这是南通石港一带特有的中秋习俗。

　　中秋佳节之夜，当你踏着月色，与二三好友在街头漫步时，准会被街边的七八张乃至十数张方桌连接起来的供月戏谜所吸引：那最前面的方桌上，一只八寸平盘之中，用米粒勾勒出一只喜鹊，作为"开场白"。它像哑谜但不是哑谜，似画谜又不是画谜，然而，精于射谜者却能悟出个中之道，原来借汉字谐音，为"盘中米（谜）喜鹊（戏曲）"，参照灯谜秋千格，谜底即为"戏曲谜盘"。这一"开场白"既简练而又十分贴切，引得参观者百头攒动，争着去欣赏那后面桌上陈列的琳琅满目戏谜之盘。

看吧，聚新菊、残荷、丹桂、月季、铁树、石膜红、秋海棠等于一盘，形成大写意净行脸谱，而其谜底则为一出三国戏《群英会》。利用花卉入谜，可说是恰到好处。

再看在一戏盆中，玲珑别致的玉石斜卧，上叠一枚水晶方章。这是颇费猜评的一只戏谜。但经三五人一阵耳语之后，谜底破解出来了，原来是红楼戏中的《摔玉负荆》，别有情趣。

制谜还常用当地的出产信手拈来，加以组合，别出新意，妙趣横生。譬如将一只海鲜文蛤劈开，两页壳八字排列于蟹壳之下，谜底即为一出神话戏《八仙过海》。再如棉花上边放一支稻穗，形成一出谐音的戏谜《华容道》。还有一捧祁门红茶上有一撮屯溪绿茶，万红丛中一点绿，对比鲜明，谜底为三国戏《六出祁山》。这些戏谜还都比较一目了然，易于猜射。

有的戏谜则刻意求工，意境蕴藉，猜射得费一番功夫。比如戏盘中以食盐堆成栏杆，旁边竖放一只象棋中的"马"，受阻无法上前，形成"雪拥蓝关马不前"的诗意，猜射戏文《蓝关雪》。又如戏盘中放一只微型盆景，有文竹数茎，根部按一只山东大黑枣，宛如山石；再点缀一座用关丝草编成的曲拱小桥，翠竹依山，小桥流水，好一盘无声的诗、立体的画。谜底——《文昭关》。

有的戏谜隐伏诡谲，煞费猜射：盘底衬着黑纸，上放花生、鸽蛋、豆腐和红皮湘莲各一。此谜底为一出风靡中外、脍炙人口的武打哑剧《三岔口》。原来盘中的四物分别代表生、旦、丑、净四个行当，漆黑中哑然做戏，唯《三岔口》莫属。

中秋月下猜戏谜，自然少不了带"月"字的戏。一只蜡鹅和蝉，头仰望着天空。不消说，谜底为《嫦娥奔月》。一只锥子刺穿了荷叶和信，明眼人一看便猜中，这是《追韩信》。一只剥开的花生，已取去果实，再加上一只小电池，构成谜面。这花生采用南通方言长生果来解，原来谜底为《长生殿》，字面上虽然没有"月"字，但人们总会想起"七月七日长生殿，夜半无人私语时，在天愿作比翼鸟，在地愿为连理枝"的诗句。

就同戏文一样，猜戏谜也有高潮。这高潮就是最后桌上的征谜。二十只戏盘内空无一物，以便让精于此道者将设计好的谜面陈放其中。应征者一般是早有准备的，但须合简要、含蓄的要求。这当儿真的是"八仙过海、各显神通"了。只见有人拿出两只一红一绿半圆形的小纸片，镶拼起来正好是个整圆。圆缘谐音，绿碧同义，谜底为《宏碧缘》；另一位摆上几朵新棉堆成小山，上面放上一只被拍死但体形完整的蚊虫，成为《焚棉山》的谜面。还有的是一只小玻璃管内有好多萤火虫闪闪发出光亮，管外放着一粒骰子，么朝天，这只戏谜的谜底为《连营寨》……每当一只戏谜出现，总会听到一阵啧啧称赞声。

中秋之夜就这样成为文化活动和智力角逐的好时光。看看面前的戏谜，探索其中的蕴藉，哼上一两句京剧唱词，展开想象的翅膀，真令人流连忘返。这种戏谜肇自何时？由何人首创？目下还是个不得而知的"谜"。然而它确实是一种广大人民所喜闻乐见的乡土文娱形式，历久不衰。有位老戏谜曾为此写有俗词一首：

不知今古，不分老少，不论贵贱，乐于此道。中秋夜，冰轮高挑。乍相见，神魂颠倒；真相知，付之一笑。

（曹琳）

驼罴将与十里红

男大当婚,女大当嫁。在石港同样是嫁女,富家女和苦丫头则是水火两重天。富嫁女是"十里红",穷嫁女是"驼罴将"。

南通的风俗,将小孩子驮在背上称"驼罴将"(驼,骆驼。罴,猪婆龙,鳄鱼的一种)。穷人家因没钱嫁女,早早地将女儿送给男方做童养媳。童养媳就像小保姆,小小年纪除了做家务外,还得照顾比自己小几岁的老公,将男人驮在背上出去玩。当地有童谣曰:

驼罴将,卖生姜;
生姜辣,挂宝塔;
宝塔高,买镰刀;
镰刀快,割韭菜;
韭菜长,割两行;
韭菜短,割两碗;
公一碗,婆一碗,
小媳妇打掉了莲花碗。
公拿棒,婆打鞭,
小媳妇吓得上西天。
西天有个"龙摆尾",
小媳妇吓得没处走。

这首民谣充分反映了旧社会童养媳吃辛受苦、挨打挨骂的非人生活。

南通还有这样的谚语:"冬不饱,年不饱,七月半小媳妇吃个饱。"本来,过冬过年,不论大家小户,都要蒸糕做馒头烧好菜,却轮不到小媳妇吃,过年还得饿肚皮。为什么要等到七月半过"鬼节"才能吃个饱?因为七月正是盛夏,天气炎热，祭祖的东西不能过夜。说到底，小媳妇吃的是唯恐发馊的饭菜和点心。

与"驮鼍将"完全相反的，是嫁女"十里红"的富嫁女婚俗。这比三媒六证、行聘定亲、"媒人要吃十八桌半"更为铺张。迎亲时去的礼盒是四四十六只，除枣儿、桂圆、苹果、香蕉、茶叶、百合之外，还有海参、鱼皮、腐皮和用白冰糖制成的"麒麟送子""福禄寿三星"等，连起来是"早生贵子、富贵有余"的意思。吹吹打打，鼓乐喧天。女家的嫁妆是迎亲礼盒的八倍，即一百二十四端（两人搭一副大礼盒），从水洗梳妆、茶具餐具、瓷坛锡罐、铜壶银盆，到古色古香的闺房和会客室的摆设，应有尽有。另外还有箱柜盆桶、衣架桌椅等，都是时新样式。还有丝罗蚊帐、绸被毛褥，达十六铺盖之多。长长的送陪嫁队伍，人人身披红彩，招摇过市。送陪嫁在白天，女儿出嫁则在晚上。入夜，从男家到女家，路旁点亮了贴有金"喜"字的红灯笼，大约十数步一盏，连接起来，像条亮闪闪的游龙。这才是名副其实的"十里红"。新娘上轿启程，要到二更多天。花轿上也挂起一串串红灯，前有吹鼓手，几对宫灯，扶轿的是陪嫁的老妈子，新郎骑马走在轿前，新娘的兄弟则护送在后，加上傧相，可谓浩浩荡荡。队伍前不断燃放爆竹，高升腾空，双响轰鸣，在夜空中爆发出火花，与队伍中的鼓乐组成一支闹嚷嚷的送亲曲，引得那些刚入睡的人们纷纷起身开门围观。

"驼鼍将"所哀叹的童养媳悲苦命运已被新时代彻底改变，嫁女"十里红"，也已成了陈年皇历。然而时至今日，男女婚嫁时比排场阔气之俗又有"卷土重来"的苗头，人们能否从"嫁女十里红""驮鼍将"这面历史的镜子里借鉴一点教训呢。

（宋建人）

岁时节令说风俗

（一）送灶

一般为农历十二月二十四日，传说"灶神"上天的日子。这天晚上不少人家在"灶神"前陈设送灶糖以及黄豆、草料等供物，烧香点烛，恭送"灶神"骑马上天。

（二）扫尘

"腊月二十四，掸尘扫房子"，据《吕氏春秋》记载，我国在上古的尧舜时代就有春节扫尘的风俗。民间的说法是这样的：因"尘"与"陈"谐音，新春扫尘有"除陈布新"的含义，其用意是要把一切穷运、晦气统统扫出门。这一习俗寄托着人们对未来幸福生活的憧憬和辞旧迎新的祈求。

（三）除夕

惯称三十夜子，即农历年的最后一天。这天，以前一般人家多办好年粮（蒸年糕、蒸馒头），搞好掸尘（大扫除），也准备了过年的菜肴等等。多于午后贴春联，换上新年画。入夜，先祭祖，而后合家聚餐守岁，屋内灯火辉煌。待至更深，先接灶，再敬神，神前点天香，须一支接一支延续下去，备极虔诚。同时，用小蒲包内贮熟石灰，由门前到屋内、院内都打满囤子（石灰包印），然后将小蒲包囤在储藏东西的地方。守岁后，长辈要给幼辈压岁钱。

（四）春节

即农历正月初一，俗称过年。这天一般起身较早。石港地区先吃用红枣煨的元宝茶或汤团圆，再吃团圆饭。团圆饭用大米和赤豆做成，上置团圆（米屑做成）。饭要煮得多一些，还要多盛几碗，寓人丁兴旺之意。菜有豆腐、荠菜、笋菜、青菜等，取头富、聚财的谐音；鱼上桌而不食用，求年年有余的吉利。有的人家沿用旧俗，这天不泼水，不动刀剪，不扫地。早餐以吃汤圆为多数，中午菜肴比较丰富。这天不分地区，男女老幼都穿上新衣，与熟人见面要相互祝福，恭喜发财。

相应的民俗活动

1、贴春联。

春联，又名对联。古时有"桃符""门贴"之称。人们贴春联，一是图个"新"，辞旧迎新，希望来年有个新变化；二是图个吉利，用春联来寄托美好的愿望，盼来年兴旺发达。

2、贴年画、门神。

古代很早就有在门上贴画的习俗。画中多是神话传说中的人物，用以驱邪避害。后也有反映一般民众理想心愿和生活情趣的年画，如"年年有余""迎春接福""五谷丰登""风调雨顺"等。春节贴年画，不仅图好看，更主要的是盼来年交好运，发大财。

3、贴"福"字。

在大门上张贴"福"字，是过春节时的一种习俗，在农村盛行。人们将"福"字倒贴在门上，意为"福到"。

4、放爆竹。

民间放爆竹庆春节的习俗古已有之。古人焚竹发声，名曰"爆竹"。爆竹的原意为惊吓和驱逐恶鬼，还有迎新财神、灶王的含义，并以此来讨个吉利，作为"爆发"的象征。

5、压岁钱。

据说压岁钱可以压住邪祟，晚辈得到压岁钱就可以平平安安度过一岁。压岁钱是由家长用红纸包裹分给孩子的钱。压岁钱可在晚辈拜年后当众赏给，亦可在除夕夜孩子睡着时，由家长偷偷地放在孩子的枕头底下。

（五）元宵节又称为"上元节"

正月十五日是一年中第一个月圆之夜，人们对此加以庆祝,也是庆贺新春的延续。

1、吃汤圆。

汤圆的外形圆滚饱满,象征着团圆、幸福,我们的祖先相信元宵节吃了这样的应景食物,也能为家庭带来和睦与平安。

2、放焰火、鞭炮。

祈盼来年生活的幸福和吉祥,还表达着人们一种喜悦心情。

3、观灯。

旧俗正月十三上灯,家家挂红灯,十八落灯,从十三到十七,谓之五夜元宵,又称灯节。这几天夜里,市镇上的孩子们成群结队或拖灯串游。寺庙中更是灯彩纷呈,璀璨夺目。民国二十三年(1934年)前,往往于元宵节期间举行灯会,无数灯彩争奇斗艳,在锣鼓声中挨次穿街而过,两边观者如堵。

4、祭祖。

上灯、元宵节、落灯这3夜都祭祖,以元宵节的菜肴为丰富。

5、猜灯谜。

"猜灯谜"又叫"打灯谜",是我国独有的一种文娱形式,是从古代就开始流传的元宵节特色活动。

6、捉毛虫。

元宵节除了庆祝活动外,还有信仰性的活动。南通市部分农村中还有元宵节治虫活动,由主要壮劳力点燃火把,在自家田里挥动,把田边、路边、沟边枯草烧尽,边走边喊"正月半捉毛虫,捉哦,捉哦……"直到手中的火把烧完才回家。传说,正月半捉了毛虫后,一年的田禾就可以免遭虫子的侵害。此习俗从祖辈一直流传至今。

（六）二月二

民间传说，每逢农历二月初二，是天上主管云雨的龙王抬头的日子；从此以后，雨水会逐渐增多起来。为防止妇女做针线会刺伤龙目，就有了接女儿回娘家休息几天的习俗。农历二月二，有家家带女儿之俗，谚云："二月二，家家人家带女儿，不带女儿是穷鬼儿，女儿不来是烂腿儿，女婿不许她家来是肉龟儿。"殷富之家带女儿要办起丰盛的家宴，即使是家境窘迫的娘家，也得象征性地小酌一番，没有亲生女儿的还得请"干女"。

二月初二，是新年刚刚过去，春耕大忙尚未开始，此时乡村里有一段空闲时期，这时正适宜把出嫁的女儿接回家住几天。这种亲人之间的相互关心，原本随时都可以进行，但在封建社会，妇女的社会地位不高，妇女想回娘家不一定能够如愿。于是人们借助"龙抬头"的风俗，借口妇女做针线会刺伤龙目，让女儿回娘家休息几天。由于接女回娘家成为习俗惯例，这无形中帮助了那些在婆家没有什么地位的妇女，让她们能够在"二月二接女儿"的风俗下，回到阔别已久的娘家。

（七）清明节

1、祭祀。

旧俗于清明前后10天祭祖、扫墓，宗祠、家祠也利用这一期间进行春祭，因而清明又称上坟节。按照旧的习俗，扫墓时，人们要携带酒食果品、纸钱等物品到墓地，将食物供祭在亲人墓前，再将纸钱焚化，为坟墓培上新土，然后按长幼尊卑顺序叩头行礼祭拜。

2、踏青。

又叫春游。古时叫探春、寻春等。三月清明，春回大地，自然界到处呈现一派生机勃勃的景象，正是郊游的大好时光。民间长期保持着清明踏青的习惯。

3、放风筝。

这也是清明时节人们所喜爱的活动。每逢清明时节,人们不仅白天放风筝,夜间也放。过去,有的人把风筝放上蓝天后,便剪断牵线,任凭清风把它们送往天涯海角,据说这样能除病消灾,给自己带来好运。

4、送百虫。

每逢清明节当日,每家每户都要在灶上贴清明条。方法是:清晨起床,到农作物上取些露水磨墨,取一张一尺左右长二寸左右宽的红纸,写上"清明送百虫,一送送到大洋东海东,一去影无踪",贴到灶上。传说,贴了清明条后,一年就没有臭虫儿了(爬行的臭虫)。

5、开砂锅,炒蚕豆、花生。

农村中不少人家还常于清明这天等开砂锅,炒蚕豆、花生。

6、吃螺蛳。

清明前后,螺蛳肥壮。俗话说:"清明螺,赛只鹅。"农家有清明前后吃螺蛳的习惯,据说,在清明节前吃3次螺肉炒韭菜,可以眼清目亮。

(八)立夏

1、立夏那天,孩子胸前挂蛋。

相传瘟神嗜睡,直至立夏之日方醒,散瘟布疫,孩童胸前挂蛋者最甚。女娲闻讯,与瘟神辩理,瘟神无奈承认,立夏之日,凡孩童胸前挂蛋者一律不得伤害。传说虽无从稽考,但立夏之日,儿童胸前总要挂个小网兜,里面放着煮熟的鸡蛋、鸭蛋、鹅蛋,通谚:"立夏吃了蛋,热天不疰夏。"

2、称体重。

立夏中午还用箩筐挂秤"称人",给孩童称体重,有时稍稍在箩筐里放块石头,增加些重量。称时,秤砣只可向外挂,忌讳往里移,报数字逢九就报"十",图个吉利。

3、吃烧饼。

(九)端午节

1、农历五月初五这天于门前插艾和菖蒲,于堂前贴符,烧盘香。

人们在端午节的这一天,采艾蒿悬门户上,并用艾叶挂在门楣中央,把菖蒲做成宝剑形状挂在屋檐下,用来驱魔避邪。

2、大人、小孩都要尝一点雄黄酒,将雄黄酒涂在儿童的额头和面颊上。

每逢端午节,家人团聚时,除了喝杯雄黄酒以示庆贺之外,人们还喜欢把雄黄酒或雄黄水洒在屋子里外,涂在小孩耳、鼻和面额上,以避毒虫和蚊蝇叮咬,驱散瘟疫毒气侵身。

3、家家都要裹粽子。

粽子,古代又名角黍,就造型而言,各地的粽子有三角形、四角锥形、枕头形、小宝塔形、圆棒形等。端午节吃粽子的风俗在魏晋时代已经盛行。周处所撰的《风土说》中记载:"仲夏端午,烹鹜角黍。"到了唐宋时代,粽子已经成为端午节的名食了,时至今日,我国的端午节,几乎家家户户都要吃粽子。

4、儿童系百索、挂香囊。

幼童则系百索,据说这是"为屈原缚蛟龙"。香囊是用中草药(白芷、川芎、芩草、排草、山奈、甘松、高本行等)制成的,佩在胸前,香气扑鼻。据说有避秽驱邪、消灾除瘟、防瘟驱疫的功效。因为端午时节,时值初夏,天气开始炎热,且多雨潮湿,细菌繁殖很快,再加上虫害非常猖獗,人们特别是小孩稍不注意就很容易感染各种疾病。因此,古人为了保证孩子们健康,遂用中药制成香包,挂在孩子们的胸口或者衣襟之上。

此外，不少人家端午节子女拜干亲，端午这天为一年中第二个团圆节日，中午合家聚餐。在交通要道口常搭起过街（路）高台，由数十户人家轮流逐日烧斗香，每户一天一夜。

（十）中元节

即农历七月半，俗称鬼节。旧俗须烧经祭祖。人死已过百天但未满两年的，提前在七月十三烧新经，须备酒饭接待前来送纸的至亲。农村中多于七月半这天蒸点心。入夜，于门外焚化纸钱，意为赈济"孤魂野鬼"。30年代初，石港镇上由商户集资，搭起过街高台，大做盂兰盆会；往往由相邻的两处各聘僧道比做法事，而且一连几天，耗费惊人。

（十一）立秋

惯称交秋。为秋天开始的节气。于立秋这天吃西瓜，据说可以排暑气，并能够使平日偶然吃下去的猪毛烂掉，已相沿成习。

（十二）中秋节

即农历八月十五日，为传统团圆佳节。合家聚餐时少不了肉藕饼或文蛤藕饼等应时佳肴。聚餐常在夜晚，边喝酒边赏月。月饼，为人们相互馈赠的礼品。农村中常用新收获的糯米舂成粉，做成米粉烧饼，有些人将它称为丰收饼。30年代初，人们多于夜晚供月，供品主要为水果、月饼等。南通市石港镇上每逢中秋节便由当地七大商户合起来举行猜灯谜活动，于街旁将几张方桌排成长条，借敬供"月神"，陈列出精心设计的戏曲谜盘，往往达百余只之多；盘内置实物，借象形、会意、谐音等影射某一戏曲名称，供参观者玩味。

（十三）重阳节

即农历九月初九。旧时有重九登高的习惯。早晨以"重阳糕"为点心。点心铺在出售重阳糕时，还在糕上插红绿色小三角旗，借以招徕顾客。

（十四）冬至节

俗称"过冬"。旧俗认为"大冬小年"，特别看重冬至节。小冬指冬至前一天，过去人们多于这一天祭祖。冬至这天，早晨吃汤团，中午菜肴也比较丰盛。这种风俗至今犹存。旧俗较大的商号于冬至之夜敬神，称"还福"（答谢之意）。

（十五）腊月八

即农历十二月初八，传说为佛祖释迦牟尼成道之日，佛寺于这天用香谷等做成粥供佛。民间则以米、赤豆、绿豆、豇豆等做成腊八粥食用，以表示庆丰收。

特产风味

清末民初的石港小吃

"源隆永"绿豆糕　　"石德记"维扬汤圆

石港窨糕　　"可宾楼"蟹黄包子

历史悠久的石港，物产丰富，民风淳朴。在诸多文化当中，饮食文化相当不错；而名目繁多的传统小吃，又是这饮食文化中一支鲜艳的花朵。早在清末民初，石港的茶食小吃店铺已遍布大街小巷。其中有点名气的店号就有季隆吉、洪福斋、九如斋、德馨祥、唐源昌、源隆永、石德记、可宾楼、裕福昌等；还有巫十一、叶扣、高松、张明儿、崇二侉子、丁锡九等小摊贩。小吃品种，包括茶食之类，有点名气的就不下20个。例如德馨祥的窨糕、五仁馒头、松子糕，石德记的维扬汤圆，可宾楼的蟹黄包子，裕福昌的醋蒜和酱姜片，唐源昌的五香虾子茶干，源隆永的绿豆糕，巫十一（老板名字）的凉麻团，崇二侉子（北方人）的酥饼，可宾楼（店号）的炸糕，叶扣（人名）的蛋油饼，丁锡九的五香猪头肉，高松的馄饨，张明儿的块儿糖。还有竹叶包装的条状水蜜糕，袋装片状的潮糕……

（张茂华）

石港窨糕

窨糕是石港传统的应时茶食。说它传统，据石港九如斋茶食店的后代回忆，祖上为避战乱，从镇江搬来石港从业已150多年了；说它应时，是指每年仅从惊蛰至立夏供应近两个月。

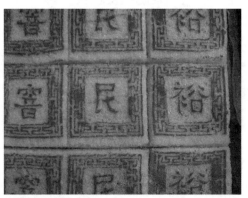

窨糕，原名印糕，因糕面上打红印而得名。而"窨"读yin去声时，义"地窨"；读"xun"平声时，义"将珠兰、茉莉烤入茶叶中熏香"。本来与印糕毫无关系，就因为当年德馨祥老板姚少庭好"之乎者也"，咬文嚼字下竟将"印糕"改名为"窨糕"，其他茶食店也跟着标新立异；南通城内的几家大店中茶食师傅就是石港人，也跟着叫"窨糕"。于是约定俗成至今。

20世纪二三十年代，石港生产窨糕的工序繁杂，相当讲究。每年秋收后，各茶食店就到粮行购足明年用的叫"早十天"的晚稻，只有这种稻做出来的窨糕才既白又软。加工前将稻在碾坊里碾7遍成为优质白米，浸水7天，淘洗7次，捞出晾八成干，磨成米粉，用见方约3寸的方格模子压制成三面米粉的米粉模，中间填入馅儿，再在露馅儿的一面敷上一层薄薄的米粉，蒸熟，倒出模具，在正面（米粉厚度相对大一点的层面）盖上红色带框的阳文"窨"字——窨糕就热气腾腾地上市了。

窨糕的馅儿种类颇多，有五仁的、赤豆洗沙泥的、枣泥的。无论哪一种馅儿，中间都得放一小块脂油丁，以防糕体过早发硬。窨糕外形美观，色泽鲜明，松软可口，当年名声超过了南通城的名店稻香村和景福斋。

窨糕上市的时间，一般在每年的惊蛰或者谷雨期间。此间的人们往往买几方窨糕，或坐或站，美美地享受一顿窨糕早餐。更有一买数十方的，作为礼物送亲友。店家便将凉透的窨糕用扁平竹箸两片，上下对合，衬以蒸煮过的江南大竹叶，上盖店牌招贴，用红绒线扎好，美观大方、清洁卫生。实为颇具地方特色的传统美食和馈赠佳品。一方方窨糕在布谷鸟的歌声中传递着春夏之交的和煦，为石港平添了一份温暖与美丽。

五仁馒头

从初夏至新秋，德馨祥专卖五仁馒头。那个时代，人们缺乏科学知识，制作五仁馒头的面粉，不从民间购买，因为民间面粉是粗加工的，颜色不白，蒸出的馒头没有美感。他们选用绿三羊牌或者旭日牌的精制面粉，用茶米（糯米）发酵；又在和面后，将面团反复多次地揉、击、摔，然后把面团捂在缸里涨发，这叫"长（zhang上声）酵"。等面团涨到一定程度（凭经验观察）后，取出，做加馅儿的馒头；做好的馒头上蒸笼蒸熟。这样的馒头，精白、松软、有韧性。馒头馅儿有洗沙的、枣泥的、红糖的；也有萝卜丝的、咸菜肉丁的。德馨祥的馒头上还镶嵌有葡萄干、碎杏仁、碎核桃仁等五仁，加上红、黄、绿三丝，称为五仁馒头。

维扬汤圆

维扬，扬州的别名。当年扬州人石德原来到海湾的石港，开了一家"石德记"小吃店，专卖自制的维扬汤圆。他用上等的白茶米水磨米粉，制作五仁、洗沙、枣泥、肉丁、鲜菜末等各不相同的馅儿。维扬汤圆由手工搓成大小如一的圆球，又用细孔筛子反复平筛，使汤圆个个浑圆如珠。煮熟了的维扬汤圆，洁白如玉，嫩滑润甜。街坊邻居，行商坐贾，赶集的农民，都喜欢到石德记要一碗维扬汤圆，既作餐饮，又在调羹与嘴唇的慢吻之间细细享受着维扬风尚。

蟹黄包子

可宾楼，位于石港老十字街西100米处，是当年石港唯一的两层的餐饮楼，时称菜馆。它有饭有面有茶有酒，还供应有名的蟹黄包子。老板叫沙炽昌。深秋与冬季，老板每天要在夜里起床去买含黄多的活体雌螃蟹，回来把蟹黄油剔出，加精肉泥、笋末，用薄薄的精面皮包起来，包子上方留有小口。蒸熟出笼的蟹黄包子，其上口蟹黄微露，香气扑鼻；上桌后，佐以姜末香醋，外加香茗一杯。蟹黄包子肥而不腻，香而不厌，所以生意兴隆，远近闻名。

醋蒜姜片

裕福昌的老板陆成，自制黄豆酱和香醋，主营酱醋，兼营各种酱菜。其中的醋蒜和酱姜片最有名。

每年初夏，老板收购大量个头差不多大的蒜头，洗净，先用盐水浸泡几天，捞出晾八成干，然后泡在醋缸中，加一定比例的蔗糖，密封缸口，一至两个月后，开缸出售。醋蒜色泽红润，酸甜可口，是下饭的好菜。

俗话说，冬吃萝卜夏吃姜。到了冬天，老板则采购大量生姜，切成薄片，浸入酱缸，开春起缸出售。酱姜片生津开胃，除了下酒下饭以外，人们还喜欢把酱姜片夹在烧饼中咀嚼，越爵越有味儿。

为了防止醋蒜和酱姜片日久走味，老板还分别把这两种小菜装在小瓦罐里，油纸封口，成罐出售。

虾子茶干

老板唐源昌做豆腐，而以五香虾子茶干最有特色。特色一，虾子味道特鲜，颜色老黄，所以在豆腐脑上撒适量的虾子。特色二，用拇指大、压有阳文店号名的锡箔片铺在豆腐脑上，包扎压制成有店号防伪标志的白茶干。特色三，白茶干放在酱水中煮沸捞起冷透；再放五香酱水中煮沸，捞起冷透；第三次放五香酱水中煮沸，捞起冷透。这时的茶干内外色泽老黄，韧性好，口味佳，可谓色香味俱全。当年这种茶干成箱批发，还有小包装零售和雇人叫卖的，销量很大。

绿豆糕

源隆永的绿豆糕，用绿豆粉加少量茶米粉、白糖，搅拌均匀，敷入木模中，压制成方块，倒出铺在蒸笼里蒸熟，抹一点麻油调味调色，使绿豆糕看上去绿如翡翠，香甜可口，不失为自食和馈赠亲友的小吃上品。

（张国华　徐祥禧）

松子糕

早在清代中期，石港的小吃名牌"白脆"，就与西亭的脆饼、酒店（四安）的麻团、三十里（平潮）的黄糖京枣齐名。可惜到了清末，白脆失传。后来出现了松子糕。松子糕以白米粉掺一定比例的白糖，摊在笼布上蒸熟；再包起龙布将蒸熟的米粉反复揉、摔，增加米粉团的韧性；然后把它切成一个个小方块，在方块底部嵌上松子仁，就成了松子糕。松子糕色泽如玉，松软香甜，口感韧滑，是民众喜爱的小吃之一。

叶扣盘饼

叶扣（字福庆）生于1878年，12岁学徒，1899年与其妻陈文姑在石港接官亭处开点心店。他集众家之长，自创色、香、味俱佳的盘饼，其色焦黄、其香扑鼻、其味鲜香、口感酥松，深受吃客的赞誉。民国年间，叶扣盘饼及蛋油饼作为石港名点登上《南通日报》。

传承示意图

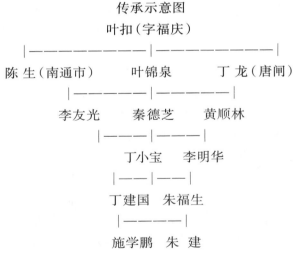

（一）材料

面粉、熟驴油（熟猪油）、虾籽、猪生板油、细盐、花椒粉、青葱、糖粞、芝麻等。

（二）制作法

1. 面粉加熟驴油（熟猪油）拌擦成酥油，捏成小球（粞）待用。

2. 生猪板油洗清切成小丁用细盐、虾籽、青葱、花椒粉等拌匀待用。

3. 面粉用八成熟开水烫酵，冷却后加老酵和匀，用前加入适量食用碱搓揉成酵，分成酵胚，包入酥油粞，用木槌碾成厚长圆胚，再包入拌好的生猪板油料，搓成长卷盘成饼，用木槌碾成椭圆饼状，饼面上刷好糖粞水，洒满芝麻，贴入筒炉内烘烤成熟铲出即成焦黄香酥的盘饼。

（三）设备技艺要点

1. 筒炉口要圆而小，既聚火又保高温。
2. 炉内用木炭，烟灰少底火旺，易掌握火候。
3. 贴盘饼胚须手腕灵活、手掌舒展、用力匀。
4. 出炉盘饼铲出不可叠放。

（叶容生）

藿香饺儿

藿香饺儿始于何时，已无从考证。如今"藿香饺儿"已作为南通地方传统美食进入了《中华名菜谱》和《中华名点名吃谱》。

藿香，是草本植物，其味清凉芳香，采用藿香叶作饺皮，桂花豆沙作馅，食之清凉祛暑，使人增进食欲。

藿香饺特点：表面洁白如玉，隐隐含绿，犹如芙蓉花朵含苞待放；入口软嫩，香甜爽口，食后口味清凉，余香良久，是夏暑适令小吃。

主要材料：1. 鲜嫩藿香叶；2. 鸡蛋清；3. 豆沙，讲究的人家用桂花、芝麻磨粉拌入豆沙中做成馅；4. 糯米；5. 上白面粉；6. 油。

制作方法：1. 取嫩藿香叶洗净、晾干，取两片，中间用豆沙糖或肉泥做馅。2. 把面粉和米粉加水拌成糊状，再将藿香饺逐个放入，使其均匀地蘸上糯米粉糊。3. 将锅放入油置温火上，烧至油温达三成热时，改用小火，随后将藿香饺逐个放入，当饺子浮出油面后，立即将锅离火用漏勺捞出，盛入碗中即可。

蒿儿团

南通人在二月初二女儿节这天，家家都要去田埂、岸边挑刚报青不久的青蒿儿，做成一个个碧翠欲滴的蒿儿团，用于接女儿时的食品及女儿回家时带的礼品。

青蒿儿团清香甜润，黏黏的，吃起来极其清香爽口，是南通一带的传统美食。

主要材料：1. 一种草本野蒿子，嫩，清香，这是制作蒿儿团的主要原料。2. 糯米粉。3. 糖。4. 花生。5. 芝麻。

主要做法：1. 采集嫩蒿子，洗净、煮熟、切碎后备用。2. 浸糯米，沥干后磨糯米粉，将切细的嫩蒿拌入糯米粉。3. 一般放白糖做蒿团的馅，讲究的人家则炒花生、芝麻，将它们碾碎，拌上白糖做成馅。4. 做蒿团，就像做包子一样，做好后，将蒿团放在铺着放有洗净的青菜叶子的竹蒸笼上。大铁锅里放大半锅清水，大火烧锅，开蒸。一锅一般可蒸二三十个（蒿团个头较大）。一锅蒸40分钟左右，其间，须开锅看几次火候，不到时候可能夹生，过时了就会太软不好拿。

（徐祥禧　张茂华）

石港乳腐

作为具有千年历史的古镇，石港调味制品的生产源远流长。旧时石港镇从事调味品制作的酱园作坊达10余家。其中比较著名的字号有"裕昌祥""裕福昌""源隆"等。石港乳腐色泽明亮，滋味鲜美，醇香爽口，外层皮面严实，肉质酥松细嫩，一向是传统家常风味佐餐食品，在南通地区颇具口碑。

现今的新中酿造有限责任公司系1952年由"裕昌祥"等十余家老字号合营参股而成,为庆祝新中国成立遂取名"新中"牌。新中乳腐以优质大豆、粳米为主要原料,通过选料、浸泡、蒸煮、发酵、窨制、窨藏等近20道工艺和经年周期制作而成。在半个多世纪的生产经营过程中,新中公司继承独特的传统工艺,不断改进配方,配以优质老糟、香油、菜叶等多种辅料,使系列乳腐产品质量不断提高。具有香、麻、辣、鲜等多种口味和香味浓郁、质地细腻、口感酥糯、卤汁清醇的特点,食之健脾开胃,回味悠长。用其卤汁做汤、炒菜,融成其他调味品无法比拟的风味。

石港乳腐已成为中国调味品协会首批推荐的产品之一。新中公司也跃升为华东地区专业乳腐生产厂家,先后荣获"首届中国食品博览会金奖""第五届亚太国际业务博览会奖"等十项殊荣。2007年新中酿造有限责任公司在"新中乳腐"获得中国名牌称号后,加大了产品质量的管理力度,目前年产量3000多万瓶,利税1000余万元。

(叶容生)

江海古韵

"江海古韵"的菜名是根据南通古菜发祥地——石港隋唐菜的遗韵组合而成。

南北朝时石港叫"石渚",是个滨海鱼港,又叫"卖鱼湾",是个海产品市场,又是个盐场。随着海岸线渐渐东移,人们在这里开河港,冲盐碱,将荒滩开垦成田。在泥沙中挖出一个石碣,上有"凤凰所栖,乃是宝地,石港新开,幸福万代"的偈语。初唐贞观年间(627—648),这消息传到唐太宗李世民的耳朵里,他想亲临宝地巡视,就先派尉迟恭之子尉迟宝林到石港来监造"行宫"。尉迟宝林在石港有十来年时间,天天食谱不同样,餐餐不重复,加上迎来送往朝廷命官的宴请、开会、叙事的宴会,急坏了当时石港官员,忙坏了石港厨子。地方官员天天逼厨子不断创制口味高档的菜点品种。好在石港有得天独厚的江河海洋水产,优质畜禽蔬果,竟逼出了一个南通古代烹饪技术的发祥地来。"江海古韵"的菜点就是根据石港的隋唐古菜遗风烹制演变而成。

"江海古韵"在苏州展示时只用了六个冷菜六个热菜两道点心,即轰动了全省餐饮界,得到与会者的激赏,好评如潮,被评为2013年江苏金牌名宴。

(巫乃宗)

石港隋唐古菜简介举例

冷盘

1. "鰞虾"是石港古代渔民用盐水煮虾的保鲜方法,水中只加盐,不加任何调味品。因当时没有制冷设备,渔民捕了大量的金钩虾,就在船上用盐水汆制而成,特殊的海虾鲜美滋味,达到登峰造极的程度。而这一美味唯独在石港一直保留至今,南通沿海的如东、吕四、海安等地已无法复制这一绝味了。

2. "金齑玉脍"是隋炀帝南巡到扬州，吴郡奉献的一道菜，被隋炀商誉为"东南佳味"。现在各地的烹饪大师都想恢复此菜，但做法都经不起推敲。唯独石港的"野鸡丝"恰恰符合"金齑玉脍"的各项制作要领，正是"众里寻他千百度，蓦然回首，那人却在灯火阑珊处"。"野鸡丝"以姜丝、南通甜包瓜丝为齑，以猪里脊肉为脍，将甜咸鲜辣味配合得老少皆宜，有口皆碑。此菜与李世民在石港建行宫有不解的渊源。那么金齑脍怎么会改名叫"野鸡丝"的呢？原来百姓俗称"金齑玉脍"为"里脊丝"，到了唐代，因皇帝姓李避讳，将"里脊丝"改成了"冶脊丝"，耳口相传"冶脊"笔误为"野鸡"。"野鸡丝"的叫法已约定俗成上千年。

热炒

1. "清烩鲈鱼片"，按民间的说法，唐初石港地方官，为了拍尉迟宝林的马屁，逼迫石港厨子将石港"烩鱼"要做成无骨无色的，厨子绞尽脑汁、想尽办法，竟做出了一道无骨无色、美味美色的名菜——"清烩鲈鱼片"。此菜收入《中国名菜谱》后，近年竟被西安选作他们的仿唐菜，改名叫"金齑玉脍"。"清烩鲈鱼片"是将鲈鱼肉切片、上浆、划油后再用鲈鱼骨煨汤，用鱼汤和韭芽、荸荠、木耳烩制后，再烹香醋、淋麻油、撒胡椒粉、放香菜而成。

2. "金山藏玉斧"即文蛤炒蛋，成菜蛋色如金故名"金山"；文蛤肉像古代兵器的"月斧"，因色白如玉故名"玉斧"。这是一道鲜美无比的石港人家常菜，当尉迟宝林吃了此菜后，赞叹此味只有天上有，生平方享第一回。石港有的是世界上最鲜美的文蛤，于是炒、爆、煎、炸、烧、烩、炖、煨各种烹法做出的跳文蛤、铁板文蛤、文蛤饼、元宝文蛤、烙文蛤，以至把文蛤做配料，如烩蛏干、煨蹄膀，作调料，如烧豆腐、烧鸡冠菜等做出各式各样的文蛤菜，使尉迟宝林吃得几乎"乐不思蜀"。

大菜

1. "蟹粉鲜鱼皮"是用鲜鲨鱼皮加蟹黄烹制而成。由于鲜鱼皮间质水饱和，胶原蛋白没有变性，故鱼皮烹后晶莹而富有弹性，保持了海鲜原汁本味，鲜美柔滑异常，加上蟹粉和菜心的衬托，色泽悦目，滋味特鲜。此菜也只有在卖鱼湾的石港才能吃到，其他地方的鲜鲨鱼取之不易，烹制更难，如不会"脱胺技术"，鲨鱼鲜品的成菜会有一种刺鼻的麻辣胺味，不堪入口。因此，南通为全国唯一能烹制鲜鲨鱼皮、鲨鱼唇之地，这种菜是在其他地方享受不到的美味，尉迟宝林真是口福不浅。

2. "盐焐狼山鸡"是石港古代盐民创制的美味，盐民在煮盐的时候将虾、蟹、鸟、蛙等洗净，放入未结晶的卤水锅中，无须任何调味，当盐煮成固状后，食物也在盐中焐熟，其味鲜美无比，香飘百米之外。狼山鸡是由石港、马塘从狼山出口的散养鸡，是世界八大名禽之冠的种鸡。这一得天独厚的美味，当然是孝敬尉迟宝林的首选。

（巫乃宗）

石港大淮豆

石港镇石东村张家园的"大淮豆"蜚声全国，甚至在国际上也有一定的知名度。石港大淮豆面世距今已有近500年的历史。过去南通、上海以及其他大城市出售的"五香烂豆"，都是用石港镇的大淮豆加料做成的。特别是每到麦熟时节（立夏与小满期间），上市的青蚕豆以沙、松、软、青香可口闻名，非常吸引人。大蚕豆瓣儿色翠、味美，是地方名菜中的重要配菜；煮食佐以白糖，可与白扁豆、莲子、红枣媲美，成为人们喜爱的时令进补佳品。古人曾有诗句描述品尝大淮豆的惬意："翠云楼北望云东，麦浪秧针面面风。撑个小船同泛水，青蚕豆呷枣儿红。"老熟的蚕豆煮五香烂豆，皮烂肉软，沙细味香，佐酒下饭均为佳肴。如把老蚕豆用水浸开，一头劈成两半，略晾干，油榨"兰花豆"，皮脆肉酥，越嚼越香，回味无穷，是佐酒的佳肴。在1993年的广交会上，石港的大淮豆深得外商赞赏。

石港大淮豆以大著称，一般长2.5厘米，阔1.7厘米，大头厚1厘米左右。其千粒重约1500克，最大的千粒重达1800克，是普通蚕豆的2倍以上。正宗的张家园大淮豆呈长方形，边厚中薄，白脐，色泽淡绿。

大淮豆之所以为石港独有，是因为有得天独厚的自然条件。石港原是盐场，这里引海水煮盐。古代盐用草木灰漉制海水，使海水浓缩成盐卤。煎卤的燃料是海滨滩涂上丰富的荡草，它烧成的灰制卤后摊散四周，日积月累，最多的地方厚达数米，形成土壤学所谓的"夹灰土"，这种土质为大淮豆种植提供了条件。而这种夹灰土仅在石港镇以东九圩港南崖地段独有，这里出产的大淮豆，如果引种到其他地方，不消一二年，即退化成一般的小蚕豆；而把小蚕豆种植到大淮豆产地，几年之后，小蚕豆就会变成大淮豆。

现在石港镇利用这片神奇的土地，采取无公害种植新工艺，进一步提高淮豆品质；同时开发具有广阔前途的大淮豆的种植和加工，形成独具特色的绿色产品，发挥土特产优势，为建立出口商品基地创造条件。

（杨海华　吴飞延）

石港茅靴

农民同草鞋结有不解之缘，他们不讳言乃至乐于承认自己是"穿草鞋的"。草鞋经济实惠，农民下地劳作穿上它，防碴防滑,可以放开手脚干活。他们对它特有感情,到田里干活穿它,居家日常生活时也有人穿它。草鞋样式不多,但并不单一,它们或有底有耳子的,或有底有帮的;夏季休闲,还有足趾上面有网眼面而后跟无帮的凉拖鞋。可是一到寒冬腊月,这些草鞋就难以抵御凛冽的寒气,于是一种供人们冬季穿着暖脚的草鞋——茅靴,就应运而生了。

  通州境内的石港、五总一带,素称"鱼米之乡"。制作茅靴的主要原料,如稻草、芦苇、茅草等物,均可就地取材。当地农民历来淳朴耐劳,秋收秋种以后,他们利用农闲搞副业,编织茅靴便是这时的一宗重要副业。据说,早在清代,这里生产的茅靴已名满通州内外了。

  茅靴,用稻草同茅草花或芦苇花制成的草鞋,起初外形简陋,像个草窝,人称之为茅窝儿。后来有人看到戏台上帝王将相穿在脚上很显气派的粉底乌靴,暗暗叫好,便仿儿效之,将茅窝底做得方方正正,将靴形整体做得圆浑宽厚一些,乃至虎头虎脑,穿在脚上,墩墩实实,腾挪步伐,轻轻灵灵,酷!创造者审视他们的产品时,一种美感涌上心头,愉悦之情漾在嘴角,于是赐其喜名曰"茅靴"。

  茅靴的形制,从大处说,不过由底和帮两部分组成。底,是用捶过的稻草打成的。当然,因有御寒的要求,需打成2厘米左右厚的夹底,底的两头要用破布扯成布条筋混纬,这样才会牢固。帮,是用绒绳纬成的。所谓绒绳,就是用初夏的茅草花,或秋后的芦苇花,同茅草、苇草搭配好,搓成有小手指粗的绳子。纬帮时,要在前头嵌上一排布条筋,以增强韧劲牢度。制成的茅靴有白、灰两种颜色。白的用的是茅草花,灰的用的是芦苇花。白的似乎好看一些,而灰的却被一些人认为更保暖。通海地区的人乃至他们苏南、上海的亲友,往往对灰色的茅靴情有独钟,选购时就是喜欢穿"芦花絮"。此外,还小批量地在绒绳中加入染了色的鸡毛、鸭毛之类的禽羽,制成高档的"茅靴儿"。这种"茅靴"红绿蓝白,纷华盛丽,连城里的贵官绅商也对它刮目相看,于是有人忽发雅兴,想出一个"珍珠履"的美名来称呼它。

当然,茅靴的物美也不完全在于它的外形。到了冬天,人们爱穿茅靴,主要是喜欢它的护足御寒。南通的寒冬也有冷到零下10℃左右的,穿了布质夹层衬棉絮的暖鞋,人们仍熬不住要叫冷。而换上茅靴后,冻僵的脚一会儿便会复苏过来。如果茅靴中适当衬点破棉絮,在大冷天就是不穿袜子打光脚,伸在里面照常暖和和的,很舒服。茅靴还有外面寒气不入,里面热气可出的好处,因此久穿脚过暖了,会恰到好处地散热,不闷气,感觉上虽略显渗汗却并无异。常人穿的各种型号圆头方跟茅靴,每双不过300至400克重,穿在脚上相当轻巧,便于行走做事。

茅靴,当地农民称其为粗货,不自高身价,所以一直保持既物美又价廉的特色。一般买一双普通布鞋的价钱可以买3双茅靴,因此农家买得起茅靴,乐意穿它。茅靴虽说不值钱,但农民冬闲无事,还是喜欢制作加工它,往往东家打底,西家纬帮,一派生产茅靴的繁忙景象。他们在凑够一定数量的茅靴后,就去市场或街头巷尾叫卖。只要做得结实美观,议价又比较随和,常常会被人一抢而空。以前有人做过一项粗略统计,说有一年五总及其周边乡镇共生产30万双茅靴,获得了相当于3000多亩良田生产的净收入。如此看来,这项家庭副业还是值得重视的。有心人不妨做些研究,对茅靴的制作及原料作些改进乃至改革,使之更能适应当今人们消费的需要。这样,茅靴的生产、销售及其创收前景,未可估量。

(余学广)

印香炉

丁月湖（1829—1879），名澩，号莲芳。清代印香炉工艺家，居南通石港场。工于书法，善画竹、石，对金石篆刻有较深的造诣，爱好工艺，常与好友谈书画篆刻，兼及当时工艺，相互切磋。

丁月湖经数月钻研、设计，终于制成了第一批印香炉。炉以黄铜或紫铜制成，分三层：上为炉盖，有孔隙以通烟香；中为炉身，为放置芸香的地方；下为炉座，以防烟火灼伤案面。炉有多种造型，有的如秋叶舒卷，有的似如意横陈，有的好像危亭矗立，有的仿佛春花初放。而其外表所饰的篆印都和造型有关，取得内容与形式的和谐。即使是多边造型，上、下、中三层不管怎样移转，都相弥合，分毫不差，反映了设计者的匠心。

丁月湖精心制作的报时印香炉，是南通的一项创造发明，也是南通的骄傲。传世作品有《瓜蝶纹扁形炉》，盖作瓜蝶纹，有隶书"瓜瓞绵绵"四字，藏南通博物馆。辑有《印香炉式图》一册（或称《香印篆册》），书始辑于1876年，成于1878年，刻于1880年或稍晚；图谱卷首有刘瑞芳等序文及题词，有各式炉盖平图97幅，各式印香篆刻模平图44幅。

（宋建人）

红色风暴

敌伪丧胆火烧庄

吴家火烧庄在石港西北约5华里（石港镇睢史院村15组，原陈窑村5组），东临陈家窑，西靠义胜渡，三处各相距约一华里，基本成一线。庄子南边约400米便是石港至季家园（新店）、汤家园（永红）的夹车路（要道），为石港西北通向如东的重要门户。义胜渡一带因其附近河沟纵横，大河阻隔，抗战时，这里是新四军的重要游击区域。

吴氏后人回忆，他们的祖先早就居住在这里，在清末民初的时候，他们的祖辈成了卞里庙（新联）一个地主的佃农，日子过得不滋润。据说，那时，庄子里每次建房总是有不顺，建起来后不久就遭到不明原因的火灾。如此折腾了多次。在万般无奈之际，有人说，这里面说不定有邪，不如把这事说白了，来个以邪压邪。这个说法得到了大家的赞同，于是就将这个庄子取名为"吴家火烧庄"。说来也怪，取"火烧庄"名后，这个地方就不再有火灾了。这件事越传越神乎，越传越远，于是，这个地名就传开了。

民国初期，这个庄子上居住着吴氏四兄弟（即吴家老四房）：吴学道（子瑞炳）、吴学田（子瑞甫）、吴学章（子瑞金)、吴学松(子瑞庆;学松去世早,后吴家招赘女婿取名叫吴学坤,其育两子瑞清和瑞龙)。庄子上的农民日子过得虽清苦,然秉持勤俭治家,民风忠厚淳朴。至新中国成立时,约有30多人居住在此,庄子上有生活用房和配套用房28间、厕所6间,占地约2亩多。

在抗战和解放战争中,庄子上出了三位智勇双全的地方干部,他们是吴瑞甫、吴瑞清、吴瑞龙,和一位在解放林梓时壮烈牺牲的烈士吴锦奇,还有一位从石港镇上迁居过来的爱国爱乡的老教师沙集成。当时,这里的民兵组织,不但在地方治安中担当重任,而且还配合县团和区队惩治汉奸,滋扰、打击前来"清乡"的日伪军。他们学习隔河相望的杨曹乡对敌斗争经验,充分利用周围的荡田和水网地形,常使闯进来的日伪军丧魂落魄,不敢贸然前来进犯。

解放战争期间,驻扎石港的国民党反动派武装放火烧掉了革命干部吴瑞清、吴瑞龙的住房和他们父亲的两间住房及邻居的房屋,然而这并没有能吓住庄子上的人,反而更坚定了他们跟共产党走、同反动派斗争到底的决心,庄子上的人更积极参加土改和支前工作。吴氏三兄弟瑞甫(吴端)、瑞清、瑞龙都是在抗战时就参加了革命,解放战争中表现积极,新中国成立后曾分别成为县区和乡镇的领导及人武干部。

抗战中,石港教育名家、书法家沙集成不甘于在敌伪刺刀下屈辱生活,举家从石港镇迁到吴家火烧庄,坚持在乡村进行抗日教育,并协助新四军游击队做了很多工作,自卫乡民兵中队长吴瑞龙等称赞沙老师是"地方武装的忠实朋友"。

进入新世纪,吴家火烧庄旧貌换新颜,吴氏后裔和乡邻们大多住进崭新的楼房,这里交通不再闭塞,水泥机耕路四通八达,在党的富民政策引导下,乡民们的生活正像芝麻开花——节节高。

（陆子森　朱伯泉）

连锅端掉伪警署

1942年8月，新四军一师三旅七团和南通县警卫团发起凌厉攻势，一举歼灭敌伪军第33师64旅127团曹立江部500余人，取得了石港攻坚战大捷。此后，石港人民获得了约半年的自由生活。

到了1943年3月，日伪在开始"清乡"时重新侵占石港重镇。并在全镇制高点土山上构筑了据点，盘踞有日寇一个小队，土山脚下的民众教育馆（旧时为东岳庙）里，前院为伪警察署，后院为区署。那伙伪警察倚仗有东洋鬼子做后台，到处敲诈勒索，无恶不作。煎熬中的石港人民，都翘首盼望新四军早日再打石港解救他们。

新四军主力此时已经跳出"清乡"圈外打击敌人，坚持"清乡"圈内斗争的我区队决定采取新的行动，压一压日伪的凶焰。

这年8月的一天，秘密碰头会在石港西乡一个港汊上进行。交通员刘万和撑了一条小篷船在船头"看风"，他的儿子、县交通员刘锦昌则拿着渔网在船上装着取鱼，实际在悄悄四处观察。船舱篷子下，我区队的赵瑞祥正和奉命打进伪区署的南通县保安科郭怡风同志交换情报，分析研究敲打石港敌伪的办法。郭怡风同志是在日伪再次占领石港初期打进了伪区署的，经过他几个月的启发诱导，伪警察署的一位巡官和几个警察已经表示要弃旧图新，投向人民。

8月高温，人们热得透不过气来，河两岸几乎没有行人，河汊两岸芦苇茂密，小船在小河中缓缓而行。就这样，一个兵不血刃解决石港伪警署的方案就在河芦苇丛中的小篷船上研究产生了。

这个月底的一个深夜,我方一支小分队神不知鬼不觉地插进了石港老东岳庙的伪警署,在那个伪巡官和几个决心反正的警察配合下,我战斗小分队收缴了伪警察署全部长短枪三十多支,并俘虏和押走了其余的伪警察。干净利落的行动,使后院伪区署的人员一点都没受到惊动。漆黑的夜晚,四处都是悄然无声,只有鬼子碉堡里的灯光有气无力地来回探射,天上的星星眨着眼睛仿佛在笑看这场漂亮的战斗。

第二天,盘踞在土山上的日本鬼子才发觉,在鼻子底下的伪警署的全部人、枪一夜之间消失得无影无踪。鬼子小队长气得哇哇直叫,立即宣布全镇戒严,并进行搜索。然而,哪里能找到游击队员们一丝一毫的踪影呢。

街面上的老百姓听了都暗自拍手叫好,大家议论纷纷:

"四老爷昨晚又大显神通了!"

"是啊,把伪警署连锅都端掉了!"

"哈哈,看那个鬼子小队长怎样向上司交代!"

(陆子森)

打倒鬼子夺枪支

反"清乡"斗争中,石港的区、乡游击武装积极响应中共南通县委开展反据点斗争的号召,机动灵活地钻到敌人的鼻子底下,出其不意地杀伤敌人,夺取枪支。

1944年秋,刘文照同志任东场乡基干民兵队长,他胆大心细,曾经带领两民兵到石港据点刀劈死心塌地做汉奸的翻译施猴子。东场乡紧靠石港镇东街头,对敌据点情况了解得比较清楚。由于游击队经常化装进据点活动,总是能得到群众的帮助,常常一打就走得无影无踪,因此敌人很是害怕。日本鬼子为了防范游击队近据点活动,除加强岗哨外,还强迫居民，一旦发现游击队经过，家家户户要当街拉起绳子，称之为绊脚绳，以阻止游击队通行。但镇里的绝大多数居民的心是向着新四军的，对敌人的这一套也只不过是敷衍敷衍而已。

中秋节前，骑石区队的钱排长带着侦察员于坤来找刘文照，要请他配合一起进据点执行打鬼子夺枪支的任务。钱排长是如东人，身材高大，很有力气。于坤个儿虽小，但很机灵。小青年刘文照瘦而有精神，对街面情况很熟悉。三人化装成卖完烧火草的农民，扁担头上扣着绳子，从镇南门营桥通过岗哨，向北一直来到石港米市桥口。米市桥口是镇中闹市区，人来人往，东西南北出镇交通很方便。

不一会，三人发现从北面过来一个鬼子兵，背着枪，径直走进米市桥路口南的源隆南货店。钱排长看到机会来了，就悄悄使了个眼色，于坤和刘文照心领神会，就跟着进了店。三人装做到柜台上买东西，同时暗自盯着那个日本兵。店里姓马的管事先生见是新四军游击队的人，又看到那个鬼子兵，一下子心里有了数，便向三人瞟了个眼色，歪歪嘴，意思是叫三人到外面去动手。

一会儿，当那个鬼子兵夹着一包白糖从南货店走到街心时，钱排长疾步紧跟上去，说时迟那时快，钱排长操起扁担，使劲地朝鬼子头上砸去，霎时，鬼子兵的帽子被打飞掉了，人磕倒在地，血流满面，昏了过去。此时，刘文照站在不远的地方，紧盯着南北街面的情况，于坤则迅速赶上去，把鬼子兵身上的枪卸了下来，紧紧夹在手中。就一两分钟时间，游击队就干净利索地处理完毕。然后，三个人撒腿就往南街奔跑，边跑边向两面店铺和居民家大喊："后面新四军来了，快拉绳子！"居民听到喊声，见三老乡在前面奔跑，而背后是一片混乱，初步明白了情况。等三人走过之后，各家各户便拉起了绊脚绳。一会儿，鬼子和伪军闻讯追来，被满街的绊脚绳挡着,只好边追边跳绳子,弄得丑态百出,哭笑不得,真是搬起石头砸了自己的脚。

日伪军追到南街头,向营桥盘查的伪军岗哨询问游击队的去向,两个伪军紧张得说不出话来,被鬼子军官扇了几个嘴巴……望着街南乡下一片青纱帐,游击队已经消失得无影无踪,鬼子兵气得无可奈何。

(陆子森)

击毙山本大队长

1943年10月,日伪的"延期清乡"和"高度清乡"改变了战术,除各据点进行"强固封锁"外,还派出山本大队长带领400多日军的机动"清剿"队,日夜在"清乡"圈内"兜剿"。由于没有了青纱帐的掩护,新四军苏中四分区的反"清乡"斗争,进入了极其艰苦的阶段。

山本是个杀人不眨眼的刽子手。7月26日晚,他曾采用极其残忍的手段,在十总杀害了我同胞53人。10月23日,山本"清剿"队窜到石港,伙同盘踞在石港的元冲日军中队,在土山脚下用马刀砍死民兵和群众23人,其中有一孕妇也被捅腹而死。山本连续制造的骇人听闻的惨案震动了江海大地。

冤有头,债有主,"为十总、石港死难的同胞报仇!"坚持在"清乡"区内的抗日军民同仇敌忾,积极地寻找着复仇的机会,特别是密切注视着刽子手山本这个罪大恶极的妖魔踪影。

11月下旬,我石港地下交通站送来重要情报,山本暂驻石港,带领部分"清剿"队在石港附近"兜剿"……

新四军南通警卫团的指战员们早就憋足了气,了解到山本的踪迹后,个个摩拳擦掌,恨不得立刻将这个刽子手千刀万刚……团长殷逸和大家一样，胸中充满着熊熊的复仇烈火，但是作为一个指挥员，面对敌强我弱，此时需要的更是沉着、冷静……

当时在"清乡"区内南通县警卫团只留了三个连的兵力（编制人数都不足额），而且分成三部分活动，殷逸同志带领三营七连转战在通西地区。殷逸同志具有较好的军政素养，遇事沉着冷静、胆大心细，指挥作战机智勇敢，是个优秀的军事指挥员。得到地下交通站的情报后，殷逸团长决定敲打山本机动队，以鼓舞"清乡"区内军民斗志。他率部在石港附近驻下后，立即走访民兵和老百姓，了解附近河沟地形特点，对敲打日伪军有了初步的打算。殷逸有意传出消息，新四军有小股部队住在石港附近……同时通过内线密切注视日伪的动静，并要求区队和民兵随时做好配合战斗的准备。

终于，山本闻讯出动了。29日下午，山本只带了20余名日军和两个小队伪军下乡突袭我新四军驻地。

殷逸看到"鱼儿"上钩了，连忙率部撤出驻地，并绕到敌人侧背，于傍晚时分忽然向敌人发起猛烈攻击，几个月来憋压在肚子里的怒火一齐从指战员的枪口里倾泻出来……这一仗出其不意，速战速决，当场将山本大队长击毙，并痛歼机动"清剿"队10余人，打死打伤伪军20多人，其余日伪军吓得连忙逃回据点。殷逸看到打击奏效，便迅速指挥部队撤离，神出鬼没的新四军很快消失在夜幕中。

1943年12月2日，延安《解放日报》进行了报道："苏中新四军反'清乡'胜利，击毙敌山本大队长。"这一仗，极大地鼓舞了反"清乡"苦战中的军民，给血与火的反"清乡"斗争添上了浓墨重彩的一笔。

（陆子森）

反"清乡"斗争时南通县警卫团战友的合影

左起：南通县警卫团参谋长殷逸、政治处主任韩念龙、团长梁灵光、政委周一峰、政治处副主任贾鸿钧

石港午夜攻垒战

  1942年6月，日寇为了加紧掠夺战略资源，不甘心于上半年大"扫荡"的失败，对我启海地区再次发动了大规模的"清剿"，同时，对友邻三分区开始了分片的轮番"扫荡"。

  为了粉碎日寇的残酷"清剿"，配合友邻三分区的反扫荡斗争，坚决打击与我为敌的国民党顽固派，振奋群众的抗日热情，分区首长决定组织一次石港攻垒战。

  石港是南通的重要集镇之一，是水陆交通的重要枢纽。扼守石港据点的守敌系伪军三十六师六十四旅一二七团曹立江部，约五六百人。该部在石港精心修筑了大小十六座堡垒，周围筑有四五尺高的围墙和深一米左右的护城河作为屏障，河岸陡峭，河底密密麻麻地插着竹签。敌人吹嘘，石港据点可以说是龙盘虎踞，固若金汤。守敌曹立江部，原是国民党的溃军,极为反动,自盘踞石港之后,他们投降日寇为虎作伥,以据点为依据,有恃无恐地破坏抗日政权,杀害抗日军民,无恶不作,人民恨之入骨。

我军经过周密的侦察,搞清了石港及其周围的岔河,以及掘港、曹埠、马塘、金沙、余西的敌情,决定由分区七团担任主攻,南通警卫团配合作战。

作战任务布置后,各团积极投入了战前的准备工作,察看地形,制订作战方案,并对部队进行短期的整训和深入动员。同时,为了战斗的突然性,达到出其不意打击敌人,在地方党组织的协助下,对广大群众进行保密教育,民兵、妇女和儿童们都充分发动起来,站岗放哨,封锁消息,监视敌人。

8月8日傍晚,作战部队向石港方向急进,次日凌晨2时30分左右,秘密进入攻击位置,七团以二营为突击营向南门突击,三营在东门助战,一营为预备队。南通警卫团的二营和特务连从石港北侧进攻,担任增援任务。一营、三营分别在金沙以西、马塘以南设伏。

指战员潜伏在草丛中,屏息凝神,等待着战斗的打响。俗话说,夏天的蚊子赛疯狗。同志们被蚊虫叮咬,奇痒难熬,但他们都以极大的毅力忍受着,一声不哼,一动不动。三时整我军突然发起攻击,担任突击的七团二营战士如猛虎下山,他们迅速把从老乡家借来的门板压在河底,排除了河底的威胁,很快过了河。伪军们从睡梦中惊醒过来,慌忙抵抗,密集的子弹向我方射来。二营考虑到敌方火力较强,地形对我军不利,决定造成敌人的错觉,给其不意的攻击,夺取主动。于是,就以六连正面佯攻,四连从两侧迂回,不多时,就一举突破了南门敌阵地。差不多就在同时,七团三营也从东侧强行突入,占领了围墙。我军一鼓作气,乘胜向纵深突进。激战至拂晓六时,除北门大碉堡和敌团部未攻克外,其余全部被我军占领、摧毁。当即,我军指挥部移到镇上。

残敌凭借着北门大碉堡和团部坚固的工事作困兽之斗,我军强行突击数次均未成功,而且伤亡较大。部队首长决定重新调整部署,让七团一营立即投入战斗,继续猛攻,并在地方党的协助下,请来残敌中的一些亲属,对他们讲明大义和我军的政策,让他们在碉堡前喊话规劝自己的亲人不要替敌人卖命,赶快缴械投降。在这种形势下,敌军心逐渐动摇瓦解,一个姓俞的连长首先放下武器,率其部下投降。

下午三时许,在我军强大的攻势下,大部分残敌持械投降,少数负隅顽抗的敌人毙命。这一战事结束后,我军生俘敌兵五百余人,缴获许多武器弹药,同时,负责打援的我南通警卫团一、三营亦击溃了金沙、马塘来援的敌军。

敌人深筑高垒、坚固设防的石港据点被我一举攻克后,敌伪军惶惶不可终日,纷纷逃窜。余西伪军弃据点逃往金沙,金沙伪六十四旅军官携带家眷逃往南通。孙家窑、曹家埠子的伪军则紧闭栅门,不敢妄动。我抗日军民的抗日热情则更加高涨,站岗、放哨、送情报、捉汉奸,在全区范围内更为广泛地开展起来。

石港惨案

1943年11月，盘踞在石港的日军元冲中队曾在石西乡双坝头制造了骇人听闻的"二十三个半"惨案。说是"二十三个半"，因为其中有个孕妇，在母腹中的胎儿也死于非命。

双坝头离石港西街头只有二三里，但是属石西村第五保。1943年农历十月二十九日，是保长陈长银的父亲三周年忌日，陈长银请了朱观音堂的十几个和尚做斋事，前来应酬的人也不少。这给敌特钻了空子。前一天，住在陈家附近的张连生和妻子素姑娘伙同绰号叫"王四风箱"的坏蛋徐国安，到石港镇密报了汉奸徐老虎（原名徐国泰），徐老虎又添油加醋地报告了敌伪头目，说什么"斋主家是共产党的秘密联络站，送纸的亲友是新四军干部，将在那里开会"。这一来，当然成了重要情报。当天夜里，四十几个日军加上一百多伪军，带着三十几只船，兵分两路出发了，由徐老虎为日军带路。夜里十点多钟，进入警戒线，捉了放哨站岗、喝多了酒的民兵陈川、陈泉、季二，扑向陈家。陈家园是朝南、朝东轭头弯五间草房，东山头和东厢屋北山头之间的巷子是唯一的通道，园基前面有条横沟。如若封锁了东北角的通道，那就进退两难了。伪军已经埋伏在横沟南坎上，摆下了袋形包围圈。和尚正在高台上做法事，日军由东北角的通道钻进来了，道场突然变成了战场。区通讯员芦福生急中生智，拎起一张条凳打碎了汽油灯。基干民兵队长吴学道乘机向西南角迅跑，装做伪军口气吼道："妈的！老子是家里人！"他一拳打晕了拦路的日军，带领十个人冲出了包围圈。汉奸徐老虎一把抓住了芦福生，大喊："这就是新四军！"老芦寡不敌众，与四十多人被日军用草绳捆住。东厢屋里的军属贫农韩长生，见日军忙着抄家抢掠，便悄悄地跑过去将芦福生身上的绳结解开，被捆绑的四十多人也挣断了绳圈。说时迟，那时快，芦福生以闪电的速度跳过一张桌子，跃过牛洼潭，向西南角猛冲，越过了伪军伏击圈。十六岁的民兵小鬼何邵云，乘敌寇注意西南角之机，巧妙地冲向东北角，脱离了虎口。日军见抓到手的人又跑了，恼羞成怒，抢光了陈家的粮食，放火烧房。当场被抓五十多人，经过软磨硬斗，最后只抓走十四个人，被押到石港据点。相隔十天，冬月初九深夜十点多，由被捕的原民兵中队长、叛徒孙维和带路，又在这一带挨户搜索，抓走了八人。

  冬月十八日早晨，天色阴沉。日军在镇上拉了十几个民夫，逼迫他们在土山河北田里挖了一大坑。第二天，镇上戒严，断绝交通。九点多钟，日军强行拉来一批镇上居民站在土山脚下，将两次在石西乡抓到的二十三人，用木船分别渡到河北，押着走向土坑旁。日军还从附近的王连子家拿来两只新篮，放在土坑旁。王连子十三岁的儿子王锡清躲在屋里，透过墙缝向外望去，土坑距他只有二十多米，土坑旁的情况他看得清清楚楚：这批人共二十三人，其中一个是怀孕的妇女。一个鬼子拔出马刀，嚎叫着向人砍去，刀飞头落，鲜血喷溅，惨不忍睹。鬼子用刀强迫着第二个把滚落坑里的人头抬上来放到篮里，把尸体扔进土坑。然后又举起刀，向第二个人砍去，第二个又倒下了。接着是第三个、第四个……最后轮到那妇女，她就是怀孕了七个月的时文姑娘。她冲着持刀的鬼子，高声骂道："你们这班狗强盗，杀死了我的丈夫（时锦儿），我跟你们拼了！"她正要上前夺鬼子的刀，被另一个端着刺刀的鬼子刺中腹部，肠子和胎儿一起流了出来，最后也被杀害了。尸体都在一坑内。他们老的七十岁，小的十六岁，其中有三位民兵排长、三双兄弟、一对夫妇还有个七个月的胎儿。日军犯下这一罪行以后，强迫一个挑货郎担的杨大爷将一颗颗人头装进篮里，挑到土山脚下牢门口，威吓被囚禁在那儿的老百姓。冬月二十日早晨，日军又将这些人头，用铅丝一个个穿起来，悬挂在石港镇四门"示众"。这次殉难的同胞有：韩炳、陈川、陈锦、徐再金、徐再彬、徐再堂、徐再思、时锦儿（民兵排长）、时文姑娘、孙全方、费生、周龙生、曹汉、曹二、季汉、季二、陈炳、卞炳、陈泉、韩勇、张昆（民兵排长）、吴泉（民兵排长），还有一位瘦矮个子的老者，七十多岁，据说是吴观音堂西人。

日军的这一血腥暴行，并没有吓到当地人民。民兵排长吴泉被害后，他的两个弟弟吴锦成、吴四先后参了军，立志为死难同胞报仇。1944年6月，在屯天河旁镇压了奸细张连生夫妇，叛徒孙维和也落得个身首异处的可耻下场。至于徐老虎，尽管他十分奸诈，潜逃在外，也于1950年被捕归案，被判处死刑。

（戴礼）

北渡乡抗战旗帜

北渡乡是抗日战争时期我骑石区的一个乡。全乡七分之三的村、组为石港镇半爿的外围，东北角与孙窑接壤，北距三角渡只有一公里。而石港、孙窑、三角渡三处，当时都是敌伪据点。敌伪经常下乡"清剿"，有时化装成便衣队或伪装我军欺骗百姓，进行破坏。因此，斗争十分尖锐复杂。我们认真贯彻党的抗日民族统一战线政策，团结一切可以团结的力量，加强政权建设，坚持抗日斗争，粉碎敌伪的封锁和"清乡"，直到取得抗日战争的胜利。

1942年年初，按照"三三制"的原则，北渡乡组建临时乡政委员会，成员事先经中共骑石区委考察，群众酝酿，然后由会议选举产生，并报区委批准。其成员具有广泛的代表性，如有原乡长葛伯望，开明士绅陆馨谷、葛亚摩，小学教师沙雨苍，社会医生王士良等，比较顺利地开展了民主政权工作。

在减租减息中，各界人士配合我党政干部进行宣传，在公开场合或大会上表示积极拥护抗日民主政府的减租减息法令,带头行动,如原丁渡乡葛伯望,以及在社会上比较有威望的人士陆馨谷、王士良等。他们的积极行动对那些思想不大开明的地主起了很好的教育、说服作用,二五减租工作进行得比较顺利。

由于群众被认真发动起来,征粮、税收工作也完成得比较好。征粮、税收,要做大量的准备工作,如要印刷田亩调查表、分户计算清册、粮赋串、公粮保管据,还有税票、账册等。这大量的纸张哪里来?谁承担印刷任务?如何安全运输?对于这一系列问题,县财经局徐勃、曹卜仁等同志曾做过原则指示,由区分局刘大雷同志具体经办。通过做好据点内爱国人士的工作,不仅搞到需要的大量纸张,而且找到承担印刷任务的姓郑的老板。老郑出于爱国热情,利用深夜隐蔽在地下室操作。后来,为避免发生意外,秘密地将印刷机器化整为零,转移到杨曹乡一带水网地区,在船上流动印刷,艰苦工作,满足了需要。

乡民主政府不仅能在边缘地区征粮、征税,而且还深入敌伪据点里去收税。如原乡政府通讯员葛勋只身秘密进入石港据点征税,并将税金伪币就地购买军需文化用品及西药等,供给部队和机关使用,从未发生意外。这也是依靠了各界爱国人士的配合和支持。

在反"清乡"斗争中,广大群众协助基干民兵大搞破击,改造地形,在交通河港的水下打下树桩,组成活水坝;挖断车路和码头,另拣僻静的地方做秘密通道。另外,还将敌伪可能用作"驻巢"的房屋拆掉。这一来,敌伪成了"睁眼瞎",有路走不通,河里行不了船,想"驻巢"也无房屋住。而我们却处处主动,神出鬼没地搞冷枪射击,搞得敌伪晕头转向,只得收兵窜回据点。

由于北渡乡的特殊地理环境,乡民主政府曾利用"伪化"来反对伪化。即与"伪化"人员约法三章,只许糊敌人,不准害人民。这种特殊的斗争策略,也是从执行抗日民族统一战线出发的。因此,敌人的一举一动,乡民主政府了如指掌,在坚持斗争中起了一定的作用。

(戴礼)

睹史院平暴始末

通北片的石港镇,是南通县的老革命根据地。镇西的农村,抗日战争以前叫作石西乡。从镇西过两条桥,就是石西乡的3个保,共居住着300多户农民。其中的第七保有座庙叫睹史院(现为睹院村的睹院小学),历来是敌我拉锯式斗争争夺的"锯子口"。在抗日战争中,日、伪军对该地烧、杀、抢、抓,不择手段地残害人民,十分残酷。日本鬼子就在这里制造了令人发指的"二十三个半"惨案。这期间,我方乡村干部根据上级关于"乡干不离乡,村干不离村,坚持原地斗争"的指示,有时挺进到石港隔河打枪,扔手榴弹,威胁敌人;有时对敌整治喊话,进行分化瓦解;有时散发宣传品,开展政治攻势;有时也抓坏人、搞锄奸等。情况最紧张时,他们就临时北移到义成渡、大王庙等通如两县交界线站稳脚跟。抗日战争后期的1944年5月,石西乡、义金乡合并成自卫乡。这几个保由于被敌人蹂躏得很厉害,有些农民群众对锄奸杀敌、破击工作激烈的斗争心存顾虑。他们只敢在夜里缴爱国公粮,但大部分缴的是代金,害怕暴露了会威胁到生命财产的安全。尤其是自耕富农和中农,他们的立场不那么稳,每当反动地主采取欺骗、收买和逼迫的伎俩时,往往顺着逆流打转。因此,这一带"五四土改"期间阶级斗争最尖锐最激烈的时候,发生了一次由阶级敌人策划的农民暴动。

抗战胜利后,1946年春季至夏季,人民政府为了顺利进行土地改革工作,认为第一步必须扫除障碍,便开展了惩治有罪恶的伪化人员和土匪坏蛋的活动。在此基础上,进行第二步的结契清算,清算地主若干年来对佃农的剥削,把地主的土地、耕畜、农具、多余粮食、多余房屋这五大财产统统算光。当时,地主不得不捧出田契、契约纸交给乡政府,然后由乡政府合理地偿还给佃农。地主受了惩奸和清算打击,成为敌对阶级,而且五大财产赔光了,因此对人民政权及其干部怀有刻骨仇恨。这期间,一些反动地主偷偷地逃到南通城,伺机报复。有人还组织了还乡团,妄图武装复辟。石港镇西街头的地主分子逃到城里的,要算其中老三保的徐汉芳最为反动,十分恶毒。他妄想反攻倒算,扒田收租,摧毁自卫乡的党、政、军组织,杀害主要乡干部。徐汉芳在城里精心策划和指挥,通过其爪牙秘密联系和利用睹史院西政治上动摇的几名佃耕富裕中农如顾三等人,进行颠倒黑白的反动宣传。徐歪曲我军苏中"七战七捷"的辉煌胜利,胡说什么"青年要当兵送死,壮年上前线抬担架当炮灰",以吓唬群众。还胡说什么"共产党的干部给穷人分了田,共了产,将来还要共产共妻呢。把几个乡干部搞掉了,才有出路,还乡团不久就要武装回乡,现在要先下手为强啊!"而后,委任了顾三为暴动团"团长",组织人员和武器,布置秘密活动,只待时机成熟,立即暴动。顾三等上当受骗,甘心受其利用。回乡后,他们秘密活动,招纳了三个营的建制人员,配置了副团长、团侦察参谋和三个营长,约定在一天夜里到睹史院宣布建团。到了那天晚上,他们在菩萨面前烧香磕头,制订了行动计划。于是分头活动,打算煽动全乡7个保,并以原三、四、五3个保为重点的约计400人到庙里集中发动,由"副团长"陆建主持,秉承"总指挥"徐汉芳的"旨意",布置星夜从南向北,顺路先杀民兵大队长王树东,后杀乡长刘鋆,再杀指导员吴瑞清,一举摧毁我方乡政权,好让地主阶级卷土重来,作威作福,恢复原来的剥削制度。还约法三章,谁不上阵去杀共产党的干部,就扒谁家的房子。凡是到乡干部的家,先抓人,后扒房子。当时,不愿闹事的善良农民,被恐吓逼迫而不敢不跟着行动,但也有不少政治头脑清醒的青壮年事先离开回避了。

1946年8月9日晚上,暴动团纠集了360多人,拿了直齿铁叉、长柄铡刀、鱼叉、锄头、钉耙、铁塔等凶器,赶到睹史院集中以后,分成东西两路,举着火把,对乡干部家进行合击。锣声、喧哗声和厮杀声震动了夜空,驻在石港镇上的我区委会、区公所机关发觉了情况,章德政委(即区委书记)立即派员下乡调查,弄清了情况,亲自带领区队和联防队员100多人,开赴现场。部队埋伏在民兵大队长王树东宅后河坎上,以观动静。这时,自卫乡的民兵已到了前线。凌晨,五中队长王志清抑制不住愤怒,放了一枪。事态相当严重,气氛十分紧张。7时左右,章德政委高声喊话:"我是区政委。你们若对我方有什么意见,可以派代表来面谈。只要是合理合法的事情,有问题就解决问题;如果是干部问题,我们坚决照党纪、政纪,该怎么办,就怎么办。不要闹,闹是解决不了问题的。"说时迟,那时快,对方突然放了一飞叉,戳着指导员吴瑞清的耳边。吴当即拔出短枪,想毙掉他。一瞧,原来是雇工出身的朱海,就手下留情,因为朱海是受反动地主利用,被迫行凶的。朱海看清楚吴指导员没有开枪,痛悔至极,连连失声叫喊:"缴叉饶命啊!"当时阵地上秩序十分混乱,难以举行交涉谈判。9时许,章德政委又向对方头目喊话,要其带领大家到朱观音堂庙里开会协商。对方头目果然带领全体人员向北行动。沿途区队战士一人盯他二三人同行,到了朱观音堂,便关起门来开大会。经章德政委训话教育,朴素的农民们恍然大悟,不少人纷纷表白自己,怒目指责头目的诡计。胁从者的觉悟也有所提高,懊悔不已。但由于鱼目混珠,一时不容易划清阵线,章政委指令,要他们三个保三四百人分成三堆,互相检举揭发,辨别真相。而后各保派代表说明,正确区分和正确处理问题。章政委对一些上当受骗的农民代表说清楚了道理,特别指出,对上当受骗的人,政府概不追究,教育他们要安分守己,劳动兴家,提高警惕,不再上当,并放回受蒙蔽者达300人。大部分人对此非常感动,表示一定痛改前非。剩下的36人,经过逐人审讯,再区分罪行大小,予以分别对待。这段时间,留下的36人的家眷,发动了近200名妇女,手拿锄头、铁叉、棍子,气势汹汹地赶到朱观音堂,准备向章德政委要男人。在庙门外,她们被区队战士强行劝阻,全部动员回家。一场余波又平息了。

此后,经过反复核实,又将一批胁从者释放了。最后剩下的几人,对照政策法令,给予依法处理。如暴动团的正副"团长""团侦察参谋""营长"等6人,均须依法处置。农历七月半(8月11日),仍在朱观音堂,区委召开了全区基层干部、群众代表近万人的公审大会,依法处决了6名罪犯。

平息暴动,清除了坏人,教育了人民,稳定了政局,巩固了自卫乡的政权组织,并对全区所有乡村也进行了一次关系到谁兴谁衰的革命教育,从而保障了土地改革工作彻底顺利完成。

(吴瑞清 戴礼)

后 记

悠悠岁月，孕育了石港太多的古迹：一座文山、两座衙门、三个万年台、十二个牌坊、二十四条古桥、七十二个半庙宇……一个海边的小渔村渐渐演变成美丽繁华的古镇。

然而，又是如水的时光，无情地将其荡涤殆尽，使之湮没在历史的长河中。于是，一代又一代的文人墨客，用他们的诗词篇章，穿越时空，将古镇过去的辉煌，变成一种永恒的记忆。

遗憾的是，这些记忆太少了，太散了，太乱了，远远满足不了人们心中浓烈的乡愁。

幸好，江海文化研究会做出了一个极有意义的决定：出版一套南通古镇系列丛书，石港名列其中。这个任务落到我的肩上。于是我就像一个身背背篓的赶海者，跋涉在文苑这片广阔的滩涂上。一路慢慢走去，一路寻寻觅觅，见到中意的"海贝"，就往背篓里丢。不知不觉地，居然捡了满满一篓子。加上自己的一些存货，煮了一大锅，呼朋唤友，共同品尝。是咸是淡，味道如何，不敢自吹，敬请读者诸君批评。

本书中的文章，除了约请通州的几位大笔撰写外，其余文章摘取于《通州区文化遗产名录》《南通县志》《通州市志》《万历通州志》《盐法志》《南通日报》《通州日报》《石港文史集萃》《南通县文史资料》《南通史话》《通州文化史》《江苏县邑风物丛书·南通》《中国歌谣》《通州秀气甲江东》《通州地名掌故》《南通革命史料选辑》《通州文史》《滴水集》等。

  这些作者和编辑的辛勤劳动和默默耕耘，为本书的编写提供了不少方便。江海文化研究会的老领导尤世玮会长亲自动手撰文，沈玉成秘书长多方关照，区历史文化研究会陶国良会长大力支持，使书稿能如期完成。在此一并致以诚挚的谢意！

  由于时间仓促和水平限制，书中肯定存在欠缺，敬请批评、指正。

沈志冲